백 년 전 영국, 조선을 만나다

'그들'의 세계에서 찾은 조선의 흔적

백 년 전 영국, 조선을 만나다

'그들'의 세계에서 찾은 조선의 흔적

홍지혜 지음

석사 과정을 밟기 위해 영국의 대학 기숙사에 처음 도착했을 때다. 작은 방 안에 책상과 의자, 침대 그리고 코르크 게시판이 나를 기다리고 있었다. 이후 학교 생활을 하면서 이 게시판의 활용도는 매우 높았다. 나만 그런 건 아니었다. 학생들은 물론 교수님들에게도 그랬다. 각자의 취향과 기억, 계획 등으로 가득한 아카이빙 보드 archiving board라고 해도 지나치지 않았다. 모두들 자신만의 아카이빙에 진심이었다. 몇 년 뒤 박사 과정을 밟으면서 그동안 모아둔 공적·사적 아카이빙 자료들의 유용함을 확인했다. 그뿐만 아니라 아카이빙해 놓은 온갖 자료들이 가지를 뻗어나가 확장되는 경험을 하면서 그 중요성을 새삼 실감했다. 개인적으로는 이곳 사람들의 생활 밀착형 아카이빙 습관이 그저 부러울 때도 한두 번이 아니었고, 공적으로는 끝도 없어 보이는 아카이빙 자료를 연구에 활용하도록 개방하고 격려하는 듯한 시스템에 감탄할 때가 많았다.

19세기 말, 개항과 함께 조선 땅을 밟은 서양의 외교관·의사·선교사·탐험가·여행가·사업가 및 박물관 관계자 들에게 '수집' 활동은 곧 아카이빙의 일환이었을 것이다. 우리는 그동안 이들의 활동 속에서 이들이 컬렉션한 결과물 또는 수집의 주체인 인물 그 자체에 무게중심을 두고 연구해 왔다. 조선에서의 그들의 활동이 때로는 은밀하게, 또 때로는 우연의 결과로 이루어진 경우가 많았기 때문이기도 할 것이다.
하지만 나는 서양인들 특히 내가 공부하고 있는 나라 영국 사람들이 어떻게 한국을 만나고 알게 되었으며 나아가 한국의 물건들을 구입한 뒤 '그곳'으로부터 바다 건너

'이곳'까지 어떻게 가지고 왔는지를 알고 싶었다. 알고 싶은 것은 더 있었다. 그뒤 이곳에 당도한 그 물건들이 일으킨 변화와 파장의 과정과 그 결과까지 궁금했다. 그러자면 수집이라는 일련의 과정 속에 배어 있게 마련인 수많은 요소와 변수에 주목해야 했다. 이 시절 한국을 방문한 이들은 누구였을까. 이들은 '그곳'에서 어떤 경험을 했을까. 이들의 수집 활동을 통해 어떤 경향과 패턴을 찾을 수 있을까. 그리고 이 흐름과 맥락에 누가 또는 무엇이 영향을 미쳤을까. 나아가 그 결과물이라 할 수 있는 컬렉션은 결국 영국에서 한국이라는 나라의 이미지를 어떻게 만들어왔을까. 물음은 물음을 불러 어느덧 내 공부의 큰 줄기가 이렇게 만들어졌다.

19세기 말 20세기 초 영국에서의 한국 유물 수집은 특별한 의미를 지닌다. 독일을 비롯한 유럽 대륙의 여러 나라 또는 미국에서처럼 민족지학적인 움직임보다 공예품에 대한 관심과 요구가 컸던 시절이었다. 이미 영국은 18세기에 시누아즈리 Chinoiserie와 자포니즘Japonism 같은, 아시아 물질 문화에 대한 뜨거운 유행과 열광의 시절을 지나왔고, 아편전쟁으로 인한 중국과의 정치적·문화적 관계 변화의 복판에도 서 있었다. 나아가 그 당시 산업혁명의 성공과 제국주의의 확장이 가져온 낙관주의적 태도가 사회 전반에 가득했다. 그런 분위기 속에서 영국인들은 나라 밖을 향해 호기심을 갖기 시작했고 세계 여행을 꿈꿨다. 증기선과 철도의 발달로 세계 여행은 더 이상 불가능한 도전의 영역이 아니었으니 세계관은 나날이 확장되었고, 여행은 대중화의 단계에까지 접어들었다.

같은 시기 한국은 어땠을까. 늘어나는 서양인 컬렉터의 방문과 그들끼리의 네트워크, 이들을 위한 골동품 딜러의 출현, 미술시장의 변화와 제도화된 박물관의 등장, 그리고 식민지와 근대라는 키워드로 집약되는 온갖 변화와 충돌의 요소들이 얽히고설켜 있었다.

이 시대에 발을 들여놓은 나는 따라서 공간적으로는 한국과 영국 그리고 일본을 넘나들어야 했고, 시간적으로는 1876년 강화도조약으로 인한 개항 무렵부터 1945년 해방 직전까지를 깊이 들여다봐야 했다.

중국과 일본의 물질 문화가 왕실부터 중산층을 거쳐 노동자 계층까지 유행했던 영국의 입장에서 개항과 함께 한반도를 집어삼킬 야욕을 감추고 있던 일본을 통해 소개받은 조선의 첫인상이 과연 어땠을지, 나는 궁금했다. 당시 무자비하게 거래되었던 조선의 호랑이, 고려청자, 왜사기의 존재를 이 책의 첫 장에 배치한 것은 일본에 의해 왜곡된 것이 분명한 조선을 향한 영국인의 시선을 정확히 확인하기 위해서였다.

한일합병에 의해 한국이 일본의 식민지가 된 1910년은 한국과 영국의 관계에서도 눈여겨봐야 하는 터닝 포인트였다. 1851년 런던 대박람회의 대성공 이후 곳곳에서 열리던 박람회에 줄기차게 참여하던 일본은 1910년 영국과 함께 양국 박람회를 치르는 동안 식민지가 된 한국을 소개했고, 증기선과 철도 노선의 인프라 구축은 서양의 많은 여행객들을 한국으로 이끌었다. 이로써 서양인 여행자와 수집가 들의 방문이 잦아지자 한국에서는 이들을 대상으로 활동하는 골동품 딜러가 출현했다. 이 딜러들이 어떤 배경에서 이런 사업을 시작하게 되었는지, 어떻게 물건을 조달하고 공급했으며 나아가 판촉을 위해 어떤 활동과 노력을 했는지를 구석구석 살피는 것은 자연스러운 흐름이었다.

한편으로 1910년 일영박람회 기간에 일본이 만든 한국관의 자료를 살피면서 동시에 비슷한 시기인 1909년 개관한 이왕가박물관의 수집품과 설립 과정, 도쿄에서 열린 최초의 고려청자 전시회를 함께 비교 분석하고 보니 그 당시 조선과 영국, 일본의 삼각 관계에서 펼쳐진 권력의 줄다리기 게임 한복판에 있던 한국 유물의 상황이 좀더 선명하게 드러났다.

그리고 어느덧 마지막에 이르러 이 모든 것의 시작점에 있는 조선시대 달항아리와 다시 마주 앉았다. 백여 년 전 반닫이에 실려 바다를 건너와 이제는 영국박물관 한국관 유리 전시관 안에 놓여 있는 이 달항아리 한 점의 궤적은 그 자체로 1920~30년대 조선백자를 둘러싼 인식의 변화와 일본의 야나기 무네요시로부터 영국의 스튜디오 포터리와의 관계까지를 말해주고 있었다. 그 과정에서 1930년대 등장한 한국의 예술가와 컬렉터 들, 그리고 동시대 민족주의적 움직임 속에 조선백자가 갖는 의미를 함께 살펴보게 되었고, 오랫동안 물음표로 남아 있던 야나기 무네요시와 식민지적 관점의 관계를 본격적으로 알아보는 성과를 이루기도 했다.

이 책을 준비하는 동안 2018년 4월 런던 SOAS 대학교 미술사학과 심포지엄 '아시아 수집의 정치: 1800년부터 현재까지'Politics of Collecting Asia: 1800-Present와 2019년

4월 제29회 유럽한국학회AKSE 컨퍼런스 '국경을 넘는 사물들: 20세기 한국의 디자인과 시각 문화에 대한 트랜스내셔널 역사 연구'Border-Crossing Objects: Transnational Histories of Design and Visual Culture in Twentieth-Century Korea(s)라는 주제의 특별 세션에서 한국의 골동품 딜러와 새롭게 등장한 수출 가구의 존재에 대해 발표한 바 있는데, 그 시간이 이 책의 의미 있는 바탕이 되어 주었음은 물론이다.

이 책을 독자들에게 어떻게 소개할 수 있을까. 한마디로 요약해 영국에서의 한국 물질 문화의 수집과 관련한 약 반 세기 남짓의 역사를 통시적으로 살피고, 아울러 사회적·문화적·경제적 풍경을 좀더 넓은 시선으로 바라본 책이라고 하면 어떨까.
이를 위해 한국의 근대 미술시장사, 한국과 일본의 컬렉터, 미술시장의 유통과 전시 공간, 식민지 근대에 대한 수많은 분야의 선행 연구자들께 빚을 졌다. 특히 도자기, 나아가 공예 전반의 특정 분야 전문 연구자들의 깊이는 좇아갈 수 없었지만 그분들이 없었다면 엄두를 못 냈을 일이다.

박사 과정을 밟는 내내 영국 각지에서 한국 컬렉션을 연구하려는 이들의 연락을 많이 받았다. 시간이 좀더 흘러 이들의 연구가 성과를 거둔다면 훨씬 더 풍성하고 생생한 그 시절의 이야기가 우리 곁에 전해질 것이다. 내가 그랬듯 이 책이 다음 연구자들에게 도움이 된다면 보람이겠다. 선행 연구자들에게 진 빚을 그렇게라도 갚게 되길 바란다.

영어로 쓴 논문을 바탕으로 삼긴 했으나 한국 독자들을 위한 이 책을 다시 쓰는 데 일 년이 훨씬 넘게 걸렸다. 오랜 시간 떠나 있었는데 책을 통해 한국의 독자들을 만나게 되니 여러 가지 마음이 일렁인다. 모쪼록 재미있게 읽어주시길 바란다.

2022년 여름
영국 케임브리지에서
홍지혜

[일러두기]

1. 이 책은 미술사학자 홍지혜의 영국 런던 왕립예술대학Royal College of Art 디자인사V&A/RCA History of Design 박사학위 논문 「한국 유물 수집-영국 내 한국 컬렉션 형성에 기여한 요소 및 행위자에 대한 연구, 1876~1961」Collecting Korean Things: Actors in the Formation of Korean Collections in Britain, 1876-1961을 바탕으로 집필한 것이다. 바탕이 된 박사학위 논문은 영문으로 작성되었으나 한국 독자들을 위한 단행본 출간을 염두에 두고, 한글로 재집필하면서 본문의 구성 및 요소를 대폭 보완, 보강했다. 동시에 연구자들을 위한 기존 연구의 출처 및 참고문헌을 밝히는 데도 소홀함이 없도록 했다.

2. 이 책에서 살피는 주요 시기는 19세기 말~20세기 초로, 이 당시 한국의 명칭은 조선·대한제국·한반도·한국·식민지 조선 등으로, 서울의 명칭은 한양·한성·경성·서울 등으로 혼용되었다. 이 책에서는 이를 당시 자료 등을 통해서도 드러나는 시기적 특징으로 여기고, 사실에 어긋나지 않는 한 맥락에 따라 자연스럽게 섞어 사용했다.

3. 본문에 언급한 해외 문헌 중 한국에 번역된 것은 그 제목을 따랐으나, 그렇지 않은 경우 저자가 한국어로 옮긴 뒤 원어를 병기했고, 번역이 오히려 어색하거나 불필요한 경우 원어를 그대로 노출하기도 했다. 단, 출처를 밝힌 주석 및 참고문헌의 서지 정보는 관련 분야 연구자들의 검색의 용이함을 위해 원어 정보를 그대로 밝혀 실었다.

4. 해외 기관명·지역명·인물명 등을 포함한 외래어는 국립국어연구원의 외래어표기법에 따르는 것을 원칙으로 했으나 표기법이 정확하지 않거나 이미 그 표기로 익숙한 경우 발음을 중심으로 표시하고, 필요한 경우 원어를 병기했다. 낯선 인물의 경우 정보가 확인되는 대로 원어 및 생몰년을 병기하되, 널리 알려진 인물의 경우는 한자 및 원어, 생몰년 등의 표시를 생략했다.

5. 본문의 인용문 안에서 저자가 추가한 내용은 [ ]로 표시했다.

6. 본문에 수록한 도판은 필요한 경우 모두 소장처 및 관계 기관의 허가 절차를 밟았고, 출처를 밝혔다. 위키미디어 공용 사이트의 저작권 만료 또는 사용 제약이 없는 퍼블릭 도메인 이미지는 출처 표시를 생략했다. 이외에 소장처가 분명치 않은 도판의 경우 다른 절차 및 정보가 확인되는 경우 이에 따른 적법한 절차를 밟겠다.

차례

인트로intro

조선은 1876년 일본과의 강화도조약을 계기로 닫혀 있던 바다의 문을 열었다. 그뒤 미국에 이어 영국 그리고 유럽 여러 나라와 연이어 수교를 맺어가며 부침 많은 역사를 써내려 왔다. 이런 까닭에 조선의 근대에는 일본과 미국, 유럽의 여러 나라, 중국과 러시아 등 많은 나라와 수많은 인물이 등장한다. 이들 가운데 영국은 조선에게 어떤 의미였을까. 그들에게 조선은 어떤 나라였을까.

지난 2013년, 한국과 영국 수교 130주년이던 그해, 주영한국문화원 큐레이터로 일하던 나는 한창 이를 기념할 만한 아이템을 찾고 있었다. 개항과 해방 이후 서양 문물은 한국에 많은 영향을 주었다. 오래된 수교를 기념하는 아이템은 주로 영국에서 한국으로 향하는, 말하자면 '이쪽 방향'의 것이었다. 나는 '반대 방향'의 무엇인가를 찾고 싶었다. 이를테면 영국에 남아 있을 당시 조선의 흔적 같은 것.

그때 달항아리 한 점을 만났다. 영국 도예가와 애호가 사이에 달항아리는 매우 친숙하다. 내가 만난 달항아리는 영국 스튜디오 포터리British studio pottery 창시자라 할 수 있는 버나드 리치Bernard Leach, 1887~1979가 1935년 조선 여행에서 구입한 것이다. 스

튜디오 포터리란 20세기 초, 산업혁명과 그로 인한 대량 생산에 반대한 움직임 중 하나다. 도예의 제작을 '공장'에서 '공방'studio으로 옮겨 예술가를 지향하는 개인 및 소규모 도예가들이 모든 생산 단계를 주도하며 독립적인 도예 작품을 만들기 위해 노력했다.

버나드 리치에 의해 영국으로 건너온 달항아리는 이후 그의 동료이자 오스트리아 출신 도예가 루시 리Lucie Rie, 1902~1995의 런던 앨비언 뮤즈 스튜디오18 Albion Mews, London에 보관되었다가 영국박물관The British Museum 한국관 개관 당시 자리를 잡았다. 바로 이 달항아리를 매개로 한국과 영국 수교 130주년 기념 전시가 기획되었다. 조선에서 건너온 달항아리에 영감을 받은 영국 도예가들의 해석과 그들의 작품이 달항아리와 함께 전시장에 등장했다.

런던에서 만난 조선의 달항아리는 매우 특별해 보였다. 유리 전시관 밖으로 나와 있으니 그 단순하고 소박한 형태, 순백의 고요함이 고스란히 전해졌다. 살짝 일그러진 형태가 주는 유기체적 느낌, 크기가 주는 압도감이 대단했다.

그러고 보니 영국으로 건너온 조선의 흔적은 달항아리가 전부가 아니었다. 영국인들의 책장 한켠에 놓인 작은 도자기, 키에 맞춰 개조한 조선의 목가구, 헌책방에서 발견된 기산箕山 김준근金俊根의 삽화가 들어 있는 옛날 책, 누군가 소중하게 보관해 온 한 장의 사진 엽서, 어느 마을 도서관에 놓인 호랑이 가죽 카펫…….

이 물건들이 주인을 따라 바다 건너 영국까지 오게 된 그 궤적이 문득 궁금했다. 그 물건들이 21세기의 오늘 우리에게 건네는 이야기도 알고 싶었다. 19세기 말 영국인들은 왜 조선에 갔을까? 그들은 그곳에서 무엇을 보았을까? 누구를 만났을까? 나아가 그들이 가지고 온 물건들이 쌓여 이룬 컬렉션과 기록은 영국에서 조선, 나아가 한국의 이미지를 어떻게 만들어나갔을까?

한 번 시작한 물음표는 줄줄이 이어졌다. 생각했던 것보다 더 깊고 더 다양한 층위, 여러 겹의 역사와 이야기가 거기 담겨 있었다. 지난 몇 년 동안 나는 그 물음표의 행진을 따라 물건과 사람 들의 여정과 기록을 열심히 살폈다. 거기에는 그 당시의 사회, 문화, 역사의 풍경이 고스란히 담겨 있었다.

제1장

19세기 말 영국,
조선을 만나다

그때 그 시절 영국은, 영국인은

— 동양을 향한 '그들' 호기심의 출발

"독일 차를 타고 아일랜드풍 펍에서 벨기에 맥주를 마시는 사람들. 스웨덴 소파에 앉아 포장해 온 인도 음식을 일본 TV 앞에서 미국 쇼를 보며 먹는 사람들."

영국인을 어떻게 정의할 수 있는가에 대해 한동안 SNS에서 인기를 끈 영상 클립 중 한 대목이다. 이 재치 넘치는 표현에 한참 웃었다. 100여 년 전 영국인들을 생각하면서 내가 떠올린 모습과 무척 비슷했기 때문이다.

조선과 영국이 만났던 그 시점, 19세기 중후반 영국과 영국인들은 외국 문화와 물건에 대한 경계와 호기심을 동시에 품고 있었다. 특히 18세기부터 유행한 중국제 혹은 중국풍 청화백자에 대한 영국인들의 집착은 '차이나마니아'Chinamania라는 단어까지 만들어낼 정도였다.

1870년대 영국 풍자 만화잡지 『펀치』Punch에서는 조르주 뒤 모리에George du Maurier, 1834~1896를 주축으로 '차이나마니아'라는 만화 시리즈를 연재했다. 집안 살림을 팽개치고 중국제 혹은 중국 스타일의 청화백자 도자기에 집착하는 영국인들의 행태를 풍자했는데, 이를 보면 이 차이나마니아 현상이 부유층에만 국한된 것이 아니고 빅토리아 시대 확대된 중산층과 노동자 계급까지 광범위했음을 짐작할 수 있다.

다음 그림을 보면 도자기, 부채, 병풍 등 중국 것처럼 보이는 동양의 물건들이 빅토리아 시대 영국 가정집의 실내 공간을 차지하고 있다. 이 물건들을 하루 종일 돌보며 기도하는 모습은 새로운 부르주아 계층의 취향이자 라이프 스타일 중 하나였다. 이런 동양에 대한 호기심과 취향은 조롱과 풍자의 대상이 되곤 했다. 부유층 가정집에 모인 이들이 동양의 병풍 앞에서 일본 양산을 쓰고 있는 그림 속 모습은 어쩐지 좀 우스꽝스럽게 보인다. 중국과 일본풍이 섞인 광경을 풍자한 것이 역력하다.

영국과 중국의 교류의 시작은 16세기로 거슬러 올라간다. 포르투갈 선원들이 케이프 항로를 개척하면서 도자기를 비롯한 다양한 동양의 물산이 유럽으로 들어오기 시작했다. 그로부터 약 한 세기 후 네덜란드와 영국을 비롯한 여러 유럽 국가에 의해 동인도회사가 설립되었고, 이로써 17~18세기 중국과 유럽 사이에 본격적인 해상무역의 길이 열렸다. 차 문화와 고급 식기는 물론이고 인테리어 장식용과 수집가들의 애호품으로 중국의 화려한 도자기, 옻칠 가구, 비단, 벽지 등이 앞다퉈 들어왔다. 이런 중국의 물건들은 실용적이라기보다는 장식적이고 화려하고 이국적인 느낌의 사치품에 속했다. 특히 귀족들과 새롭게 부상한 부유층·엘리트 계급 들이 자신들의 저택과 궁전·휴식 공간을 중국 물건들로 채워 놓기 시작하면서, 18세기 '시누아즈리'Chinoiserie, 즉 중국 열풍을 이끌었다. 유럽 왕족과 귀족 들은 누가 먼저라 할 것 없이 중국 물품을 수집하고 전시함으로써 자신들의 부와 권력을 과시했다. 이런 열풍의 영향으로 중국 도자기를 모방한 중국풍 도자기와 가구 역시 등장하여 시누아즈리의 대중화를 이끌었다. 청화백자를 모방한 네덜란드 델프트 도기Delftware도 대표 주자 중 하나였다.

19세기에 이르러 중국은 영국의 식민지 및 제국주의 확장을 위한 정복 대상이 되었다. 유럽은 자신들이 정복한 국가의 것을 약탈하는 데 주저하는 법이 없었다. 1860년 일어난 제2차 아편전쟁 당시 영국과 프랑스 제국 연합군이 중국 청나라 황실 정원 원명원圓明園에서 저지른 방화와 보물 약탈 행위는 악명 높은 예 중의 하나일 뿐

1874년 5월 2일 『펀치』에 실린 조르주 뒤 모리에의
〈중국 도자기에 대한 열정〉.

1875년 8월 2일 『펀치』에 실린 조르주 뒤 모리에의 〈심각한 차이나마니아〉.

1889년 7월 20일 『펀치』에 실린 조르주 뒤 모리에의 〈행복한 생각〉.

18세기 중반에 만들어진 청자 도자기에 프랑스 청동
장식가의 청동 받침대를 추가한 중국 도자기. 영국
로열컬렉션트러스트.

원명원을 약탈하는 프랑스군.

이다.

베이징 근처에 있던, 황실 정원으로 널리 알려진 원명원에는 건륭제를 위해 유럽 바로크 스타일로 지어진 궁전 등 많은 황실의 행궁과 사찰 들이 있었다. 영국과 프랑스는 이곳에서 약탈해 온 물건들로 자국의 여러 박물관을 채웠고, 이밖에도 수많은 약탈품이 개인들의 소장품이 되었다. 프랑스의 대문호 빅토르 위고는 이를 두고 한 영국 육군장교에게 보낸 편지에서 다음과 같이 비판했다.

"어느 날 두 명의 도적이 원명원에 침입했다. 하나는 약탈하고, 다른 하나는 불을 질렀다. 승리한다면 강도가 되어도 상관 없는 듯했다. 얼마나 대단한 공적인가, 얼마나 큰 횡재인가! 두 명의 승자 중 한 명이 주머니를 채우자 다른 사람은 금고를 채웠다. 그리고 그들은 팔짱을 끼고 웃으며 유럽으로 돌아왔다. 이것이 두 도적의 이야기다. ……우리 유럽인들은 문명인이고, 우리에게 중국인들은 야만인이다. 이것이 문명인이 야만인에게 저지른 짓이다. …… 역사 앞에 도적 하나는 프랑스라 부르고 또다른 도적은 영국이라 부른다."

한편 런던 백화점에서는 동양 물건을 판매하는 곳이 따로 있었다. 여기에서는 중국 자수를 수놓은 로브robe 드레스·조각으로 장식한 목가구 같은 럭셔리 아이템들을 팔았고, 골동품 딜러들은 중국 조각상이나 부채·도자기 같은 진귀한 물건들을 무수히 제공했다. 전쟁을 통해 중국을 침략한 뒤 유입된 중국의 다양한 문화 유산은 영국인들로 하여금 화려한 옛 중국 황실에 대한 관심을 불러일으켰고, 또다시 중국풍은 새로운 유행으로 급부상, 중국 물건 수집은 계층과 분야를 가릴 것 없이 다양해지고 점점 세분화 되었다.

그 가운데 특이한 것이 눈에 띈다. 바로 중국 페키니즈Pekinese 강아지다. 이 강아지에 대해 전해오는 이야기는 조금씩 다르지만, 대체적으로는 이렇다. 1860년 원명원이 약탈당할 때 중국 황후들이 쓰던 건물에 다섯 마리의 페키니즈 강아지가 버

1898년 런던 리버티 백화점 중국 도자기(위)와 크리스마스 선물용 추천 상품(아래) 안내 카탈로그. 웨스트민스터 아카이브.

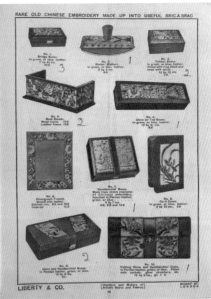

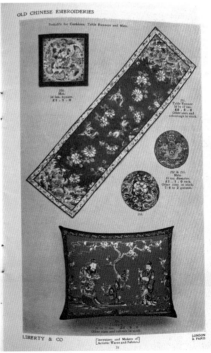

런던 리버티 백화점 중국 자수 상품 카탈로그. 위는 1907년, 아래는 1926~27년 제작한 것이다. 웨스트민스터 아카이브.

1860년대 루티는 선풍적인 인기를 끌었던 만큼 다양한 사진과 그림 속에 주인공으로 등장하기도 한다. 위는 1865년 윌리엄 밤브리지가 촬영한 〈루티, 페키니즈 강아지〉이고, 아래는 1861년 프리드리히 빌헬름 케일이 그린 〈루티〉다. 모두 영국 로열컬렉션트러스트 소장품이다.

려져 있었다고 한다. 그 가운데 두 마리는 해군 장교인 조지 피츠로이 경Sir George Fitzroy이 데리고 와 사촌인 리치몬드 공작부인에게 주었고, 다른 두 마리는 제독 존 헤이 경Lord John Hay이 데려갔으며 마지막 한 마리는 던 장군Captain John Hart Dunne이 빅토리아 여왕에게 바쳤다고 한다. 빅토리아 여왕은 그 강아지를 왕실견으로 삼았는데 영국 왕실에서는 이 강아지를 '루티'Looty, Looted, 약탈해온 강아지라는 귀엽고도, 아이러니한 이름으로 불렀다고 한다. 그 이후 20세기 초반까지 약 30여 년 동안 페키니즈는 영국에서 가장 인기 있는 품종의 개가 되었다. 작은 몸집의 페키니즈는 무릎에 앉히는 소형 애완견인 랩독lap dog으로 영국 장교, 상인, 여행가, 외교관 들의 아내들이 키우는 럭셔리 아이템이자 패션 품목 중 하나로 선풍적인 인기를 끌었다. 말하자면 중국 황실 출신 페키니즈는 서양의 침략, 이로 인한 서구화, 1911년 청나라의 멸망과 중화민국 설립 등 급박하게 변화하는 19세기 말의 시대적 급류에 떠밀렸던, 서양인들에게는 어쩐지 비밀스러워서 쉽게 침범할 수 없을 것 같았던, 옛 중국 황실을 집약해 놓은 상징물이었던 셈이다.[01] 여기에 서태후를 비롯한 중국 황실에서 애지중지 키웠던 개라는 동시대적인 아우라까지 부여되어 그 인기는 무섭게 치솟았다.[02]

도자기와 실내장식뿐만 아니라 하다못해 강아지까지 중국의 모든 것이 중국 황실에 대한 환상과 유행을 만들어내고 있었다. 동양의 풍물을 받아들이며 즐기는 분위기와 더불어 영국과 영국인들은 제국주의 국가로서의 정체성을 점점 형성하고 있었다.

_ 개항, 조선의 문이 열리다

바로 그때 이들에게 조선은 어떤 의미였을까. 19세기 후반 일본 제국주의자들은 조선의 고고학적 유적지를 무분별하게 파헤치고 있었다. 이들은 죽은 이들의 무덤을 약탈하는 도굴도 서슴지 않았고, 무덤 속에서 꺼낸 다양한 기물을 시장의 상품으로, 수집가들의 구입 대상 품목으로 올려놓기 시작했다.

때마침 19세기에서 20세기로의 전환기에 들어서면서 철도와 증기선의 발달로 여행 인구가 폭발적으로 늘기 시작했다. 대륙의 횡단 및 해양 항해의 가능성이 열리자 영국을 비롯한 서양인들이 조선으로 향했고, 이들은 손쉽게 조선의 유물을 수집해 갔다. 말하자면 수집이라는 행위는 머나먼 조선 땅과 영국을 연결하는 실체적 수단이자 만남의 증거였다. 다양한 형태의 수집 활동은 영국 박물관 전문가, 외교관, 학자, 무역상, 선교사를 비롯한 수많은 인물과 직업군에 의해 이루어졌다.

그러나 이 당시만 해도 수집만을 목적으로 조선을 찾는 이들보다는 다른 목적으로 온 이들이 부수적으로 수집을 했던 경우가 많았다. 이들이 어떻게 수집 활동을 했는지에 대해서는, 나아가 이들에게 물건을 구해주고 팔았던 조선 현지 딜러, 중개자들에 대해서는 거의 알려진 바가 없다. 이는 그들의 거래가 때로는 익명으로 때로는 서로에 대한 부족한 정보를 바탕으로 은밀하게 이루어졌기 때문일 수도 있으나 서구인과 현지인, 외국인과 본토인 사이의 기울어진 힘의 결과로 볼 수도 있다. 다시 말해 서양과 동양, 문명과 야만, 근대와 원시라는 오리엔탈리즘의 이분법이 이때부터 이미 조선에 적용되고 있었음을 짐작할 수 있다.

청나라를 제외한 일본 및 서양의 어떤 나라에도 문을 닫아 걸었던 흥선 대원군의 쇄국정책은 1873년 그의 하야에 이어 1876년 강화도조약에 의해 막을 내린다. 구미 열강의 통상 요구조차 거부하던 쇄국정책으로 인해 조선은 은자의 나라 혹은 은둔의 왕국, 일명 'Hermit Kingdom'이라 불리며 한반도를 둘러싼 국제 정세에 제대로 대처하지 못했다. 그러는 사이 이 나라는 일본 메이지 정부의 제국주의적 침략의 목표물이 되었다.

일본은 동인도회사를 통해 이미 17세기 중반경부터 유럽으로 자국의 물건을 수출했으나, 서양과의 교류를 직접 시작한 계기는 1853년 미국 페리 제독 함대의 내항이었다. 이를 계기로 1854년 가나가와 조약, 즉 미일화친조약이 체결되었고, 그 이후 일본의 항구는 서양을 향해 본격적으로 문을 열기 시작했다.

조선의 문호를 개방하기 위해 일본은 20여 년 전 자신들이 미국으로부터 당한

똑같은 방식을 채택했다. 즉 무력을 동원하여 거의 강제로 문을 열게 한 것이다. 다시 말해 일본과 맺은 강화도조약은 조선이 외국과 맺은 최초의 근대식 조약이라는 수식을 달고 있긴 하지만, 이는 무력을 앞세운 일본의 강요로 이루어진 명백한 불평등 조약이었다. 조약 체결 이후 조선은 부산·원산·인천항을 차례로 개항하였고, 1882년 조미수호통상조약 체결을 시작으로, 영국·독일·이탈리아·러시아·프랑스 등 서양 여러 나라와 연달아 통상 관계를 맺게 되었다.

강화도조약으로부터 1905년 을사늑약 체결로 일본의 보호국이 되기까지 약 30여 년의 시간은 소위 말하는 개항기에 해당한다. 급변하는 동아시아 국제 질서는 조선의 정치·사회·경제에 큰 타격을 주었다. 급격한 혼란의 과정 속에서 외국과의 물적·인적 교류는 확대되었고, 이로 인해 조선 사회도 큰 변화를 맞이했다. 새로운 문화가 유입되면서 기존의 문화와 충돌하고 엉키고 타협하면서 조선 역시 근대 사회로의 이행을 점차 도모하고 있었다. 외교관, 선교사, 여행가 등 여러 직종의 외국인들이 조선에 들어오기 시작한 것도 이 무렵이었다. 이들과 함께 들어온 신문물은 조선 사회에 큰 영향을 끼쳤다.

근대화와 자본주의 물결은 조선 왕실과 종속 관계였던 미술 시장에도 영향을 미쳤다. 조선 왕실의 자기는 주로 분원 관요分院官窯에서 제작했다. 조선 전기 경기도 광주 일대에 설치된 분원 관요는 왕실의 식사 및 진상품, 각종 연회 등을 관장하던 사옹원司饔院의 관리 아래 있었고, 왕실과 궁궐 및 관청에서 쓸 백자는 이곳에서 제작했다. 이곳에서 만들어낸 자기의 품질은 당대 최고의 것으로 여겨졌다.

그러나 19세기 말 왕실의 재정이 악화되고, 상인 자본이 침투하면서 이곳 역시 이전과는 다르게 분원 장인들의 사기전 상행위가 증가하기 시작했고 결국 1884년 민영화의 길로 접어들게 되었다. 변화는 다른 곳에서도 일어났다. 문호 개방을 통해 일본과 중국의 값싼 물건들이 조선의 자기 시장에 침투하는 한편으로, 왕실을 비롯한 고급 수요층에서는 조선의 도자기 대신 프랑스·영국·독일·일본·중국 등에서 만든 서양식 도자기를 적극적으로 수용하기 시작했다.

또한 왕실의 미술 기관 도화서圖畵署 역시 갑오경장과 함께 1894년 폐지되면서 화원 화가와 문인 화가의 기반은 와해되었고 결과적으로 민간의 직업 화가를 중심으로 한 미술 시장으로의 변화를 이끌어냈다.

― 서양인의 눈에 비친 조선과 조선인

이 시기에 이르러 눈에 띄게 늘어난 서양인 방문자들은 조선에 대해 직접 보고 느낀 바를 책으로 펴내기 시작했다. 그 이전까지 서양인들은 주로 중국이나 일본에 머물면서 조선에 대해 매우 제한적이고 부정확한 정보를 취하곤 했다. 자국으로 전하는 조선에 관한 이야기도 역시 그 한계에 갇힐 수밖에 없었다. 하지만 이제는 이들이 직접 보고 겪은 바를 여행기나 학술서 등 다양한 장르를 통해 서구 독자들에게 전할 수 있었다. 이로써 서양을 향해 새롭게 문을 연 동양의 한 나라가 그들에게 알려졌고, 이는 곧 조선에 대한 기대감과 환상을 생산해냈다.

책은 삽화나 사진만이 아니라 현지에서 수집한 물건에 관한 정보까지 동반했다. 그렇게 전해진 시각적 이미지와 오브제들이 조선과 조선 사람들에 대한 이미지와 스테레오 타입을 만들어냈다.

"지정학적 표현에 지나지 않는다." Korea was a mere geographical expression.

영국에서 조선은 종종 이런 문장으로 서술되곤 했다. 빅토리아 시대 큰 인기를 누린 이사벨라 비숍Isabella Bishop, 1831~1904의 『한국과 그 이웃』Korea and Her Neighbours 이 1898년 출판되었을 때, 『새터데이 리뷰』The Saturday Review 신문 1898년 5월 14일자에서는 이를 다음과 같이 소개했다.

"청일전쟁이 일어나기 전, 대부분 유럽인들에게 조선은 단지 '지정학적 표현'

에 지나지 않았지만, 그 에피소드[전쟁]는 몇 세기 동안의 고립과 잠에서 조선을 깨웠다."

비숍 자신도 1894년 겨울, 조선을 여행한다고 하자 주위의 많은 사람들 심지어 '똑똑한'intelligent 사람들도 조선이 어디에 있는지조차 몰랐다며 서장을 시작했다.[03] 영국 출신 탐험가이자 작가, 사진가로서 영국 왕립지리학회 첫 여성 회원이었던 비숍은 23세에 처음으로 세계 여행을 떠났고, 미국에서의 영국인 여성의 삶에 대해 기록한 그녀의 첫 책은 큰 인기를 끌었다. 이후 호주·하와이·중국·베트남·인도·이란 등 세계 곳곳을 다닌 그녀가 1894년부터 1897년까지 네 차례에 걸쳐 조선을 방문하고 기록한 기행문이 바로『한국과 그 이웃』이다.

'지정학적 표현'이란 문구는, 19세기 초 오스트리아 제국의 외교관이자 정치가, 메테르니히Metternich, 1773~1859가 만들어낸 신조어로, 처음에는 이탈리아를 지칭하는 단어였다. 이탈리아가 로마제국 멸망 이후 여러 공국의 합으로 이루어졌으므로 하나의 정치적 독립체 즉, 국가로 인정할 수 없다고 한 맥락에서 나온 말이었다.

이 관용적 표현은 이후 조선에도 자주 적용이 되었다. 당시 유럽에서는 조선을 중국의 오랜 속국으로, 1905년 을사늑약 이후로는 일본의 보호국으로 인지했다. 따라서 조선은 독립적인 국가로 인정받지 못했고, 지정학적으로 존재하는 것 외에는 아무런 영향력도 없을 것이라는 멸시적 태도가 이 표현에 섞여 있다고 봐야 할 것이다. 일본학자 조셉 롱포드Joseph H. Longford, 1849~1925가 1911년 펴낸『한국의 이야기』 The Story of Korea 또한 아래와 같이 시작하니[04] 꽤 오랫동안 그렇게 불리웠던 것으로 짐작한다.

"'지정학적 표현' 외에 이 먼 나라에 대해 알고 있는 영국인은 거의 없었다."

1869년부터 일본 영국영사로 근무한 조셉 롱포드는 청일전쟁 이후 1895년부터 1897년까지 대만, 이후 1902년까지 일본 나가사키에 영국영사로 있었다. 외교관에서 은퇴한 후 킹스 칼리지 런던의 첫 일본어 교수가 된 그는 19세기에 활약한 선구적인 일본학자 중 한 명이다. 1910년에는 『옛 일본의 이야기』The Story of Old Japan를 썼고, 그 다음해에 쓴 책이 바로 한국 선사시대부터 조선까지의 역사를 기록한 『한국의 이야기』다.

조선에 대한 서구 사회의 이 오랜 무지함은 그들이 가진 뿌리 깊은 문화적 고정관념과 편견에 대해 돌아보게 한다. 서양인들이 조선 땅을 밟기 전, 조선은 일본학자들에 의해 먼저 소개되곤 했다. 1872년 설립된 일본아시아학회Asiatic Society of Japan가 대표적이다. 일본에 대한 관심과 연구를 위해 다양한 국적과 직업군 들이 모여 요코하마와 도쿄 등에서 정기적 모임 및 발표를 진행하곤 했던 이 학회에서 1878년부터 조선의 역사를 소개하기 시작했다. 참고로 왕립아시아학회 한국지부Korea Branch of Royal Asiatic Society는 일본학회가 생긴 지 28년이 지난, 1900년에 설립되었다.

일본아시아학회에서 조선에 관해 가장 먼저 소개한 것은 히데요시의 침략 즉 임진왜란의 역사와, '사쓰마의 한국 도공'The Korean Potters in Satsuma에 관한 것이었는데 각각 윌리엄 애스턴William G. Aston, 1841~1911과 어니스트 새토Ernest M. Satow, 1843~1929가 기고했다.

윌리엄 애스턴은 1864년 일본 영국영사관 통역관으로 임명되어, 1884년부터는 영국공사로 도쿄·고베·나가사키에서 근무한 뒤 1884년부터 1885년까지 조선에서 영국공사로 근무하다 도쿄로 돌아갔다. 19세기 일본의 언어와 역사 연구에 큰 공헌을 한 그는 어니스트 새토와 바질 홀 체임벌린Basil Hall Chamberlain, 1850~1935과 함께 19세기 일본에서 활동한 영국의 3대 일본학자로 손꼽힌다.

또 한 사람 어니스트 새토는 영국인 학자이자 외교관으로, 일본에서 1862년에서 1883년까지, 1895년부터 1900년까지 약 25년, 의화단 사건 이후 중국에서 1900년부터 1906년 사이 외교관으로 근무했다. 시암태국, 우루과이, 모로코 등에서도 일했는데, 1861년부터 평생 쓴 일기가 영국 국립기록보관소에 47권으로 남아 있다.

이 두 사람의 기고문은 눈여겨볼 만하다. 애스턴은 그나마 조선에서 근무를 한 경력이 있지만, 새토는 조선 땅을 아예 밟은 적이 없었다. 그런 이 두 사람이 임진왜란과 그때 잡혀간 도공의 역사를 가장 먼저 발표했다는 점은 조선 침략을 계획하던 일본 입장에서 볼 때 우연으로 보기 어려운 부분이 있다. 새토가 쓴 사쓰마의 한국 도공에 관한 이야기는 사쓰마 도자기의 시작과 명성을 얻게 된 과정을 다루기 위한 것인데, 도자기에 관한 내용보다 조선의 도공들이 모국의 전통을 어떻게 이어가는지를 비롯해 그들의 언어와 생김새, 옷, 머리 모양에 대한 묘사가 한결 생생하다.[05]

당시 조선에 대해 글을 쓴 또 다른 사람으로 미국의 동양학자이자 자연과학자 윌리엄 그리피스William E. Griffis, 1843~1928를 들 수 있다. 메이지 시대 초기, 즉 1870년 일본에 교사로 초청되어 활동하던 그는 이 무렵부터 조선에 관심을 가졌고, 1877년 귀국한 이후인 1882년『은둔의 나라, 한국』Corea, The Hermit Kingdom을 출간했다. 비록 조선을 직접 다녀간 것은 아니었으나 동서양 문헌들을 많이 참고하고 집대성한 자료로, 초기 한국학 연구자들에게 큰 영향을 끼쳤다. 이 책에는 중국도 일본도 아닌 정체 모를 분위기의 삽화가 여러 장 실렸는데, 아마도 일반 독자들의 이해를 돕기 위해 게재한 것으로 보인다.

그는 또한 1882년 잡지『스크라이버스 먼쓸리』Scriber's Monthly와『더 센트리 일러스트레이티드 매거진』The Century Illustrated Magazine에 '일본 예술의 한국 원형'The Corean[Korean] Origin of Japanese Art이라는 글을 실었는데, 이 글을 통해 드러난 한국 예술의 현재와 과거에 대한 그의 입장은 당시 여러 학자들과 크게 다르지 않았다. 그는 일본 예술의 기원은 한국이지만, 이는 현재의 뒤처진 예술이 아닌, '과거'의 예술임을 강조한다. '최근 외국과의 통상 조약을 계기로, 조선의 오래된 기물들이 시장에 나오고 있는데, 일본의 것보다 '거칠지만, 그럼에도 불구하고 온전히 한국 스타일'이라고 설명한다.[06] 그는 또한 동아시아를 고대 서양 문명과 비교했다. 중국은 이집트, 일본은 그리스, 그리고 한국은 사이프러스로 비유한 것인데, 한국이 중국과 일본 미술의 중간 단계에 위치한다고 주장하면서, 중국의 문화가 한국이라는 필터를 거쳐 일본에

but on their heels. Among the well-to-do, dog-skins, or *kal-iri*, cover the floor for a carpet, or splendid tiger-skins serve as rugs. Matting is common, the best being in the south.

As in Japan, the meals are served on the floor on low *sang*, or little tables, one for each guest, sometimes one for a couple. The best table service is of porcelain, and the ordinary sort of earthenware with white metal or copper utensils. The table-cloths are of fine glazed paper and resemble oiled silk. No knives or forks are used; instead, chopsticks, laid in paper cases, and, what is more common than in China or Japan, spoons are used at every meal.

Table Spread for Festal Occasions.

The climax of æsthetic taste occurs when a set of historic porcelain and faience of old Corean manufacture and decoration, with the tall and long-spouted teapot, are placed on the pearl-inlaid table and filled with native delicacies.

The walls range in quality of decoration from plain mud to colored plaster and paper. The Corean wall-paper is of all grades, sometimes as soft as silk, or as thick as canvas. *Su-perik* is a favorite reddish earth or mortar which serves to rough-cast in rich color tones the walls of a room.

Pictures are not common; the artistic sense being satisfied

The Corean dress, though simpler than the Chinese, is not entirely devoid of ornament. The sashes are often of handsome blue silk or brocaded stuff. The official girdles, or flat belts a few inches wide, have clasps of gold, silver, or rhinoceros horn, and are decorated with polished ornaments of gold or silver. For magistrates of the three higher ranks these belts are set with blue stones; for those of the fourth and fifth grade with white stones, and for those below the fifth with a substance resembling horn. Common girdles are of cotton, hemp cloth, or rope.

Fans are also a mark of rank, being made of various materials,

Gentleman's Garments and Dress Patterns.

especially silk or cloth, stretched on a frame. The fan is an instrument of etiquette. To hide the face with one is an act of politeness. The man in mourning must have no other kind than that in which the pin or rivet is of cow's horn. Oiled paper fans serve a variety of purposes. In another kind, the ribs of the frame are bent back double. The finer sort for the nobility are gorgeously inlaid with pearl or nacre.

A kind of flat wand or tablet, seen in the hands of nobles, ostensibly to set down orders of the sovereign, is made of ivory for officers above, and of wood for those below the fourth grade.

윌리엄 그리피스가 1882년 출간한 『은둔의 나라, 한국』의 본문과 삽화.

House and Garden of a Noble.

Styles of Hair-dressing in Corea.

전해졌다고 했다. 그러면서 '동양 예술의 해돋이와 한낮은 일본에 속해 있지만, 그 빛의 근원은 옆 한반도에 있다'고도 했다.[07] 그러나 그것은 '조선의 예술이 아니라 신라와 고려 시대 문화였으며, 현재 조선 기물의 가치는, 한양에서 제일 좋은 병풍도 도쿄에서는 1페니에 살 수 있다'고도 비유했다.

그리피스는 또한 일본 미술은 현재 절정에 도달했고, 한국 미술의 영광은 먼 과거의 일이라고 강조하면서 한국 미술의 쇠퇴가 세계와 소통하지 않은 쇄국정책의 결과일 뿐만 아니라 9~15세기에 걸쳐 일본에 예술가와 장인을 빼앗겼기 때문이라고 주장했다. 특히 16세기 도요토미 히데요시가 최고의 도공들을 일본으로 끌고 가면서 한국 도자기 산업 전체를 쓸어가다시피 했다고도 기록한 그는 또한 사쓰마에 정착한 한국 도공들은 자신들의 혈통과 언어를 보존하려 노력한 것에 비해 일본의 다른 지역에 정착한 이들은 일본인과 결혼을 했다는 점도 덧붙였다. 그리피스의 이 글은 한국의 예술은 '자연에 대한 최고의 애정과 다양한 분위기에 맞추는 섬세함'이 특징이며, '세상을 놀라게 할 만한 충만한 잠재력으로 밝은 미래가 예상된다'는 결론으로 끝을 맺는다.[08]

그리피스의 글에서 보듯이 당시 서양인들에게 한국은 중국과 일본과의 관계 속에 존재하고 있고 한국 예술의 특징은 이미 '거칠고' '자연스러운 아름다움'으로 규정되었다. 중국과 일본의 공예품이 화려하고 장식적인 멋에 소비되던 당시 영국을 생각해 보면, 이들이 정의하는 한국 예술의 미감이 이들의 일상에 들어갈 틈이 과연 생길 수 있었을까 의문이 든다.

그리피스의 글 '일본 예술의 한국 원형'에는 『은둔의 나라, 한국』과 마찬가지로 몇 장의 그림 자료가 수록되어 있다. 대부분 한국이 일본에 조공을 하는 장면을 그린 것들이다. 예를 들어 '신라인들이 진구 황후에게 조공을 바치다', '에도 다이쿤[쇼군] 앞에 선 한국의 조공 전달자', '미카도[천황]에게 불상을 바치는 한국의 사절단' 등인데, 그리피스의 글에서 드러난 스승과 제자 같은 한국과 일본의 상하 관계와는 모두 반대되는, 조공 관계를 보여주고 있다.

numbering forty persons — were well supplied. The leaders of the anti-foreign party, headed by the ex-regent, Tai-wen-Kun, stirred up the peasantry and turbulent soldiery to believe that the spirits were angry because foreigners rises; must not even the Western foreigner do reverence?" The commercial spread of Japanese art during the last twenty years, and its consequent influence upon Western life, are familiar to the reader of contemporary

MEN OF SHINRA SUBMIT THEMSELVES TO QUEEN JINGU. (A. D. 202.)

COREAN ENVOY PRESENTING AN IMAGE OF BUDDHA TO THE MIKADO. (A. D. 255.)

윌리엄 그리피스가 1882년 잡지에 게재한 '일본 예술의 한국 원형'의 본문과 삽화.

존 로스가 1879년 출간한 『한국사』 삽화.

이렇듯 당시 자료를 살피다 보면 글과 함께 게재된 일러스트나 그림이 정작 글과는 상관이 없거나 상반된 것들을 많이 볼 수 있다. 한국의 미술사나 고고학 연구가 이제 막 시작되던 태동기였기에 글쓴 이의 주장을 뒷받침할 사료가 부족했기 때문일 것이다.

그런 반면 한국 도공에 대해 묘사를 할 때, 그들이 무엇을 입고, 어떤 모습을 하고 있는지에 더 초점을 맞춘 것처럼, 그림으로 전달되는 한국의 이미지는 의복과 생활양식 중심의 민족지학ethnography, 민족학 연구와 관련된 자료를 수집·기록하는 학문. 주로 미개한 민족의 생활 양상을 조사하여 인류 문화를 구명하는 자료로 이용한다.적인 것이 대부분이었다. 중국 동북 지방에서 활동하던 스코틀랜드 출신 장로교 선교사 존 로스John Ross, 1842~1915가 1879년에 출간한『한국사』History of Corea, Ancient and Modern는 한국 역사를 다룬 초창기 영문 저서 중 하나다. 1872년부터 중국 만주 지방에서 선교 활동을 시작한 그는 고려문에서 만난 함경남도 의주 출신 이응찬의 도움으로 한국어를 배운 뒤 1877년 한국어 교재『조선어 첫걸음』Corean Primer을 펴내기도 했는데, 최초로 한글 번역 성경을 제작하면서 한글 띄어쓰기를 처음 도입한 사람으로도 알려져 있다.

비록 그는 한국에 들어오지 못했지만 만주의 고려문에서 만난 조선인들과 접촉하고 관찰한 것을 바탕으로 쓴 그의 책『한국사』에는 의복과 관련한, 채색 삽화 세 장이 포함되어 있다. 신분에 따른 의복 문화를 보여주기 위한 것인데, 지금 우리 눈으로 보면 마치 동화에나 나올 법한 현실감 없는 모습이 그저 낯설기만 하다. 이 책에는 다른 주제에 관한 삽화나 사진은 거의 없다.

이런 의복의 대비는 고립되고 서구화되지 않은 조선의 캐릭터를 표현하는 흔한 방법으로 당시 자주 사용되던 시각적 전략의 하나였다. 19세기 당시 서구의 여러 신문에는 근대 서구와 비서구 문화를 비교하는 삽화가 자주 등장했는데, 근대 일본 역사학자, 스테판 다나카Stefan Tanaka의 책『일본 동양학의 구조』Japan's Orient에서도, 당시 널리 유통되던 조셉 스웨인Joseph Swain의 일러스트 〈에도와 벨파스트: 당혹감을 감추지 못하는 일본〉'Jeddo and Belfast; or, a Puzzle for Japan'으로 논의를 시작한다.[09]

조셉 스웨인의 일러스트 〈에도와 벨파스트 : 당혹감을 감추지 못하는 일본〉.

1898년 3월 19일 『일러스트레이티드 런던 뉴스』에
실린 조선에 온 영국 군대.

이 그림은 서로 다른 두 개의 문화가 만나서 생기는 갈등을 보여주기 위해 전통 사무라이 복장을 입은 일본과 모던한 양복 차림의 서양인을 대비시켰는데 서양과 동양, 문명과 미개, 근대와 전통, 이성과 비이성, 진보와 퇴보 등으로 양분화된 이분법적 사고를 다분히 강조하고 있다. 이 일러스트는 1872년 8월 31일 영국의 주간 풍자 만화 잡지『펀치』에도 실렸고, 1872년 9월 28일 미국의 정치 주간지『하퍼스 위클리』 Harper's Weekly에도 등장했으며 엽서로도 널리 유통되었다.

조선인과 영국인이 하나의 프레임에 함께 등장한 그림은 영국 최초 삽화 중심의 주간지『일러스트레이티드 런던 뉴스』Illustrated London News 1898년 3월 19일자에 실렸다. 그림의 오른쪽 하단, 영국 군인 옆에 순진하게 아이를 업고 서 있는 여성의 모습이 보인다. 조선에 주둔한 영국 군인이 등장한 것으로 보아 아마도 포트 해밀턴 사건The Port Hamilton Incident을 묘사한 것인 듯하다. 포트 해밀턴 사건이란 남하하던 러시아 세력의 조선 진출을 견제하기 위해 영국군이 1885년에서 1887년까지 전라남도 여수와 제주도 사이에 위치한 거문도포트 해밀턴를 불법 점령한 것을 서양에서 이르는 말이다. 19세기 전반 해양으로 진출하려던 러시아는 세계 도처에서 영국과 대립했는데 러시아의 팽창 정책은 크림전쟁1853~1856에서의 패배에 이어, 1861년 영국 해군의 개입으로 쓰시마 섬에서도 저지되었다. 끈질기게 태평양 진출을 꾀하던 러시아는 아프가니스탄 및 중앙아시아에서도 영국과 충돌했고 이에 맞서 영국군은 공격책으로 거문도 점령 계획을 추진했다. 이를 위해 1885년 3월 영국 정부는 중국과 일본에 거문도 점령을 통보했다. 그러나 정작 이 땅의 주인인 조선에는 한 달이 지나서야 통보했다.

러시아·영국·일본과 중국 등 열강들의 각축전이 펼쳐지던 이 시기, 과연 조선은 그들의 눈에 어떤 모습이었을까. 그림 속 아이를 등에 업은 여인은 오래되고 낡은 과거를 상징하는 것처럼 보인다. 긴장감이라고는 찾아볼 수 없는, 근대화나 서구화를 향한 의지는 물론이고 이를 받아들일 능력조차 없어 보이는 모습. 어쩌면 이 여인은 그들 눈에 비친 조선의 모습이었을지도 모르겠다.

조선은 호랑이의 나라

__ 호랑이를 바라보는 너무 다른 시선

서양인들에게 문명화되고 근대화된 서양 사회와 달리 조선은 원시적이고 미개한 이미지를 가졌다. 이를 강조하기 위해 선택된 것은 바로 자연과 동물이었다. 1880년대 서양인들의 여행 기록과 출판물에는 유난히 조선의 야생 동물이 자주 등장하고 이에 대한 생생하고 자세한 묘사를 흔히 볼 수 있다.

1894년에서 1912년에 걸쳐 여러 신문과 저널에 남아프리카 공화국의 보어 전쟁, 중국 의화단사건, 러일전쟁 등에 관한 국제 뉴스를 기고한 바 있는 영국 출신 언론인 앵거스 해밀턴Angus Hamilton, 1874~1913은 1904년에서 1905년까지 『팰 맬 가제트』The Pall Mall Gazette의 극동 특파원으로 조선에서 몇 달을 보내면서 관찰한 내용을 바탕으로 1904년 『코리아』Korea를 런던에서 펴냈다. 그 책에도 아래와 같은 내용이 있다.[10]

"흰 코끼리가 시암[태국]에, 단봉 낙타가 이집트에, 들소가 미국에 있는 것처럼, 한국과 관련 있는 왕실 동물은 호랑이."

호랑이에 대해 언급하는 것은 이국적이고 미개해 보이는 원시적인 풍토를 강조하는 데 효과적이었고 문명화 되지 않은 땅 조선에 대한 환상을 심어주곤 했다.

또다른 기록으로는 독일 출신 유대인 상인으로 중국에서 활동하던 에른스트 오페르트Ernst J. Oppert, 1832~1903가 남긴 것을 들 수 있다. 그는 쇄국정책을 펼치던 조선에 1866년에서 1868년에 걸쳐 세 차례나 통상 개설을 요구했지만 번번이 받아들여지지 않았다. 그러자 1868년 세 번째 방문에서 흥선 대원군의 부친 남연군의 묘를 도굴하는 만행을 저질렀다. 도굴은 실패로 돌아갔으나 그는 이 사건을 포함한 조선 여행기를 1880년『금단의 나라: 한국 기행』A Forbidden Land: Voyages to the Corea이라는 제목으로 출판했다. 거기에는 다음과 같은 묘사가 등장한다.

"광활한 숲으로 뒤덮인 광활한 산맥과 구릉은 수많은 야생 동물과 다른 동물에게 피난처를 제공한다. 이들 중 가장 중요한 것은 이 나라 고유의 호랑이로, 매년 수많은 인명을 희생시키는 탐욕스러운 동물이다. 이 벵갈호랑이는 북부 지방에서 서식한다."[11]

외국인들에게 조선의 호랑이는 특별한 환상을 심어주던 소재로, 문학뿐만 아니라 사진 컬렉션에서도 자주 등장했다. 반면 한국인에게 호랑이는 오래전부터 친숙하고 익숙한 동물로, 단군신화에서부터 삼국시대를 거쳐 근현대 미술에 이르기까지 많은 이야기와 미술 작품 속에 자주 등장하는 소재다.

이뿐만 아니라 실생활에서도 호랑이는 꽤 가까이에 있었다. 호랑이를 비롯해 표범, 염소, 여우, 개 등의 가죽으로 깔개나 옷을 만들어 입는 것은 한국인들에게는 흔한 일이었다. 호피나 범피는 특히 궁중 예식에 많이 사용되었고, 그 중에 머리와 팔다리, 꼬리가 보존된 모피로 의자나 가마를 덮은 모습은 옛날 그림이나 사진을 통해 쉽게 볼 수 있다.

호랑이 가죽은 또한 중국 사신이나 일본 왕에게 보내는 왕실의 외교용 선물로도 활용되었고, 조정에서 신하에게 내리는 대표적인 하사품 중 하나이기도 했다.

조선시대 그려진 〈민광승 초상〉으로 호랑이 가죽을 의자 덮개로 사용한 예는 당시 그림에 자주 등장한다. 국립민속박물관 소장품이다.

조선시대 그려진 〈용맹한 호랑이〉(위)와 익살스런 표정의 호랑이를 그린 민화. 둘 다 국립중앙박물관 소장품이다.

왕실과 지배 계급만 사용하던 호피는 점차 일반에서도 널리 사용되었다. 이를테면 혼례식에서 신부의 가마 위에 호피를 덮어 악귀를 쫓아, 무사안녕을 빌곤 했는데 이렇게 신부가 혼례식을 마친 뒤 호랑이 모피를 덮은 가마를 타고 시댁으로 떠나는 신행 행렬은 19세기 말 조선을 여행하던 외국인들의 시선을 사로잡기에 충분했다.

1906년부터 1907년 사이 독일인 헤르만 구스타프 테오도르 산더Hermann Gustav Theodor Sander, 1868~1945가 수집한 사진 컬렉션 중에도 호피를 얹은 신부의 가마 행렬을 볼 수 있다. 그는 1906년 일본 독일영사관에 육군 무관으로 파견되어 러일전쟁의 주요 격전지 자료 조사를 담당했다. 한국, 사할린, 만주 등을 여행하면서 직접 사진을 찍기도 하고 기념품 사진을 수집하기도 했던 그는 2004년 국립민속박물관에 자신의 꼼꼼한 기록과 생생한 사진 컬렉션을 비롯한 수집 유물을 기증했고, 그의 기증품은 2006년 전시를 통해 공개되었다.

산더의 사진과 비슷한 신행 장면은 히노데상행日之出商行이 발행한 '조선풍속 시리즈' 중 56번째 엽서에서도 볼 수 있다. 경성의 일본인 거주지 중 하나였던 본정本町, 오늘날 충무로 인근 2정목에 1901년 설립된 히노데상행은 조선 관련 사진 엽서와 사진첩을 제작해서 판매했다. 일제강점기 시절 하루 판매량이 1만 부를 웃돌 정도였다고 하니 이 시기 사진 엽서 제작과 유통에서 히노데상행의 영향력이 얼마나 컸을지 짐작할 수 있다.

이보다 앞서 1890년대 조선에 머물렀던 프랑스 동양학자 모리스 쿠랑Maurice Courant, 1865~1935의 책 『서울의 기억』Souvenir de Séoul, Corée에도 당시 혼례식 사진이 포함되어 있는데, 호피 대신에 호랑이 무늬가 들어간 깔개가 마당 바닥에 깔린 모습을 볼 수 있다. 한국에 처음 부임한 프랑스 공사관 빅토르 콜랭 드 플랑시Victor Collin de Plancy, 1853~1924의 통역관으로 임명되어 1890년 한국에 온 모리스 쿠랑은 수년에 걸쳐 한국 관련 도서를 조사 수집하여 『한국서지』Bibliographie Coréenne 전4권을 출간했다. 그는 여기에 수천 종의 한국 도서 목록을 기록해 뒀을 뿐만 아니라 세계에서 가

신부의 가마 위에 호랑이 가죽을 얹은 모습은 당시 촬영한 사진에서 자주 볼 수 있는 장면이기도 하다. 위의 것은 헤르만 구스타프 테오도르 산더의 사진 컬렉션 가운데 한 장이고 아래는 1900년경 히노데상행에서 제작한 '조선풍속 시리즈' 엽서 중 하나다. 둘 다 국립민속박물관 소장품이다.

1900년 모리스 쿠랑의 『서울의 기억』에 실린 당시 혼례
식 장면에도 호랑이 가죽이 등장한다. 아래 컬러 사진은
모두 국립민속박물관 소장품으로 사진 속 호랑이 가마
덮개와 덮개를 씌운 가마의 모습을 떠올릴 수 있다.

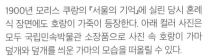

장 오래된 금속활자 인쇄물 '직지'를 유럽 전역에 알리기도 했다.

모리스 쿠랑의 책에 실린 사진은, 당시 유행하던 사진관에서 촬영한 스튜디오 사진이 아니라, 신부의 집 안마당에서 찍은 것으로 보인다. 네 명의 여인들은 머리에 가채를 올리고, 어린 소녀들은 당귀와 족두리를 갖춰 입었는데, 바닥에 깔린 호랑이 무늬 깔개가 눈에 띈다. 국립민속박물관의 소장품 중에도 대한제국 및 일제강점기 시기에 제작된 인조 호피 깔개가 포함되어 있는데 쿠랑이 찍은 사진 속의 것과 매우 유사하다.

악귀를 물리치고, 인간의 길흉화복을 관장하는 산신의 사자로 여겨진 호랑이 가죽은 앞서 보았듯 혼례를 치를 때 신부 가마 위에 주로 덮었다. 하지만 19세기 말에 와서는 호랑이 가죽 대신 호랑이 무늬를 입힌 깔개가 부쩍 눈에 띈다. 호랑이의 개체 수가 줄어들어 구하기 힘들어지기도 했겠지만, 호랑이 가죽을 혼례에 사용하려는 이들이 늘어나고 그 계층이 확대되다 보니 인조 호피 깔개가 대체제로 등장한 듯하다.

조선의 호랑이는 서양인들에게 인기가 높았고, 그 인기를 반영하듯 상품으로 많이 거래되곤 했다. 미국대리공사 고든 패덕Gordon Paddock, 1865~1932의 관사 또는 미국공사관으로 추정되는 공간의 1904년경 내부 사진에도 바닥에 깔린 호랑이 가죽 또는 표범 가죽 깔개가 보인다. 고든 패덕은 1901년 미국공사관 비서관으로 임명되었다가 이듬해 총영사(혹은 대리공사)로 승진한 인물이다.

사진을 찬찬히 살펴보면 호랑이 가죽 외에도, 소반·삼층장·병풍·족자·무관복과 투구·칼 등 매우 다양한 물건이 눈에 띄는데 당시 외국인들이 주로 수집했던 물건들과 골동품 상점에서 판매, 유통하던 기물 종류를 짐작할 수 있다. 이 사진이 실린 사진첩은 윌러드 스트레이트Willard D. Straight, 1880~1918의 것이다. 중국과 일본에서 활동하던 미국인 선교사 부부에게서 태어나 중국 해관에서 일하기도 했던 그는 1904년 로이터 통신원으로 러일전쟁을 취재하기 위해 조선에 들어온 뒤 이듬해 미국공사관의 부영사로 근무했다. 그의 사진첩에 실린 사진들은 1904년에서 1905년

윌러드 스트레이트의 사진첩에 실린 고든 패덕의 관사 또는 미국공사관으로 추정되는 공간. 코넬 대학교 도서관.

주미대한제국공사관 1층 객당. 헌팅던 도서관.

사이에 찍은 것이다.

호랑이 가죽이 외국인들에게 인기를 끌고, 시중에서 활발히 거래되었으니 그 가운데 외국인들이 자국으로 돌아갈 때 가지고 간 것도 있었을 것이다. 1893년 시카고 만국박람회 출품을 위해 촬영한 주미대한제국공사관 1층 객당 사진에서도 바다에 깔려 있는 두 점의 호랑이 가죽을 발견할 수 있다.

1888년 워싱턴 D.C.에 처음 개설한 주미대한제국공사관은 이듬해 장소를 옮긴 뒤로 조선의 국제 외교 활동의 중심지 역할을 했으나 일본에 외교권과 주권을 박탈당하면서 일본에게 건물을 빼앗겼다. 해방 이후에도 오랫동안 방치되다가 2012년 문화재청 및 국외소재문화재재단에 의해 보수 및 복원 사업이 추진되어 2018년 기념관으로 다시 문을 열었다.[12] 사진 속 호랑이 가죽은 정치와 외교 권력을 상징하는 전통적 관습의 하나로 다른 물건들과 함께 조선에서 보낸 것으로 보인다.

＿ 그 많던 호랑이는 모두 어디로

각 나라로 흩어졌을 호랑이 가죽들의 궤적을 특정하거나 추적하기는 현실적으로 어려운 일이 아닐 수 없다. 그나마 청나라 『중국해관연보』의 부록으로 발행된 『조선해관연보』에 남아 있는 호랑이 가죽 무역 기록을 통해 호랑이 가죽이 조선의 중요한 수출 품목 중 하나였으며, 19세기 말 골동상 및 큐리오숍curio shop을 통해 외국으로 꾸준히 반출되었음을 확인할 수 있었다.

조선의 대외 무역은 강화도조약의 불평등한 규정으로 인해 일본과는 무관세 무역을 진행해 오다 1882년 조미통상수호조약 이후 1883년부터 서양의 해관원을 초청, 제대로 된 관세 무역을 추진하기 시작했다. 하지만 서양 해관원 대부분은 중국 해관 소속이기도 했고, 1882년 임오군란 이후 조선에 대한 중국의 내정간섭이 강화되면서, 조선 해관은 중국에 예속되어 있는 상황이었다. 때문에 관세 기록은 중국 해관 기록의 부록으로 남아 있었다. 그러다 청일전쟁 이후에는 이를 일본이 장악하게 되었다.

『조선해관연보』는 영국 케임브리지 대학 도서관 소장 자료 중 하나로, 1886년 부터 1893년까지의 기록을 살폈다. 여기에는 원산, 인천, 부산 등 개항장 세 곳은 물론 조선 전역의 선박, 무역, 관세 현황이 수록되어 있어 당시 조선의 대외 무역과 시장 상황부터 조선이 생산한 수출품의 국제적 거래와 이동 경로까지 구체적으로 파악할 수 있었다. 1880년대 중반 조선의 국제 무역 거래 품목 중 콩류, 쌀, 소가죽, 생선 (말리거나 절인 것, 비료 포함) 등은 조일무역의 주요 품목으로 고정되었고, 이외에도 약 서른 가지의 수출품 내역 등을 기록을 통해 파악할 수 있었다.

이 가운데 눈길을 끄는 건 '큐리오' 카테고리다. 당시 동양의 큐리오란 찻잔이나 화로 등 현지인들에게는 매우 일상적인 용품이지만 서양인들의 눈에는 새롭고 진귀한 대상이었다. 바로 이런 큐리오에 속하는 물건들을 통해 조선을 포함한 동양의 여러 나라는 서양인들에게 오래되고 이국적이며 흥미로운 상상력을 자극하는 곳이라는 이미지가 형성되었다. 앞에서 언급한 영국 출신 언론인 해밀턴의 책 『코리아』에 등장하는 큐리오는 다음과 같다.

"엠벌리 부부의 친절한 배려로 편안히 머물 수 있었던 스테이션 호텔에는 당시 골동상들로 붐볐다. 경성에서는 살 만한 것이 거의 없다. 기이한 황동 주방 집기, 은 상감이 들어간 철제, 담배 상자, 옥으로 만든 잔, 부채, 병풍 및 두루마리 등. 나는 거의 구매하지 않았지만, 전통가구, 거대한 인쇄기, 동판을 덧댄 수납장과 작은 티 테이블[소반] 정도가 내가 관심을 두던 것들이었다."[13]

이 글에 등장하는 엠벌리W. H. Emberley 부부는 스테이션 호텔을 운영하던 이들로, 스테이션 호텔은 훗날 애스터 하우스Astor House로 이름이 바뀐다. 나중에는 프랑스계 호텔인 팔레 호텔Hotel de Palais을 운영하던 마르탱L. Martin이 인수했다. 엠벌리 부부가 조선에 머물며 수집한 물건들은 빅토리아 앤드 앨버트 박물관과 스코틀랜드

©Victoria and Albert Museum

1905년경 엠벌리 부부 컬렉션, 빅토리아 앤드 앨버트 뮤지엄.

국립박물관 등에 소장되어 있다.

해밀턴의 글에서 보듯, 주방 집기·상자·옥으로 된 잔·부채·병풍·가구·두루마리 등이 큐리오로 언급되고 있고, 이런 물건들은 그 무렵 중국이나 일본의 큐리오 숍 사진이나 광고에 등장하는 물건들과 거의 비슷하다.

큐리오는 인천항을 통해 외국으로 수출되었는데, 이것으로 보아 큐리오가 일본만이 아닌 서양 각국으로 운송되었음을 짐작할 수 있다. 큐리오 구매는 당시 조선에 체류하던 서양인들보다 자국 민속박물관 등의 의뢰를 받아 '원격지 대리 컬렉터'로 활동하던 이들의 수요가 더 컸던 것으로 보인다. 이를테면 개항 후 한양에 최초로 입성한 서양인이자 고종의 외교 고문이었던 묄렌도르프Möllendorff, 1848~1901는 독일 라이프치히의 그라시 민속박물관의 의뢰로 1883년부터 1844년에 걸쳐 약 400여 점의 조선 민속품을 보내기도 했으며, 독일영사였던 에드워드 마이어Edward Meyer, 1841~1926는 함부르크 민속박물관의 컬렉션을 조달했다. 또한 미국 조류학자 주이 Pierre Louis Jouy, 1856~1894, 해군 무관 버나도John Bernadou, 1858~1901, 의료 선교사 알렌 Horace Allen, 1858~1932 등 세 사람은 미국 스미소니언 국립박물관의 의뢰로 민속품과 미술품을 구입해 보내기도 했다.[14]

가죽류 가운데서는 소가죽이 고정 수출 상품이었을 만큼 가장 큰 비중을 차지했고, 이밖에도 오소리와 사슴, 호랑이와 표범, 흑담비sable와 흰담비ermine 등의 족제비류, 수달, 곰, 개 등의 온갖 가죽이 조선 전역의 거의 모든 항구에서 꾸준히 수출되었다. 특히 1887년 인천항에서 수출된 호랑이와 표범 가죽은 무려 210점에 이를 만큼 높은 수치를 보였다. 숫자로만 보면 개항 초반에는 도자기, 가구, 놋쇠 등의 큐리오보다 호랑이와 표범 가죽이 더 인기가 많아 보인다. 개항 초기까지만 해도 아직 조선에서 특정 큐리오가 수출 상품이나 기념품으로 자리잡기 전이었고, 조선 공예품의 미감이 서양인들의 구미에 맞춰지기 전이었던 까닭에 이국적인 호랑이 가죽 등이 서양인들의 흥미를 더 끌었을 것으로 보인다.

인천, 원산, 부산 세 항구 중 한반도 북동 지역에 위치한 원산항은 인천 다음으로 호랑이와 표범 가죽 수출 양이 많았다. 아무래도 표범과 호랑이가 남쪽보다는 북쪽 산간 지방을 서식지로 삼고 있었기 때문일 텐데, 원산항의 기록을 통해 살펴본 결과 호랑이 가죽 가격은 초기에는 점당 9달러였다가 점차 상승하여 1890년에는 점당 23달러가 되더니 1893년에는 44달러까지 가격이 뛰었다. 가격의 급등은 곧 외국인들이 그만큼 많이 찾았다는 것, 즉 수요가 그만큼 높아졌음을 의미한다. 다만 여기에서 적용한 화폐 단위는 오늘날의 달러가 아니고, 멕시코 달러를 뜻한다. 은으로 만든 멕시코 달러는 16세기 초부터 19세기까지 중국이 국제 무역에서 사용하던 유통 화폐였다. 태평양을 사이에 두고 동아시아와 홍콩, 싱가포르, 오스트레일리아, 캐나다, 미국 및 라틴 아메리카에서 주로 사용했으니 최초의 국제 화폐라고 볼 수 있다. 미국 달러는 19세기 중후반부터 사용되었다.

호랑이 가죽이나 모피 거래는 19세기 말 여러 문헌에 종종 등장하는 소재였다. 앞서 언급한 오페르트는『금단의 나라: 한국 기행』에서 한반도 북쪽 국경 지대에서는 유럽산 무명이나 중국 비단을 호랑이 가죽과 교환했다고 했고,[15] 그리피스 역시 책을 통해, 매년 1천 점의 호랑이 가죽이 한국에서 생산된다고 했다.[16] 1890년『조선해관 연보』에는 호랑이가 멸종된 이유가 외국인들이 높은 가격을 주고서라도 가죽을 사고자 했기 때문이라고 설명하고 있다.[17] 물론 조선의 호랑이가 이때 멸종된 것은 아니다. 다만 개체 수에 큰 변화가 있었음은 짐작할 수 있다.

이렇듯 여러 목격담과 설명으로 미루어볼 때 호랑이 가죽 구매자들은 여러 나라에 걸쳐 있었고, 호랑이 사냥의 범위와 그 수요도 눈에 띄게 증가했음을 알 수 있다. 여기에서 살피고 갈 지점은 19세기 말 호랑이를 바라보는 전혀 다른 인식이 서양과 일본에서 유입되었고, 이런 인식이 우리의 전통과 충돌한 부분이다. 일반적으로 일제강점기 해수구제사업害獸驅除事業, 인간에게 해로운 짐승을 제거하는 정책으로 한반도의 호랑이가 멸종된 것으로 알려져 있고, 실제로도 일제 시대를 지나며 호랑이의 멸종이 가속화된 것은 사실이지만 호랑이 멸종의 시기와 그 연유를 다투는 것에서 나아가 호랑이를 바라보는 시선의 변화를 살피는 것이야말로 이 시기 호랑이를 제대로 바라보는 일이 아닐까 한다.

— 민족 정신의 상징에서 정복과 전시의 대상으로

한국인에게 호랑이는 대대로 민족 정신을 대변하는 상징이다. 단군신화는 물론 고대 원시 신앙을 거쳐 이후 도교와 불교 미술에서도 호랑이는 수호신이자 산신으로 여겨졌다. 또한 한국뿐만 아니라 도교와 불교 문화를 공유하던 일본과 중국에서도 전통적으로 문화 전반은 물론 미술 작품 속에서도 자주 등장함으로써 벽사, 길상, 군자와 덕치 등 그 상징이 다양하게 확장되었다.[18] 또한 공포의 대상이면서 동시에 숭배의 대상이라는 호랑이에 대한 이중적 감정도 엄연히 존재하고 있었다.

이처럼 근대화 이전 동아시아권에서 공통적으로 숭상되던 호랑이는 근대화가 진행되면서 어찌된 일인지 정복과 전시display의 대상이 되었다. 1898년 이사벨라 비숍이 관찰한 바로는 중국에서는 조선 호랑이의 뼈가 약재용으로 매우 높은 가격에 거래되었는데 이는 비단 의료적 효과뿐만 아니라, 호랑이의 뼈가 용맹함과 힘을 가져다 준다고 믿었기 때문이라고 설명하고 있다.[19] 한편으로 일제의 근대화와 식민화 정책을 통해 호랑이에 대한 한국인들의 인식 역시 조금씩 변화하고 있었다.

일본학자 대니얼 와이엇Daniel J. Wyatt은 근대화가 진행되던 일본에서 이국적 동물에 대한 인식이 동물원이라는 근대 프레임 안에서 새롭게 인식되었음을 설명한 바 있다.[20] 19세기 중반까지만 해도 일본의 문학과 미술에서는 호랑이, 치타, 코끼리, 오랑우탄, 낙타 등과 같은 이국적이고 진귀한 동물들이 그 희소 가치로 인해 벽사辟邪의 의미로 자주 묘사되곤 했다. 그러다 1882년 우에노 공원에 들어선 일본 최초의 동물원이 대중을 위한 볼거리public spectacle이자 위락 시설의 역할을 담당하기 시작했는데, 이 동물원에서 이국적인 동물들이 특히 인기가 높았다. 그렇게 동물원에서 우리에 갇힌 동물들을 접하는 것과 동시에 제국주의와 근대화가 본격적으로 진행되면서, 어느덧 대중의 눈에 이국적인 동물은 두려움과 경외의 대상에서 인간에게 정복당한 존재, 즉 인간의 강력한 힘을 확인시키는 대상이자 상징이 되었다.

실제로 청일전쟁과 러일전쟁을 치르면서 일본군은 한반도의 많은 야생 동물을 앞다퉈 포획했다. 그렇게 잡은 동물들은 곧 일본이 이 땅을 정복했다는 상징으로 여겨졌고, 실제로 전리품 혹은 동물 트로피animal war trophies라는 라벨을 붙여 전시하기도 했다.[21] 이렇게 포획, 분류된 한반도의 동물들은 다른 국가로부터 선물받은 동물들과 함께 대중들 앞에 전시되었고, 우에노 동물원은 제국주의 권력의 진열장이 되었다.

1890년 원산항에서 살아 있는 호랑이 세 마리가 수출된 기록이 있는데, 당시 원산항을 드나들던 증기선은 중국, 일본, 러시아(블라디보스토크)로 수출되는 국제선이거나 인천 및 부산항과 연결되는 항로를 따랐다. 1890년에 관세를 낸 것은 일본 증기선밖에 없었고 중국과 러시아에는 시베리아 호랑이가 서식했던 것으로 미루어볼 때

조선시대 산신도에 그려진 호랑이. 표정이 무섭다기보다 매우 익살스럽다.
국립중앙박물관.

1892년 기시 치쿠도(岸竹堂)가 그린 호랑이. 사나운 표정이 역력하다. 메트로폴리탄 박물관.

18~19세기 호랑이를 수놓은 중국 계급장. 메트로폴리탄 박물관.

1898년 일본 화가 쓰기오카 교고(月岡 耕漁)의 그림 속에 등장하는 오랑우탄.

1890년경 도쿄 우에노 동물원 경관.

원산항을 떠난 호랑이 세 마리는 일본으로 간 것으로 유추한다. 아마도 일본의 동물원이나 유사 동물학 기관으로 간 게 아닐까 짐작한다.

이처럼 한국 호랑이는 산 채로 바다를 건너기도 했지만, 또 어떤 해는 약 200여 점이 넘는 호랑이 가죽과 표범 가죽이 수출되기도 했다. 하지만 이들 가죽들이 모두 어디로 향했는지 알 수는 없다.

앞서 보았듯, 미국 워싱턴 D. C.의 주미대한제국공사관에도 최소 두 점이 가 있었다는 건 남은 자료를 통해 알 수 있지만, 영국이나 다른 나라로 유출된 호랑이 가죽을 추적하는 건 결코 쉬운 일이 아니다. 특히 1920~1930년대 영국은 식민지 인도와의 무역을 통해 박제 제작자들이 인도 시장을 장악, 상당한 양의 '헌팅 트로피', 즉 사냥한 동물의 머리나 뿔, 가죽 등의 기념 박제를 생산하고 있었다. 인도 남부 마이소르에 기반한 반 잉겐Van Ingen & Van Ingen of Mysore 회사는 주로 영국과 인도 귀족층에 고급 가죽과 헌팅 트로피를 제공했는데 1930년에는 무려 566점의 호랑이, 630점의 표범 관련 상품을 수출했다는 기록이 남아 있다.[22] 이 회사에서는 자사에서 만든 호랑이 가죽과 표범 가죽 카펫 뒷면에 회사 고유의 레이블과 일련번호를 각인했는데, 이들 제품들은 최근까지도 크리스티나 본함스Bonhams 같은 런던의 경매소에 자주 등장하여 비싼 가격에 거래되고 있다.

이처럼 인도와 치밀하게 연결된 영국이었던 만큼, 영국의 무역망에 한국산 호랑이가 들어갔을 것으로 짐작하기에는 무리가 있어 보인다. 때문에 실제로 한국산 호랑이가 영국의 시장에 본격적으로 진입을 했다기보다는 또다른 식민지의 상품이자 지배해야 할 원시 자연이라는, 말하자면 영국이 인도를 바라보는 그 시각을 한국에도 투영하면서 한국산 호랑이는 그 상징이자 수사로 더 많이 활용되었던 것으로 짐작한다.

다시 일본의 시선으로 돌아가보면, 한국에서 포획되어 전리품이 된 호랑이는 근대화라는 이름으로 길들여지고 정복되어야 할 대상, 즉 조선 및 조선인과 동일시되곤 했다. 조선총독부는 또한 한국의 호랑이를 '해수', 즉 인간에게 해를 끼치는 짐승으로 규정하고, 호랑이를 비롯한 한반도의 야생동물을 멸종시키기 위한 체계적인 해수구제사업을 펼쳤다. 이로 인해 한국의 전통문화와 미술품에 자주 등장하던 친근하고 해학적인 모습의 호랑이는 제거할 대상이 되었고, 호랑이를 정복하는 것은 곧 인간에 의한 자연의 정복이자 근대의 승리를 의미했으며 나아가 일본의 한국 지배를 의미했다.

1917년 일본인 사업가 야마모토 다다사부로山本唯三郎, 1873~1927가 조직한 한반도 호랑이 사냥의 풍경은 『정호기』征虎記라는 제목의 책으로 출판되었고, 같은 제목의 수필이 총독부 기관지 『매일신보』에도 연재되었다.[23] 야마모토는 일본 오사카를 기반으로 한 자본가이자 함흥 탄광의 대주주였다는 기록도 있는데, 일본의 해수구제사업이 한창 진행되던 1917년 11월 200여 명 규모의 정호군을 조직하여 조선의 호랑이 사냥을 기획하고 막대한 자본을 투자했다고 한다. 여기에는 약 150명의 몰이꾼에 24명의 사냥꾼이 참여한 것으로 알려졌다. 이들은 대규모의 몰이꾼들과 기자단을 대동하여 세 마리의 호랑이를 사냥한 뒤 포획한 사냥감을 트로피처럼 전시하고 호랑이 고기를 시식하는 연회를 개최했다. 즉 이날의 호랑이 사냥 행사는 제국과 자본의 힘을 과시하는 정치적 퍼포먼스에 가까웠다.

한편 일본 제국 육군 출신의 정치가로 1910년 5월 제3대 조선 통감으로 부임하여 한일합병을 성사시키고 초대 조선총독을 연이어 맡았던 데라우치 마사다케寺內正毅, 1852~1919는 조선에 있는 동안 자신의 관저에서 새끼 호랑이를 키웠고, 이후 그 호랑이를 창경원 내 동물원으로 옮겼다고 전해진다.[24]

그런 반면 이 당시 육당 최남선을 비롯한 민족주의자들은 우리 민족의 상징으로 호랑이를 형상화하는 데 앞장섰다. 1908년 최남선은 『소년』지에 한반도를 호랑이 형상으로 그린 지도를 실었는데, 이는 일본의 지리학자 고토 분지로小藤文次郎, 1856~1935가 한반도를 토끼 모양에 비유한 데에 대한 대응이었다.

이후 국토 형상을 시각적으로 표현한 호랑이는 민족주의와 애국주의의 상징적인 모티브로 발전했고 그 뒤로도 호랑이의 샤머니즘적 힘과 용맹함은 한국인들의 진

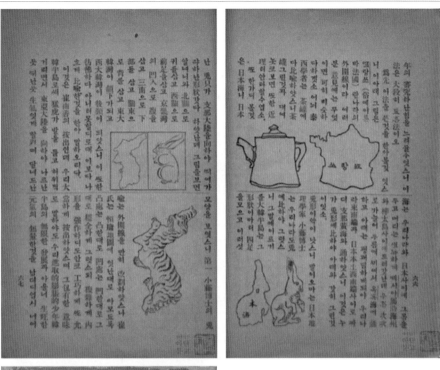

1908년 출간한 『소년』 제1권 제1호 본문(위)과 1914년 최남선이 창간한 『청춘』 제1호 표지. 현담문고.

1911년 영국 조지 5세가 네팔에서
열흘 동안 사냥 여행을 즐긴 뒤 남
긴 179장의 사진 속 호랑이들.

1918년 출간한 야마모토 다다사부로의 『정호기』에 실린 호랑이 사냥 후 사진.

취적인 민족 정신과 기상으로 대변되었다.[25] 이런 점을 상기해 보면 야마모토의 호랑이 사냥이나 데라우치의 호랑이 길들이기가 지닌 정치적 의미가 무엇인지 명확해진다. 이는 곧 호랑이를 둘러싼 일본과 한국의 대립된 시각을 엿볼 수 있게 해주는 일면이기도 하다.

일본과 같은 제국주의 국가 영국 역시 식민지에서 호랑이 사냥을 즐겼다. 1911년 인도제국의 황제 대관식을 호화롭게 치른 영국 조지 5세는 대관식을 치르자마자 네팔 테라이Terai 지방으로 사냥 여행을 떠났다. 열흘 간의 이 여행에서 39마리의 호랑이, 18마리의 코뿔소, 4마리의 곰을 죽인 이들은 약 179장의 사진으로 앨범을 남겨 자신들의 광적인 사냥 현장을 고스란히 보여주고 있다.

1858년부터 1947년까지 영국제국의 지배 아래 있던 인도의 브리티시 라지British Raj 시대는 그야말로 호랑이 사냥의 전성기로 여겨졌다. 영국의 왕족들은 이 시기 사냥을 통해 자신들의 제국주의적, 남성주의적 정체성을 확립해 나갔다. 사냥은 철저히 영국인들의 전유물이었다. 인도의 전통적인 사냥 기술 대신에 영국인 사냥꾼들은 라이플rifle과 권총을 사용했는데 이런 무기 소지는 인도인들에게는 법적으로 아예 허용되지 않았다. 무기뿐만 아니라 큰 무리의 부하들을 이끌고 다녔던 사냥꾼들은 자본이 받쳐주는 부유층 계급에 한정될 수밖에 없었다. 거대한 규모의 사냥꾼 무리들은 마을을 순회할 때마다 자본과 정치 권력을 과시하며 스펙터클한 장관을 이루곤 했는데[26] 일제강점기 한반도에서 자행한 야마모토의 호랑이 사냥, 즉 그가 조직한 200여 명의 정호군도 비슷한 양상을 보였을 법하다.

그 이전까지만 해도 호랑이 사냥의 목적은 사람을 다치게 한 것에 대한 응징이나 호랑이의 가죽이나 뼈 같은 부산물을 얻기 위한 것이었다. 하지만 20세기 초로 접어들면서부터 호랑이 사냥은 스포츠나 레저 활동의 일환으로, 트로피 사냥으로서 서구 고위 정치인들과 자본가들 사이에 유행하고 있었다. 앞에서 언급한 영국의 조지 5세의 사냥 여행도 그런 유형인 셈이다.

일본 제국주의자들은 서양 제국주의자들의 사냥을 따라했을 뿐 아니라 그들을

한반도로 초대하기도 하였다. 1910년 여름 통감부 간부들은 대표적인 트로피 사냥꾼이었던 루스벨트 미국 대통령을 한반도로 초청하여 사냥 여행을 함께 할 계획을 갖고 있었다. 그 이면에는 한일합병에 대한 미국의 재가를 얻기 위한 속셈이 깔려 있었다. 당시 이 사냥 여행 초청에 대해 일본의 풍자 만화잡지『도쿄퍽』東京パック에서는 루스벨트가 '아프리카에서의 명성'을 잃지 않으려면, '조선이라는 굉장한 호랑이 보호국'으로 와야 할 것이라는 코멘트를 달았다.[27] 비록 루스벨트의 방문은 이루어지지 않았지만 대신 그의 아들 커밋 루스벨트Kermit Roosevelt, 1889~1943가 1922년 사이토 마코토 총독의 공식 초청으로 조선에 오게 되었고, 이들은 함께 사냥 여행을 즐겼다. 커밋 루스벨트는 이 사냥 여행에 관한 이야기를 1924년 잡지『아시아』Asia에 칼럼으로 실었다. 그 내용에 따르면 사업차 일본에 머무르고 있을 때 사이토 총독이 자신들을 위해 준비한 이 사냥 여행에 남부 멕시코에서 목장 감독을 하던 미국인 헨리 체임벌린, 사이토 총독의 비서 오다, 두 명의 조선인 사냥꾼, 두 명의 일본인 사냥꾼, 조선 북부 지방에 있던 현지 조선인 사냥꾼이 동행한 것으로 되어 있다. 커밋 루스벨트는 또한 일본에 있던 야마모토의 집에도 초청받아, 고인이 된 아버지를 위한 선물로 조선 호랑이 가죽 한 점을 받았다고도 했다.[28]

생각해 보면 한반도의 호랑이는 일본인과 미국인들로부터 이리저리 쫓기고 잡히고 또 그 가죽이 팔려간 셈이다. 어쩐지 미국, 영국, 일본 제국주의자들의 틈에 낀 그 당시 안타까운 조선의 모습이 오버랩된다.

영국인 컬렉션에 등장한 '코리아' 도자기

__ 1876년, 영국인의 수집품이 된 조선의 도자기, 하지만……

1866년부터 1896년까지 영국박물관의 영국 및 중세 고대 유물부장을 맡았던 오거스터스 프랭크스Augustus W. Franks, 1826~1897는 이 당시 이미 개인적으로 동양 도자기를 수집하고 있었다. 그의 개인 컬렉션은 1876년 런던에서 전시되었는데 거기에는 한국 도자기로 추정되는 몇 점의 도자기도 포함되어 있었다. 영국에서 '코리아'라는 이름으로 대중에게 처음으로 한국의 도자기가 선보여진 것이다.

그의 동양 도자기 컬렉션은 그뒤 1876년부터 1884년까지 베스널 그린 박물관 Bethnal Green Museum에 대여되었다. 1872년 런던의 노동자 계급들이 모여 살던 지역에 세워진 베스널 그린 박물관은 오늘날 빅토리아 앤드 앨버트 박물관의 전신인 사우스켄싱턴 박물관의 분관이다.

1878년 이 박물관에서 출간한 증보판 도록에는 한 쌍의 접시를 포함하여 총 일곱 점의 한국 도자기가 포함되어 있는데 흰색 유약 혹은 어두운 갈색 유약을 칠한 도자기가 주를 이루었다. 이 가운데 세 점은 일본에서 보내온 한국 도자기로 알려져 있고, 다른 한 점은 베이징에서 보내온 것이지만 '틀림없는 한국 도자기의 결'이라고 묘사되어 있다.[29]

하지만 이 가운데 〈백자청화초문호〉 한 점만이 한국에서 생산된 것으로 보이고 나머지는 모두 일본 에도 시기나 중국 명·청대 덕화요 자기 등으로 중국이나 일본에서 한국 도자기를 흉내내 만든 것으로 보인다.

그나마 10센티미터가 채 안 되는 높이의 작은 백자 도자기, 〈백자청화초문호〉는 19세기 말 지방 가마에서 제작된 것으로 보이는데 이런 종류의 도자기를 놓고 프랭크스는 한국 도자기가 일본 도자기보다 '거칠고', 아직 요람기 단계에 머물고 있다고 묘사하고 있다.[30]

프랭크스의 컬렉션은 역설적으로 당시 일본과 중국의 지방에서 제작된 거칠고 투박한 도자기가 '한국 도자기'로 인식되고 있었으며 이와 비슷한 수준의 도자기들이 생산되고 유통되었음을 말해준다. 동양 도자기로 소개된 것들 중 대부분이 청나라 때 만들어진 청화백자와 일본의 히젠(아리타 자기) 등이었으니 이에 비해 한국 도자기는 거칠고 투박한 이미지가 형성되어 부정적으로 평가받을 수밖에 없었을 것으로 보인다. 이 무렵부터 형성된 한국 도자기에 대한 왜곡된 시선은 1880년대에도 고스란히 이어졌다.

1887년 『매거진 오브 아트』The Magazine of Art에 '한국 도자기'Korean Ware 컬렉션에 대한 글이 실렸다.[31] 이 글을 쓴 매들린 월리스-던롭Madeline A. Wallace-Dunlop은 생소한 한국 도자기에 관한 다양한 쟁점이 있다는 사실을 주지하고 있는데, 즉 새로운 형태의 도자기인지, 한국 도자기인지, 일본이나 중국 도자기인지에 대한 의견이 분분하다는 내용이었다.

잡지에 실린 컬렉션은 버턴Mr. Burton의 수집품으로 그는 1882년 일본과 조선을 여행하며 나무 조각품과 도자기를 중심으로 여섯 상자 분량을 수집했고, 이 수집품들은 잉글랜드 서남부 팔머스Falmouth에 있는 골동품 상점에 보관된 것으로 알려져 있다고 했다. 또한 이런 사실로 미루어 수집가는 존 버턴John Burton으로 추정이 되는데, 팔머스에 있는 그의 골동품 상점 올드 큐리오시티 숍Old Curiosity Shop은 1880년대 설립된 이래 하마 해골, 바다코끼리 어금니 등 갖가지 이국적인 물건들을 파는 것으로 매우 유명하며, 버턴의 도자기 컬렉션은 대부분 회녹색 유약을 입혔지만 다양

〈백자청화초문호〉.

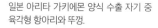

일본 아리타 가키에몬 양식 수출 자기 중
육각형 항아리와 뚜껑.

중국 경덕진요 수출 도자기 중 청화백자 잔과 잔 받침.

1876년 영국에서 '코리아'라는 이름으로 대중에게 처음으로 한국 도자기를 선보인 것은 영국박물관 유물부장 프랭크스의 개인 컬렉션 전시에서였다. 하지만 거기에서 한국 것이라고 나온 전시품 가운데 정말 한국 것은 〈백자청화초문호〉 한 점이 거의 유일해 보였다. 그의 동양 도자기 컬렉션은 지금도 영국의 박물관에 여럿 소장되어 있는데, 그 가운데 중국 청나라 것으로는 중국 경덕진요에서 1690-1700년경 생산된 수출 도자기 청화백자 잔과 잔 받침이 있고, 일본 것으로는 1670~90년대 제작된 아리타 가키에몬 양식의 수출 자기가 있다. 중국과 일본의 수출 자기는 유럽의 주문 제작을 받아, 기형과 무늬 등을 수요에 맞게 변화시켰다. 여기 실린 것은 모두 영국박물관 소장품이다.

1887년 『매거진 오브 아트』에 실린 버턴 컬렉션 삽화.

한 명암을 띄고 있고, 독특한 형태와 큰 사이즈가 많다고 설명하고 있다.

다행히도 이 잡지에는 삽화가 실려 있어 어떤 컬렉션인지 알 수 있다. 그림에서 보듯이 화려하고 다양한 무늬의 일본 자기로, 공장에서 만든 근대 왜사기로 추정한다.

이 글에서는 '이 도자기에 대해 여러 가지 추측이 있는데, 일본에 있는 어떤 비밀스러운 마을에서 한국의 도공들이 도자기들을 생산하고 있으며 이 도자기들을 한국으로 보낸 뒤 다시 영국으로 수출하고 있다는 소문도 있다'고 덧붙였다.[32] 글쓴이가 이 수집품을 한국산이라고 결론 지은 가장 큰 이유는 버턴이 이 도자기들을 강화와 부산에서 구입했으며, 구입 당시 이 도자기들이 서울kingkita, 경기 지역, 혹은 수도 서울을 지칭 지역에서 온 물건이라고 밝혔기 때문이다.

물론 이 도자기들은 한국 것이 아니지만 이미 1880년대 조선을 여행한 수집가들 사이에 강화도와 부산에서 무덤 속에 감춰져 있던 질 좋은 도자기들이 많이 거래되고 있었다는 것, 또는 그런 소문이 널리 퍼져 있었다는 사실을 이 글을 통해 알 수 있다. 또한 여기에 함께 실린 일러스트는 당시 '한국 도자기'로 잘못 알려진 다른 예시들을 수정하는 데 중요한 실마리가 되었다.

놀랍게도 런던에서 열린 한국 도자기의 첫 경매 기록은 이보다 4년 앞선 1883년 8월이었다.[33] 당시 발행한 크리스티 경매소 도록에 의하면 28점의 한국 도자기가 중국과 일본 도자기 및 청동 유물과 함께 경매에 올라왔다. 조영수호통상조약이 같은 해에 체결된 점을 생각하면 매우 이른 시기라 할 수 있다. 때문에 그만큼 많은 오류가 있을 가능성도 염두에 두어야 한다. 영국 내서널 아트 라이브러리에 보관된 이 경매 책자에는 인수자(수탁자)의 이름과 가격이 기록되어 있다. 한국 도자기를 인수한 사람들의 이름이 중국, 일본 도자기 기록 옆에도 반복되어 등장하고 가격 면에서는 한국 도자기가 중국 도자기보다 조금 낮은 가격에 낙찰된 사실을 알 수 있다.

하지만 중요한 것은 한국 도자기에 대한 묘사다. 주로 채색 자기에 뱀·전사·상상의 동물인 기린 등의 문양이 부조로 조각 되어 있고, 바구니 모양의 직물 패턴이 들

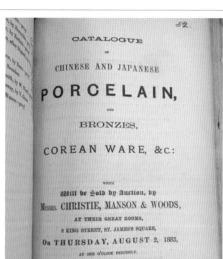

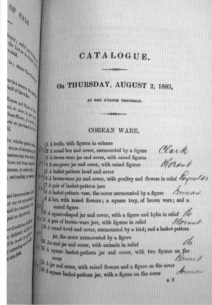

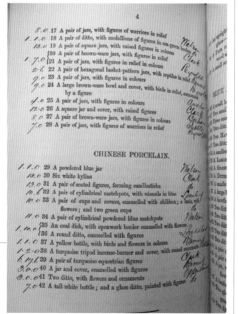

1883년 8월 2일 크리스티 경매소에서 열린 한국 유물 경매 기록. 한국 도자기는 중국과 일본 도자기를 인수하는 사람들이 주로 구매했으며, 뱀·전사·기린 등의 문양이 부조로 조각되어 있다고 한 것으로 보아 버턴의 수집품과 유사할 것으로 추정한다.

어간 것도 있다고 되어 있다. 이런 묘사로 볼 때 한국 도자기라고 설명은 하고 있으나 한국 전통 도자기가 아닌, 버턴의 수집품과 비슷한 종류의 근대 왜사기일 가능성이 높다.

19세기 말~ 20세기 초 런던에서 열린 한국 도자기 경매 기록은 매우 드물지만, 그만큼 중요하다. 당시 영국 컬렉션의 방향과 유행이 경매 기록에 그대로 반영되어 있기 때문이다. 또한 1883년의 경매 기록이 일본 근대 도자기 컬렉션이 한국 도자기로 둔갑한 사례가 많았다는 사실을 얘기해 주고 있는 것도 그 의미를 더한다.

1911년의 경매 기록은 지난 20여 년 간 일어난 영국의 수집 경향의 변화를 보여주고 있다. 1911년 런던 글렌디닝Glendining & Co 경매소의 기록에 의하면, 일본인 시무라Mr. S. Shimura가 10여 년 간 수집한 한국 유물 중에는 신라와 고려 시대 고대 무덤에서 발견된 것이 포함되어 있다.[34] 글렌디닝 경매소는 1900년경 세워진 경매 회사로 2005년 본함스로 통합된 것으로 알려진 곳이다. 시무라가 어디에서 한국 유물을 수집했는지까지는 밝히지 않았지만 영국에 거주 중이었던 그가 영국을 떠나면서 본인의 수집품을 처분property clearance하려고 했던 것 같다. 이미 1900년대 초반부터 런던에 있는 동양 도자기 딜러들이 영국박물관에 고려청자를 판매했던 것으로 미루어볼 때 그가 영국에서 수집품을 구했을 가능성도 꽤 높다.

1883년과 1911년에 이루어진 두 번의 경매를 통해 여러 가지 변화를 살필 수 있다. 무엇보다 20여 년 가까운 시간이 흐르는 동안 한국 유물에 대한 정확한 정보가 늘어났다는 것, 꼭 직접 한국이나 아시아를 여행하지 않아도 런던에서도 한국 유물을 수집할 수 있었다는 점은 주목할 만하다.

1911년 경매 도록의 서문에 써 있듯이, 이러한 변화를 이끈 것으로는 바로 1910년 도쿄에서 열린 고대 한국 유물에 관한 '고려소' 전시와 런던에서 열린 일영박람회를 꼽을 수 있다.[35] 앞으로 더 자세히 살펴볼 이 두 건의 이벤트는 한국 유물에 대해 본격적인 소개의 장이 되었고, 이로 인해 한국 유물에 관한 영국인들의 큰 관심을 불러 일으킨 터닝 포인트였음이 분명하다.

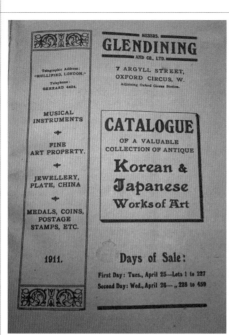

23   Second Day

289 Four large paintings of birds and animals   4

290 Four landscapes, &c. on paper, and a painting on silk   4

291 Ten sketches on paper by various artists, *interesting lot* 10

292 Seven sketches and paintings on paper   7

293 Four paintings on silk, landscapes   4

294 Seven paintings on paper and silk, various   7

295 Six paintings, fine studies of trees in bloom   6

296 Ten pictures, various   10

Very Important Buddhistic Korean Paintings
on cloth, heavily backed with paper, removed from Temples.

All these paintings are powerfully limned, in strong colours, chiefly red, blue, green, and are of great interest.

296A 11ft. by 7ft., powerfully painted figure of the Deva King, Komoku Guardian of the West, inscribed : Shi O go Sei Komoku Ten O, the god holds a spear and an emblematic stupa   1

296B Companion piece : Hoku O go Sei Tamon Tenno, the God of War Tamonten, Guardian of the North, shown here playing the Biwa   1

296C Companion piece : To O Gosei Jigoku Tenno, the God Protector of the East, holding a sword   1

296D Companion piece : Nampo Gosei Zocho Tenno, the Guardian of the South, with dragons in both hands   1

296E Smaller picture, the Buddha Amithaba standing surrounded by Buddhisattvas, monks, painters, a King, priests, &c., and two devils in the background   1

296F The central picture, also large size, 15ft. wide, Amida Nyorai seated surrounded by a large number of people, Chinese and Korean, dated Kenryn, 35th year, and a long list of contributors given at the foot of the picture   1

297 Large Korean chest with brass fittings, decorated on black lacquer ground, with designs in mother-of-pearl, all of an auspicious character, treasures of the Chinese Takaramono, birds, trees and flowers, all emblematic, *fine specimen*, 32 × 18 × 16ins.   1

1911년 4월 25~26일 글렌디닝 경매소에서 열린 한국 유물 경매 관련 자료. 1883년에 이루어진 경매에 비해 여러 가지 변화를 살필 수 있다.

1911년 경매 도록은 '시무라의 수집품이 20세기 초부터 시작된 일본인들의 무덤 부장품에 대한 관심을 잘 반영하고 있다'고 설명하고 있다. 경매에 나온 컬렉션에는 무덤 부장품으로 분류된 명기류가 약 140여 점, 도자기 100여 점 등이 포함되어 있는데, 도자기류에는 일본 신석기 시대와 상응하는 한국의 도자기와 고려시대의 음각문 및 상감문 청자가 주를 이루었다. 그 외에도 염주와 옥이 50여 점, 유명 사찰에서 떼어낸 매우 중요한 탱화가 9점, 여기에 거울 등이 포함되어 있었다.[36]

시무라의 수집품을 통해 파악할 수 있는 사실은 이 당시 한국 고대 유물에 대한 수집은 대부분 무덤 부장품에서 출발했다는 점, 고려청자에 대한 가치 평가가 이미 형성되어 있었다는 점, 사찰에 있던 불화를 떼내 여기에 종이를 덧댄 뒤 천이나 비단에 붙여 수집가들의 아이템으로 거래했다는 점 등이다. 이는 곧 무덤이나 사찰에서 약탈해 온 한국 유물들이 거래와 수집을 목적으로 한 상업화된 미술품으로 변화하고 있었다는 의미이다.

이처럼 약 20여 년 사이에 일어난 변화는 일본인 수집가들의 연구와 그들의 수집품 그리고 한국 유물에 관해 일본인들이 주도한 전시 등의 행사가 매우 큰 영향을 끼쳤다. 다시 말해 영국의 한국 유물 수집가들에게 일본인들에 의해 제공되는 다양한 정보가 한국의 유물을 접하고 이해하는 데 이정표 역할을 했다는 것을 단적으로 보여준다. 그렇게 막연하고 신비하기만 했던 '은둔의 나라' 한국은 일본의 식민지라는 매우 구체적인 모습으로 영국인들에게 점점 그 이미지가 굳어지고 있었다.

_ '코리아' 도자기로 둔갑한 싸구려 일본 도자기

19세기 말부터 한국의 도자기 유물들이 일본은 물론 서구 여러 나라로 유출되었다는 것은 이미 널리 알려진 사실이다. 하지만 1870년대부터 '코리아' 도자기로 둔갑한 가짜 도자기들이 영국으로 흘러들어갔다는 것을 아는 이들은 매우 드물다. 이 때문에 당시 학자와 수집가, 그리고 큐레이터 들에게 큰 혼란을 야기시킨 것 또한 우리에게는 낯선 이야기가 아닐 수 없다.

"영국에서는 이미 싸구려 일본 도자기가 한국 도자기인 양 팔리고 있습니다. 이 일본 도자기는 한국에서의 수요를 맞추기 위해 수입된 것으로 보입니다."[37]

영국박물관의 프랭크스가 1887년 한국에 있는 호머 헐버트Homer B. Hulbert, 1863~1949 박사에게 보낸 편지의 일부분이다. 헐버트 박사는 미국인 선교사이자 교육자로, 한국 최초의 근대식 교육 기관 육영공원의 교사로 1886년 조선에 도착했다. 이후 한글 연구와 확산에 기여했던 그는 또한『독립신문』발행을 돕는 등 국권 수호와 한국 독립운동을 다방면으로 지원했다. 1905년『한국사』*The History of Korea*, 1906년『대한제국 멸망사』*The Passing of Korea* 등을 펴내기도 했던 그에게 프랭크스가 편지를 통해 한국 도자기의 진위 판정을 문의하며 참담한 상황을 논의한 것으로 보인다.[38] 영국박물관의 한국 도자기 컬렉션을 점차 확대하기 위해 알아보던 중 시장에 유통되고 있는 '형편없는' 싸구려 모조품을 인지했던 프랭크스는 이런 싸구려 모조품들이 조선에서의 수요를 맞추기 위해 수입된 일본 자기들이 조선에서 영국으로 다시 수출된 것으로 추정하고 있었다.

실제로 1876년 항구를 열자마자 '왜사기'로 불리는, 일본 특히 아리타 지방에서 대량 생산된 도자기들이 조선으로 물밀듯 들어왔다. 일본의 도자기가 조선에 처음 들어온 것은 물론 아니었다. 개항 이전에도 일본의 히젠肥前 자기는 무역품으로 조선에 이미 유입이 되고 있었다. 히젠은 규슈 북부 사가현과 나가사키현 일대의 옛 지명으로 일본 도자기의 발생지이자 생산지로 유명하다. 이곳에서 만들어진 도자기들은 생산지 이름을 따 아리타 자기라고도 하고, 수출항 이름을 따 이마리 자기라고도 불린다.

무역품이 아니어도 일본에 다녀온 통신사 일행들이 증여나 하사를 받은 것도 있었다. 1745년 통도사에 조영된 설송당 부도의 금채를 두른 화려한 율문이 새겨진

31 August 1887.

Dear Sir,

Your letter has been referred to me by the Secretary of the Museum, we are extremely obliged to you for your kind offer respecting Corean specimens of which we have very few; but there would be great difficulty in our availing ourselves of it. Our space is very limited, and our funds are also limited, especially this year, when the annual grant has been reduced to nearly one half.

It would be necessary to obtain the sanction of our Board, which does not meet till October, and I do not think that I could recommend them to expend any considerable sum for this purpose.

There is one matter, however, in which you might assist the Museum, as well as myself — I have given to the Museum my extensive collection of oriental pottery, in which are a few pieces which I believe to be Corean. I should like to make the collection more complete, and I should be willing to expend a sum not exceeding £40 for this purpose out of my own pocket.

I should wish of course to obtain very good and old specimens, the Corean origin of which is undoubted.

Japan has been deluged with one dreadful mass of Japanese pottery which is sold as Corean, but seems to have been imported there to supply the demand.

My friend Mr Colborne Baber has shown me two pieces which he believes to be Corean, but one of which seems to me of Chinese work, and the other Japanese.

Perhaps you will kindly let me know if you can assist me in this matter.

Yours faithfully
Augustus W. Franks.

1887년 8월 31일 프랭크스가 한국의 호머 헐버트에게 보낸 편지 일부분. 영국박물관 아카이브.

사리구가 일본 히젠 지역에서 제작된 상급 자기인 것도 이미 밝혀졌으니 일본의 도자기가 건너온 역사가 꽤 오래되었음을 짐작할 수 있다.

일본 도자기의 유입은 개항 이후 본격적으로 이루어졌다. 일본 정부는 일본인들에게 조선 도항과 무역을 장려하는 한편으로 조선의 개항장에 일본 조계租界를 설치하여 일본인 상인들의 활동 근거를 마련했다. 조계는 외국인 거주 지역으로 이곳에서는 외국인의 행정권과 경찰권이 행사되었다.

일본인들은 조선의 노점과 상점에서 왜사기를 판매했는데, 특히 1880년대 중반부터는 조잡하고 낮은 품질의 도자기류를 많이 들여와서 팔았고, 특히 조선 도자기를 본떠 만든 아리타 도자기를 수입하는 이들도 많았다. 그런 일이 얼마나 많았는지, 그런 일본인 상인들을 특정할 수 있을 정도다.[39]

조선의 왕실에서도 전통 조선 도자기에 대한 수요가 줄어들고 있었다. 대신 중국·일본·프랑스 및 영국에서 수입한 자기들을 점차 선호했고,[40] 1883년에는 왕실의 도자기를 만들던 분원이 민영화되기에 이르렀다.

"한국은 더 이상 질 좋은 도자기를 생산하지 않는다. 현재 도자기를 생산하는 곳은 일본이나 중국일 뿐이다. 도자기 역사를 아는 한국인에게 이러한 사실은 참으로 가슴 아픈 일일 것이다. 길거리에 있는 가판이나 상점에는 이미 일본에서 수입된 도자기로 가득 차 있다. 일본은 강압적으로 한국에 도자기를 수출하고 있지만, 과거에는 이들에게서 도자기를 어떻게 만드는지 배웠다."[41]

1886년 미국 선교사이자 육영공원 교사로 초청되어 조선에 온 조지 길모어George W. Gilmore, 1858~1933는 그의 책 『서울 풍물지』Korea from its Capital에서 왜사기가 조선 국내 시장을 점유한 상황에 대해 위와 같이 묘사했다. 그는 호머 헐버트, 달젤 벙커Dalzell A. Bunker, 1853~1932와 함께 조선에 온 뒤 3년 간의 교육과 선교 사업을 마치고 1889년 미국으로 돌아간 뒤 1892년에 한국의 지리, 정부, 풍경, 가족 생활, 선교 사업 등 15장으로 구성한 책『서울 풍물지』를 펴냈다. 그의 묘사를 통해 질 낮은 일본 도자기들이 이미 조선의 시장을 잠식했을 뿐만 아니라, 조선의 도자기 사업을 단절시킬 만큼 빠르게 침투, 침식하고 있었음을 알 수 있다.

이런 흔적은 오늘날에도 찾아볼 수 있다. 2016년 케임브리지 대학교 피츠윌리엄Fitzwilliam 박물관에 전시되었던 아리타 도자기는 한국 시장을 위한 수출 자기Export ware for the Korean market라고 분류되었다. 크지 않은 병 형태로 아래 몸통도 날씬하고 긴 편인데 유백색이 아닌 매우 탁한 푸른 회색빛이 도는 유약에 타원형의 세로로 길쭉한 들꽃 무늬 청화 역시 소성온도가 낮아 탁한 느낌을 준다. 이제는 전시장이 아닌 수장고에 보관되어 있고 이 도자기를 연구·전시한 큐레이터를 만나지 못해 정확한 근거를 찾기 어렵긴 하지만 이 박물관에서도 1934년 다른 일본 도자기와 함께 구매했다고 한다. 이런 점으로 보아 19세기 말 20세기 초 조선백자와 유사하여 조선 도자기로 여겨지던, 탁하고 질 낮은 조질의 왜사기가 아마도 이와 비슷하지 않았을까 추정된다.

앞서 호랑이 가죽 수출 현황에서도 참고했던『조선해관연보』의 기록을 통해 다양한 종류의 일본 도기가 조선으로 수입되고 있었음을 확인할 수 있었다. 특히 부산항으로 수입되는 일본 도기 거래 현황은 눈여겨볼 만하다. 도기Earthenware뿐만 아니라 칠기lacquerware의 수입도 점점 늘어나는 추세를 보이고 있는데, 부산 지역은 일본과 가장 가까운 곳으로 대일무역이 독점적으로 이루어지는 곳이었다. 부산항의 기록에서는 수입 도기를 일반 도기와 생활 도기 중심의 조질 도기Coarse Porcelain로 분류해 놓았다. 그만큼 조선으로 유입되는 일본 도기의 수요층이 생활 도기 중심으로 확대되고 있음을 추정할 수 있다.

1887년 해관 기록은 일본의 칠기와 도자기 수입이 부산 지역에 살고 있는 약 2천여 명의 이주 일본인들을 위해 이루어졌음을 밝히고 있고, 특히 거칠게 만들어진 조질 도기는 부산 지역으로 이주한 일본인들의 수요를 위해 수입되기 시작한 뒤 조선인 소비자들도 점차 즐겨찾기 시작했다고 증언한다.[42]

Bottle
Japanese, Arita, Hasami kilns
Edo Period, 18th-19th century
Porcelain, painted underglaze in blue with flowers
Export ware for the Korean market
Bought with the Glaisher Fund
C.353-1934

Bottle
Japanese, Arita, Hasami kilns
Edo Period (江戸時期 1615-1868)
Porcelain painted underglaze in blue and in red and gold enamels
Export ware for the Korean market
Given by Dr W M Tapp
C.5-1926

한국 시장을 위한 수출 자기로 분류되었던 일본 아리타 도자기. 영국 케임브리지 대학교 피츠윌리엄 박물관 전시 당시 사진.

    1890년과 1891년 폭발적으로 증가한 일본 도자기 수입 물량은 두 가지 사실을 말해준다. 하나는 그만큼 일본인들의 이주가 늘어나고 있었다는 사실, 또 하나는 조선인 사용자들도 확연하게 증가했다는 사실이다. 개항 이후 다량으로 유입된 일본 자기는 왕실뿐만 아니라 민간에 유통되며, 매우 빠른 속도로 조선의 시장을 점유했고, 이것이 결국 조선 도자기 사업을 잠식해 가고 있었음을 추정할 수 있다.

    그러나 일본에서 조선으로 건너온 자기가 어떤 경로를 통해 얼마나 많은 양이 어떤 형태로 영국을 비롯한 외국으로 다시 수출되었는지를 파악하기란 쉽지 않다. 뭉뚱그려 '큐리오(골동)' 섹션에 포함되어 부지불식간에 외국으로 건너갔을 것으로 추정할 뿐이다. 분명한 것은 이렇게 뒤바뀐 가짜 '코리아' 도자기는 짐작보다 훨씬 먼저 영국으로 건너갔고 이 때문에 영국을 비롯한 서양의 컬렉터들과 학자들에게 골치 아픈 진위 문제를 던져주었다는 점이다. 이로 인해 싸구려 일본 도자기는 종종 한국 도자기로 둔갑, 한국 도자기에 대한 인식이 제대로 세워지기도 전에 그들 사이에 잘못된 이미지를 형성해 갔을 것이라는 점도 충분히 짐작할 수 있다.

고려청자를 향한 그들 취향의 내력

— 조선에서 샀으니 조선 것일 거라는 착각

"송도[개성]는 예전에 조선 최고의 도자기를 생산하던 곳이었으나 도읍이 이동하자 거래가 끊기고 인부들은 궁정을 따르기를 거부하고 점차 산업을 포기하였다. 도자기 기술은 이제 잊혀졌다. [1884~1885년] 겨울에 서울로 돌아온 후 나는 송도 근처의 어떤 큰 무덤에서 출토되었다고 하는 36점의 세트를 구입하는 데 성공하였다."[43]

영국 외교관이었던 윌리엄 칼스William R. Carles, 1848~1929의 『조선 풍물지』Life in Corea 한 대목이다. 1867년부터 중국에서 영국영사 업무를 맡은 그가 처음 조선을 방문한 것은 1883년이었고 이후 조영수호통상조약이 체결되자 1884~1885년에는 부영사로 임명되어 일했다. 그가 쓴 『조선 풍물지』는 조선에서의 여행과 생활을 바탕으로 한 개인적인 경험을 기록한 최초의 저서 중 하나로 1888년 출판되었다. 그는 이 책에서 조선에 머물 때 개성 근처 무덤에서 발굴된 청자를 한 행상으로부터 구입했다고 서술하고 있다. 그가 1884년경 수집한 이 부장품은 1911년 글렌디닝 경매소 기록에 등장한 시무라 컬렉션과 유사했다.

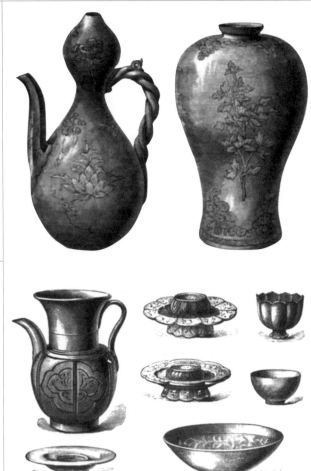

그림 속 청자와 비슷한 이 월주요 청자는 오브리 르 블론드 기증품으로 빅토리아 앤드 앨버트 박물관 소장품이다.

윌리엄 칼스의 『조선 풍물지』에 실린 고려청자 삽화. 칼스는 그림 속 청자를 조선에 머물 때 구입했다고 했지만 900~950년경 중국 저장성 월주요에서 제작한 도자기 중 실제로 비슷한 예가 있다. 삽화는 기산 김준근이 그린 것으로 추정된다.

삽화가 보여주듯이 칼스가 구입한 부장품은 두 점의 주전자, 매병, 사발, 그릇, 두 점의 잔과 잔받침을 포함한 고려청자였다. 몇 점은 상감 기법으로 시문이 되어 있는 것으로 보이는데, 칼스는 이 기법이 석영과 같은 재료를 사용한다고 전하고 있으나 실제는 음각한 표면에 백토를 메워 무늬를 살리곤 했다.

그의 책에는 상감 기법에 대한 정보도 부정확하지만, 그림에 나와 있는 청자 주자(주전자) 한 점 역시 고려의 것이 아니다. 두 번째 그림의 주전자는, 입구가 넓은 특징이 있는 것으로, 오브리 르 블론드Aubrey Le Blond, 1869~1937의 청자 컬렉션에도 거의 일치하는 형태와 무늬가 포함되어 있다. 오브리 르 블론드 한국 도자기 컬렉션은 르 블론드 부부가 1913년 직접 한국에서 수집한 것들로, 1914년 빅토리아 앤드 앨버트 박물관에 대여 · 전시되었다가 1918년 영구적으로 기증되었다. 빅토리아 앤드 앨버트 박물관에서 입수한 최초이자 최대 개인 컬렉션이다. 1918년 출판된 르 블론드 컬렉션 도록에는 이 주전자가 고려시대의 것으로 구분되어 있었지만,[44] 후일 연구에 따라 900~950년경 월주요에서 제작된 청자로 수정되었다. 아마도 고려시대 무덤에서 출토된 것이니 고려시대 유물이라 유추했던 듯하다. 고려청자 탄생에 큰 영향을 준 월주요 청자 및 용천요 청자는 11세기 말~13세기 초 고려 귀족의 무덤과 사찰 유적지에서도 자주 발굴되었는데 이를 통해 고려 귀족과 불교 세력이 중국 청자의 주 소비층이었음을 알 수 있다. 다시 말해 한국 무덤에서 발굴되었다고 해서 모두 한국에서 제작, 생산된 유물은 아니었던 것이다. 이러한 고려청자를 둘러싼 중국의 영향 및 중국과의 활발한 교류의 역사도 20세기 서양인들에게 한국 유물 구분의 혼란을 야기시켰다.

칼스는 고려청자 외에도 철제 및 은제 담배 상자, 방한 모자, 종이 견본, 인삼 표본 등을 골동품 가게에서 구입했다고 서술했다. 19세기 말 영국으로 돌아온 뒤 그는 이런 자신의 수집품 일부를 피츠 리버스 박물관Pitts Rivers Museum에 기증했는데, 안타깝게도 청자 컬렉션은 현재 어디에 소장되어 있는지 알 수 없다. 다만 그의 책에 기록한 내용과 삽화를 통해 영국 최초였을 그의 고려청자 컬렉션에 대해 짐작할 뿐이다.

고려청자를 포함한 무덤 부장품들이 이미 영국 컬렉션에 유입되어 유통되고 있었다는 기록들은 1880년대 초반부터 조선 땅에서 분묘와 고고학적 유적지 발굴이 활발히 이루어졌다는 것, 특히 조선을 찾던 서양인들끼리 공유하고 있던 수집 취향을 이러한 유물들이 충족시켜주고 있었다는 걸 말해준다.

한 예로 1884년 한국의 고고학 유적을 조사하기 위해 한국을 찾은 영국인 윌리엄 가울랜드William Gowland, 1842~1922의 주된 관심은 일본 민족의 기원과 고대 문화와 연관된 한국의 고고학 유적과 유물이었다. 영국인 광산 엔지니어로 일본 메이지 정부에서 외국인 기술 고문으로 고용되어 오사카 조폐국에서 1872년부터 1888년까지 근무했던 그는 아마추어 고고학자로 1876년 출간된 헨리 지볼트Henry Heinrich von Siebold의 책에서 일본과 한국 고대 문화가 연결되어 있다는 주장에 따라 고훈 시대 3~7세기 일본과 조선의 고분 유적지를 조사하기도 했다. 1884년 조선에 왔을 당시 그가 수집한 다수의 유물과 신라시대 토기 등의 컬렉션은 1889년 영국박물관의 프랭크스에 의해 인수되어 박물관에 소장되었다.

1884년 한국 방문 당시 가울랜드는 서울과 부산을 중심으로 여행했다. 앞서 언급한 윌리엄 애스턴과 동행했던 이 연구 여행을 통해 가울랜드는 신라·가야 시대 토기를 많이 수집했고, 일본 고훈 시대와의 유사점과 비교할 만한 특징을 보고했다. 그의 조사 자료는 1895년 인류학 연구 저널에 실렸는데, 이 보고서에 다음과 같은 증언이 포함되어 있었다.

"일본인 정착촌에 이따금씩 조선인들이 유물을 몇 점씩 가지고 오긴 했는데, 폭우로 인해 훼손된 무덤에서 얻었다고들 하였다. 그들은 그 무덤에 대한 정확한 위치를 밝히지 않았지만, 모두 부산의 북서쪽에 있는 성곽 도시인 김해 근처에 있었다는 것을 인정했다. 그들은 그 고분에는 석실이 없다고 말했다."[45]

당시 외국인들에게는 조선인들이 그들의 고대 유물을 수집하는 데 큰 반감을 가지고 있다는 인식이 널리 퍼져 있었다. 조선인들에게 무덤을 파헤치는 것은 오래된 유교 문화와 크게 상충되는 패륜 행위였으니 반감을 갖는 것은 당연했다. 이런 조선인들의 반감으로 무덤에서 나온 유물들의 출처는 거의 '우연'의 소산으로 둔갑했고, 도굴꾼들의 장물 대부분은 일본인의 손으로 넘어가게 된다.

그렇다고 해서 조선 사회에서 고려청자를 비롯한 고대 유물에 아무 관심이 없던 것은 아니다. 최근의 연구들은 조선 사회 양반과 문인들 사이에 고려청자를 소유하고 감상하는 문화가 존재하였음을 보여준다.[46] 물론 조선 초기에는 고려왕조를 부정하고 조선을 정당화하려는 의도가 강했다. 고려를 정통 역사로 받아들인 것은 16세기에 이르러서이고 이때부터 비로소 고려의 역사를 담은 책들이 널리 알려졌다. 그 가운데 고려청자에 대한 정보를 가장 많이 담고 있는 책으로는 『고려도경』高麗圖經을 꼽을 수 있다.[47] 북송의 사신 서긍徐兢, 1091~1153이 1123년 고려를 방문한 뒤 그 기록을 담은 것으로 모두 40권으로 이루어진 이 책은 고려시대 당대의 자료인 데다 그 시대의 정치, 사회, 문화, 경제, 군사, 예술, 기술, 복식, 풍속 등을 담고 있어 그 분야 연구에 매우 귀중한 자료가 아닐 수 없다. 특히 12세기 당대의 고려청자에 관해 서술한 거의 유일한 기록으로 조선 후기 일부 사대부 지식인들은 이를 통해 고려청자에 대한 지식을 얻었고, 자신들의 글에 인용하기도 했다. 그들뿐만 아니라 일제강점기 고려청자를 연구하던 이들 역시 이 『고려도경』을 통해 고려청자에 대해 파악하곤 했는데 기명의 특징에 대한 기록이 실린 26, 30~32권은 특히 더 주목을 받았다.

조선 후기 사대부 지식인 가운데 고려청자를 아낀 이들의 예로는 추사 김정희를 들 수 있다. 그는 고려청자를 소장하고 감상했을 뿐 아니라 오백 년 된 비색 청자에 대한 시를 짓기도 했으며, 유배를 마치고 송파에 있던 다산 정약용에게 존경의 뜻을 담아 고려청자에 수선화를 심어 보냈다고도 한다. 물론 정약용 역시 그 오랜 기물의 가치를 알아보았을 것이다.[48] 고종 시대 영의정을 지낸 이유원李裕元, 1814~1888 역시 자신의 책 『임하필기』林下筆記에 안문성공 집터에서 습득한 것으로 알려진 두실 심

상규沈象奎, 1766~1838의 소장품과 자신의 고려청자 소장품을 비교한 감상을 담기도 했다.[49]

　　이처럼 조선 후기 문인들 사이에서 고려청자를 주고 받고 감상하며 글로 남겼다는 기록이 전해지긴 하지만 그 수는 그리 많지 않다. 당시 이들의 고려청자 수집 열기는 일제강점기 일본인들처럼 열광적으로 이루어지지 않았고, 고려청자를 수집한 경로 역시 오래된 집터에서 발견되거나 이에 대한 정보도 구전되는 경우가 대부분이었다. 때문에 훗날 일본인들 사이에 일어난, 도굴을 서슴지 않을 정도로 열광적인 수집 열풍에 대해 조선의 지식인들은 대부분 충격과 경악으로 반응하곤 했다.

_ 고려청자 수집 열풍의 시작점은?

그렇다면 일본인들 사이에서는 어떻게 고려청자 수집 열풍이 시작된 걸까. 일본인 고고학자 후지타 료사쿠藤田亮策, 1892~1960는 고려청자 수집 유행의 시작이 유럽인들로부터라고 전한다.[50] 18세기부터 시작된 서양인들의 동양에 대한 호기심과 취미의 영향 때문이라고 그는 회고하고 있는데, 경성에 영사관이 설치되자마자 구미 외교관들이 자신들의 고국에 조선의 특산물을 보내기 시작했으며, 청일전쟁과 러일전쟁을 치르는 동안 다양한 경로의 기행문을 통해 신흥국의 풍토를 소개하는 데 진력했고, 이 무렵 조선의 토속품을 폭넓게 수집하는 이들도 생겨났다고 그는 증언하고 있다.[51]

　　그는 또한 1907년을 전후하여 개성과 강화도에서 자행된 잦은 무덤 도굴을 통해 청자와 백자 들이 시장에 쏟아져 나왔는데, 마침 이 시기 명나라와 청나라 시대의 화려한 적회금은채 도자기에 싫증을 느끼고 송나라와 원나라 시대의 도자기를 찾기 시작한 서양인들의 취향에 고려청자가 맞아떨어진 것이라고도 주장했다. 그러면서 특히 송나라의 영향을 받은 고려청자가 이때 처음으로 서양인들에게 미술품으로 여겨지기 시작했다고도 했다.[52]

　　후지타의 주장처럼 송나라, 원나라 도자기를 선호하던 서양인들의 취향은 고려청자 수집으로 전이되고 확장되었던 것은 분명해 보인다. 영국의 경우 18세기 유행한 시누아즈리가 중산층의 성장과 맞물려 유럽에서의 중국풍 도자기와 가구의 생산 등으로 계층을 넘어 광범위하게 확대되었음은 이미 앞에서 살펴보았다. 특히 중국 혹은 중국풍 미술품 수집 유행은 제2차 아편전쟁 이후에 중요한 전환점을 맞는다. 영국과 프랑스 연합군이 원명원에 불을 지르고 다량의 문화재를 약탈한 사건은 중국으로서는 치욕적인 일이었겠으나 그렇게 약탈된 문화재는 아이러니하게도 그동안 화려하게 장식된 청나라 수출 도자기만을 수집하던 유럽인들에게 신선한 '오리지널' 중국 도자기 유행을 일으킨 계기가 되었다. 유럽인들은 그동안 선호하던 화려한 수출용 채색 도자기 대신에 '진짜' 중국인들, 혹은 중국 황제들이 쓰던 '고급' 물건들을 선호하기 시작했고 나아가 송나라와 원나라 시대의 순수하고 소박한 도자기를 찾기 시작했다. 이것이 서양인들로 하여금 고려청자를 좋아하고 수집하게 한 원류임은 부정할 수 없다.

이처럼 동양의 도자기 선호 취향과 수집가들의 유행을 바꿔놓은 데는 1880년대 초부터 뛰어난 송대 자기를 영국에 소개한 스티븐 부셸 박사Dr. Stephen Bushell, 1844~1908의 공헌이 컸다. 의학박사이자 1868~1899년 중국 베이징 영국공사관 의사로 재직한 그는 영국박물관의 프랭크스를 대신해 도자기 구입을 시작했고, 1882~1883년에는 사우스켄싱턴 박물관의 원격지 대리 컬렉터로 임명되어 총 233점의 중국 도자기를 영국의 박물관으로 보낸 것으로 알려져 있다. 이 무렵 중국어와 역사 공부를 열심히 했던 그는 한편으로 수집가로 활동하면서 베이징 현지 유적, 개인 소장품, 골동품 시장 등 다방면에 정통하게 되었으며 또한 빅토리아 시대 중국 도자기에 관한 선구적인 연구를 병행하여 중국 미술사 및 도자기 역사에 관한 글을 1873년경부터 발표하기도 했다.

스티븐 부셸 박사가 1882년 영국의 박물관을 위해 구입한 것은 대부분 명·청 시대의 도자기였지만, 송과 원나라 시대의 좋은 도자기도 몇 점 포함되어 있었다. 영국의 박물관으로서는 처음 받아보는 시대의 물건들이었다. 결과적으로 부셸의 송나라 시대 도자기 구입을 계기로 19세기 말 영국의 박물관들은 중국 도자기에 대한 취향의 폭을 넓히며 질적으로나 양적으로 컬렉션을 발전시켜나갈 수 있었다. [53]

또한 19세기 후반 중국 내 철도가 건설되면서, 그간 볼 수 없던 새로운 유형의 도자기들도 발견되었다. 이전에는 알려지지 않았던 당삼채 같은 입상 도자 컬렉션이 대규모로 시장에 등장한 것이 그 예라 할 수 있다. 당삼채는 중국 당나라 시대 만들어진, 세 가지 색깔의 유약으로 장식된 도자기다. 주로 묘의 부장품인 명기明器인 당삼채는 당시 귀족들 사이에서 유행한 후장 풍속과 함께 발달한 것으로 당시 귀족들의 호화로운 생활과 서방 문물의 영향을 잘 보여준다.

영국의 수집가들은 14세기 이전에 생산된 이러한 명기류를 중국 현지 또는 중개자와 딜러를 통해 구입하기 시작했다. 이렇게 중국 전통 도자기나 부장품에 대한 관심이 높아지고 시장의 취향이 바뀌면서 영국 수집가들에게 조선의 고려청자 역시 친숙한 느낌으로 다가왔다.

후지타가 언급한 1907년이라는 시기는 러일전쟁 이후 일본의 지배를 받고 있던 조선에서 주요 철도가 한창 건설되고 매장품의 발굴이 가속화되던 때를 말하는 것일 수도 있다. 청일전쟁과 러일전쟁은 살던 곳을 떠나 주요 도시로 향하는 이민자와 새로운 정착민의 유입을 가져왔으며 이는 산업 전반의 수요를 증대시켰고 이로 인한 상업 활동을 촉진시켰다. 무덤에서 도굴을 통해 발굴된 매장품의 수요와 공급도 이 시기 눈에 띄게 증가했다.

중국 도자기 수집이 그러했듯이 1880년대 조선 도자기, 특히 그 가운데 고려청자를 선호하고 수집하려는 이들의 취향의 형성은 한두 개의 특별한 이유에서 비롯한 것은 아니다. 다양한 관련 요소가 얽혀 있지만 그 가운데서 이미 중국, 넓게는 동양 도자기의 원류를 찾고 즐기려는 영국인들의 확장된 수집 취향과 시장의 형성이 전제되었다는 점은 특히 강조하고 싶다.

영국에서 송나라 시대의 도자기는 1910년부터 '진정한 도자기 공예의 전형'으로 인식되면서 바야흐로 새로운 국면을 맞이한다. 1911년 청나라의 정치적 지위의 약화에 이은 붕괴로 인해 수많은 합법과 불법의 경계를 넘나드는 발굴 작업이 진행되기도 했고, 한편으로는 1910년 벌링턴 파인 아트 클럽Burlington Fine Art Club에서 고대 중국 도자기를 중심으로 한 대규모 전시가 열렸다. 이러한 분위기가 당시 펼쳐진, 18세기 영국의 산업혁명과 대량 생산에 의한 수공예의 위기를 극복하기 위해 존 러스킨John Ruskin, 1810~1900과 윌리엄 모리스William Morris, 1834~1896 등이 주도한 수공예 생산 방식의 부흥 운동, 이른바 미술공예운동과 맞물려 영국인들은 송나라 시대의 도자기가 보여주는 단순하고 소박한 '공예'적인 측면에 주목했다.

좀더 설명하자면, 18세기 후반 이후 19세기까지 인기를 끌던 도자기의 '퇴폐적이고 상업적인' 특성과는 대조적으로 송나라 시대의 도자기는 '순수한' 이미지를 떠올리게 했다. 이러한 경향은 훗날 영국 스튜디오 포터리의 철학적 기반을 형성하기도 했다. 이런 맥락에서 영국인들의 눈에 중국 송나라·원나라 시대의 도자기와 비슷한 분위기를 가진 것으로 보인 고려청자 역시 그들에게 점차 자연스럽게 받아들여졌고, 수집의 대상으로 눈길을 끌기 시작했으며 언젠가부터 고려청자는 한국 도자기 역사상 최고의 공예품으로 칭송을 받았다.

그런데 이러한 고려청자에 대한 초기의 관심은 언젠가부터 조선시대 도자기로 전이되었는데 이러한 전환의 배경은 명확하지 않다. 다만 일본의 전통 다도 문화에 도전한 새로운 일본 중산층과 도예가들의 영향 때문이라는 해석이 주를 이루고 있는데, 조선백자의 부상과 수집에 관해서는 뒤에서 좀더 살펴볼 예정이다.

제2장

조선과 영국,
그리고
일본의 삼각 관계

— 근대와 제국주의 과시의 현장, 박람회

철근과 유리로 만들어진 런던의 수정궁에서 열린 1851년 만국박람회 혹은 대박람회 Great Exhibition는 빅토리아 왕실이 개최한 것으로, 산업혁명으로 이룬 '대영제국'의 산업적·군사적·경제적 성공을 과시한 행사였다. 무엇보다 세계 최초로 열린 이 박람회는 근대 세계를 구체화시켰으며, '진보'의 개념을 시각화했다. 진보란 산업혁명을 통한 영국의 리더십 구축과 함께 싹튼 제국주의와도 연결되었다.

박람회에는 전 세계 1만 4,000여 국가와 기업 등이 출품한 10만여 점의 진귀한 물품들이 기계·제조·미술·원자재 등 네 개의 관으로 나뉘어 전시되었다. 여기에는 실물 크기의 수압 프레스, 증기기관차, 망원경, 마차, 총기, 도자기, 카펫, 직물 등은 물론 훗날 빅토리아 여왕의 왕관을 장식한 108캐럿짜리 다이아몬드 '코이누르'Koh-i Noor, 빛의 산 등이 포함되었다. 개막 첫 주에는 1파운드까지 치러야 했던 비싼 입장료에도 불구하고 관람객이 쇄도해 왕실과 주최 측은 막대한 수익을 남기기도 했다.

무엇보다 수정궁 건물이 압도적이었다. 조경가이자 건축가였던 조지프 팩스턴 Joseph Paxton이 디자인하고 철제와 평면 유리로 지어진 이 건물은 가로 563미터, 세로 139미터, 높이 41미터 규모의 온실 같은 구조로, 자연광을 활용하여 건물 안팎이 이름 그대로 수정처럼 빛나는 근대의 상징이었다. 1936년 11월 30일 불에 타 현재는 그림과 사진으로만 만날 수 있다.

수정궁 박람회의 대성공은 이후 수많은 국제 박람회의 경쟁적 개최를 이끌었다. 박람회가 각국의 교역을 증진하고 새로운 기계 장치와 과학 기술을 선보이는 데서 나아가 점차 국가의 힘을 겨루는 아레나로 성장하면서, 미국·프랑스 등 서구 각국은 박람회 개최에 경쟁적으로 나서게 되었다.[01] 박람회 기간은 길면 약 6개월 남짓이긴 했지만, 건축·도시 계획·교통·매스 커뮤니케이션·소비주의·과학·기술·예술·산업 디자인·대중문화·엔터테인먼트·레저 산업 등 다양한 방면에 걸쳐 막강한 영향력을 발휘했다. 또한 제국주의와도 연결된 박람회의 특성상 1851년 대박람회에 '대영제국'의 식민지였던 인도에 관한 전시가 자연스럽게 포함된 것을 시작으로 19세기 후반부터 식민지 전시는 국제 박람회에서 큰 비중을 차지했다. 그 정점은1886년 런던 사우스켄싱턴에서 열린 식민지 및 인도 박람회Colonial and Indian Exhibition였다. 164일의 박람회 개최 기간 동안 무려 555만 명이 넘는 관람객이 다녀갔다.[02]

__ 서양의 일원이 되고 싶은 일본의 염원

일본은 일찌감치 박람회에 참가했다. 1867년 열린 파리 만국박람회에 일본 정부의 공식 사절단이 처음 참여한 이후 1873년 비엔나 박람회, 1878년 파리 만국박람회 등을 통해 그림과 판화, 도자기, 가구, 의상 등 다양한 일본 미술과 공예품을 소개하면서 자포니즘Japonism 유행을 이끌었다. 자포니즘은 우리에게도 익숙한 프랑스 근대 미술가들, 즉 고갱·반 고흐·마네·모네 등 인상주의 화가들 사이에 퍼진 일본 미술 선호 취향, 나아가 이를 수집하고 모방하던 문화를 뜻하는데, 1878년 파리 만국박람회에서 정점을 이루었다.

하지만 이런 인기에 편승하여 유럽으로 쏟아지듯 들어온, 대량 생산된 품질 낮은 일본'풍' 공예품으로 인해 자포니즘은 장식적이고 형식적이며 다분히 피상적인 현상으로 변질되었고, 이에 대한 강한 반감과 비판 역시 그 열풍만큼이나 거세게 제기

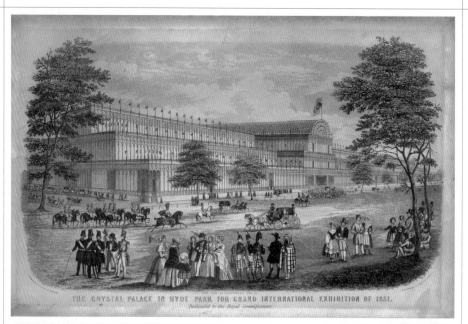

1851년 런던 대박람회가 열린 수정궁 안팎.

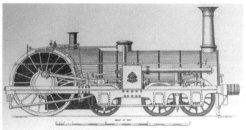

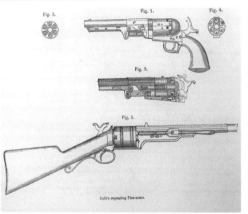
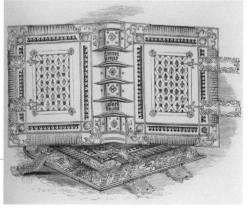

망원경, 다이아몬드, 증기기관차, 도자기, 총기, 북바인딩 등 대박람회의 다양한 출품작.

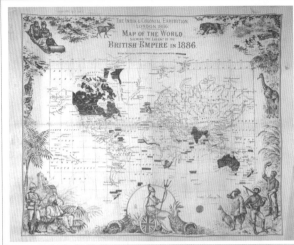

1886년 식민지 및 인도 박람회장에서 판매한 '대영제국' 지도.

식민지 및 인도 박람회 개최를 위해 전시장으로 향하는 여왕 행렬. 1886년 5월 8일자 『일러스트 런던 뉴스』에 실린 그림이다.

식민지 및 인도 박람회의 자메이카 전시장.

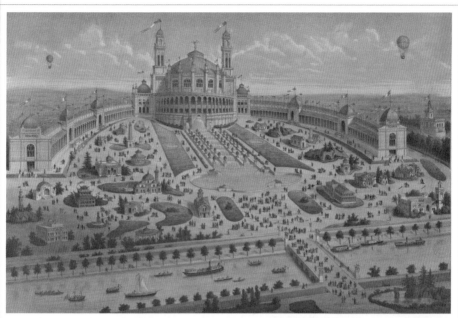

1867년 파리 만국박람회가 열린 파리 시내 전경.

1887년 반 고흐가 일본의 1820년대 그림(오른쪽)을 모작하여 그린 〈게이샤〉. 암스테르담 반 고흐 미술관.

1887년 반 고흐가 일본 히로시게의 1857년 작품 '에도 백경 시리즈'의 〈아타케 대교에 오는 저녁 소나기〉(오른쪽)를 모작하여 그린 〈비 오는 다리〉. 암스테르담 반 고흐 미술관.

1887년 반 고흐가 그린 〈탕기 아저씨의 초상〉, 파리 로댕 미술관.

1863~65년경 자포니즘 영향을 받은 인상주의 미국인 화가 제임스 휘슬러가 그린 〈도자기 나라의 공주〉. 스미소니언 국립아시아예술박물관.

되기도 했다.[03]

일본 정부의 박람회 참가는 이후로도 계속 이어졌다. 1884년 미국 뉴올리언스에서 열린 세계 목화 100주년 박람회World Cotton Centennial Exposition, 1893년 시카고에서 열린 세계 콜럼버스 박람회World's Columbian Exposition, 1900년 파리 만국박람회, 1904년 세인트루이스의 루이지애나 구매 박람회Louisiana Purchase Exposition 등 30여 년이 채 안 되는 기간 동안 약 서른 곳 이상의 국제 박람회에 참여했다.

그러나 20세기 초에 접어들면서 참신함의 상징으로 여겨지던 일본 공예품의 인기는 빠르게 사그라들었다. 특히 새로운 에드워드 시대, 즉 에드워드 7세1901~1910 재임 시대를 맞이한 영국에서는 전쟁과 제국주의의 팽창으로 인해 새롭게 접하게 된 중국 문화와 상품이 옛 중국에 대한 향수를 불러일으켰다. 이로써 18세기 각광받던 시누아즈리에 대한 향수와 더불어 중국은 새로운 유행의 진원지로 새삼스럽게 대두되었고, 그 반면에 자포니즘은 한물 지나간 빅토리아 시대, 즉 빅토리아 여왕 시대의 유행으로 치부되거나,[04] 중국과 유사한 문화권 또는 그 일부로 여겨져 시누아즈리와 별반 다를 것 없는 것처럼 혼용되기도 했다. 이러한 분위기를 간파한 일본은 이전까지 취했던, 자국의 문화를 은밀히 전파하려던 전략에서 벗어나 이 무렵부터는 '정치적 목적'을 숨기지 않고 수많은 박람회를 적극적으로 활용했다.

─ 일영박람회, 일본의 시의적절한 이벤트

이런 맥락에서 열린 것이 바로 1910년 열린 일영박람회Japan-British Exhibition다. 1902년과 1906년 두 차례에 걸쳐 맺은 영일동맹Anglo-Japanese Alliance을 기념하고 친선과 통상 무역을 표면적 목적으로 내세운 이 박람회는 애초에 영국 쪽에서 먼저 제안한 것이다. 역대 감독을 맡았던 임레 키랄피Imre Kiralfy를 필두로 민간에서 추진한 이벤트로 영국으로서는 그 직전, 즉 1908년 개최한 불영박람회Franco-British Exhibition의 무대와 설비를 재사용할 수 있었다.

In Elite Gardens ... Franco-British Exhibition.
London, 1908

Court of Arts, Japan British Exhibition

1908년 불영박람회장 전경(위)과 1910년 일영박람회장 전경. 박람회장의 설비가 비슷한 것을 알 수 있다.

19세기 후반부터 국제 박람회가 이미 제국주의 세력 확장을 과시하는 상징적인 경쟁의 장이었던 만큼 일본 메이지 정부 역시 이 박람회를 그 용도로 활용했다. 즉 청일전쟁과 러일전쟁에서의 승리를 기점으로 아시아에서의 식민지를 확장시킴으로써 자신들이 서양의 영국과 대등한 제국, 즉 '동양의 섬나라 제국'Island Empire of the East으로 부상한 것을 박람회를 통해 과시하려 했다.

한창 아시아의 맹주로 부상하기 시작한 일본에 대해 영국을 비롯한 유럽 여러 나라는 엇갈린 양가 감정을 품고 있었다. 이는 소위 말하는 '황화론' Yellow Peril과 관련이 있었다. 황화론은 청일전쟁이 끝나갈 무렵인 1895년경 독일 황제 빌헬름 2세 Wilhelm II, 1859~1941가 황인종을 억압하기 위해 내세운 모략으로, 가까운 미래에 황인종이 백인을 위협하는 시대가 올 것이라는 주장이다. 중국이나 일본 등 특정 국가를 지목한 것은 아니었으나 중국과 일본의 물자와 인구가 대거 유입되면서 사회 전반에 영향을 미치기 시작하자 유럽 여러 나라에서는 이를 위협으로 인식하기 시작했다.

때를 맞추기라도 한 듯 1899년부터 약 3년 간 중국 산동 지방에서는 민간 결사 조직 의화단義和團이 일으킨 반외세 반 기독교 운동, 이른바 의화단사건이 일어났다. 제2차 아편전쟁과 청일전쟁의 패배에 이어 외세의 침탈이 이어지면서 의화단 세력은 청을 도와 서양을 물리치자는 부청멸양을 내세워 외국 선교사, 공사관 등을 무차별적으로 공격했다. 이를 빌미로 러시아, 독일, 프랑스 그리고 일본까지 가세한 8개국 연합군이 청을 공격, 승리를 거두었다. 이로써 일본은 열강의 일원으로 중국에 진출하게 되었고, 이런 상황을 두고 황화론이 현실화되는 것으로 여긴 독일·프랑스·러시아가 삼국 간섭으로 일본에 외교 공세를 취했다.

영국의 입장은 이들과는 미묘하게 달랐다. 러일전쟁에서의 승리로 드러난 일본의 군사력과 외교력의 증강은 동맹국 영국 입장에서는 환영할 만한 것이기도 했다. 영국 내에서 일본은 대체로 '용감한 어린 일본'Plucky little Jap, 즉 유럽의 오래되고 낡은 세력을 무너뜨리는 젊은 신흥 세력으로서의 이미지, 러시아를 견제하기 위해 중국을 대신할 세력으로 환영을 받았다. 하지만 동시에 위협적이기도 해서 한편에서는

1905년 미국 풍자 만화 잡지 『퍽』에 실린 황화론 풍자 삽화.

일본이 러시아·영국·프랑스·독일 등을 지배한다는 내용의 1904년 프랑스 엽서.

영국·프랑스·독일·러시아·일본 등의 중국 침략 풍자 만화. 1896년 프랑스 잡지 『르 프티 저널』Le Petit Journal에 실렸다.

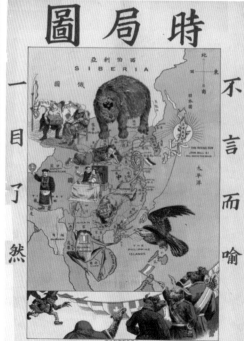

의화단을 신압하기 위해 결성한 영국·프랑스·독일·
러시아·미국·일본·이탈리아·오스트리아 연합군(위)과
1900~1904년 당시 동아시아 시국을 풍자한 그림(아래).

반일 및 일본과의 동맹에 반대하는 조짐도 점점 드러나기 시작했다.

이러한 분위기에서 일본으로서는 유럽의 여러 나라 가운데 영국이야말로 황화론의 우려를 잠재우기 위한 최적의 장소이자 최고의 선택지였다. 그러니 때마침 개최하게 된 일영박람회에 최대한 정성을 다할 수밖에 없었다. 게다가 그 이전까지도 만국박람회 참가를 통해 근대화, 국제화의 성과를 과시하던 일본 정부로서는 동맹국인 영국과 대등한 입장에서 개최하게 된 일영박람회야말로 동방의 신흥 세력이자 아시아의 맹주로서 일본 제국의 위상을 드러내고 그 중요성을 선포하는 최고의 자리이자 기회였다.

20세기에 접어들면서 자신들의 식민 통치의 정당성을 주장하기 위해 다양한 미디어와 박람회를 적극적으로 이용했던 일본은 일영박람회의 동양관에 한국에 관한 전시를 포함시켰다. 즉, 이미 준비하고 있던 한일합병에 대한 서양 세력의 승인을 얻기 위해 마련한 시의적절한 이벤트였다. 박람회가 한창 진행 중이던 8월 22일 한일합병이 이루어짐으로써 일영박람회는 결과적으로 식민지 조선을 세계에 선전한 일본의 첫 해외 박람회가 되었다는 점을 주목할 필요가 있다.

1910년 5월 14일부터 10월 29일까지 런던 서쪽 화이트 시티White City 지역에서 일영박람회가 성대하게 개최되었다. 약 6개월 동안 열린 박람회 관람객은 약 835만 명으로, 1851년 열린 수정궁 만국박람회보다 약 200 만 명 이상이 더 다녀간 셈이다.

일본은 이 박람회를 통해 특별히 제국주의적 역량을 과시하는 데 공을 많이 들였다. 이를 위해 그간의 국제 박람회와는 다르게 식민지 전시 규모와 전시품에 상당히 많은 투자를 했다. 이는 앞에서 언급한 바와 같이 서양의 제국 영국과 동등하게, '문명화된' 제국으로서 자국의 입지를 공고히 하고, 식민지 국가에 대해 '문명화 사명'을 수행하는 일본의 위상을 드러내기 위해서였다.[05]

문명화된 제국의 이미지는 2500년 전부터 근대화된 현재에 이르기까지 자국 역사의 시대별 중요한 업적을 나열한 '일본 역사관'Japanese Historical Palace을 통해 드러내려 했고, 임진왜란 때 도요토미 히데요시가 사용한 군함부터 러일전쟁에 사용한

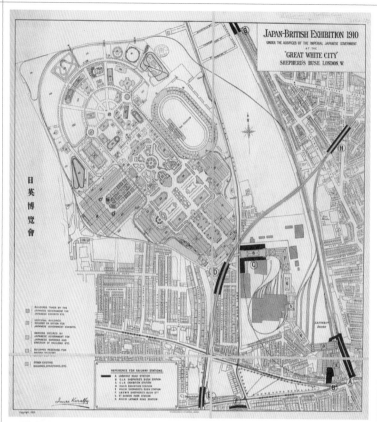

1910년 일영박람회장 배치도(위)와 '페어 재팬' 전시장 입구.

1910년 일영박람회 가이드북 표지와 포스터.

'헤이안 시대'라는 팻말이
붙은 일본관을 둘러보는
영국 관람객. 해머스미스-
풀햄아카이브.

최신형 군함에 이르기까지 보여줌으로써 군사력과 승리의 역사를 과시했다. 또한 동양의 역사와 전통을 간직하면서도 진보적인 문화국이라는 이미지를 위해 고미술품 old fine arts과 근대 미술품modern fine arts 약 2천여 점을 주제별로 나눠 전시했다.

아울러 이러한 분위기와는 사뭇 대비되는 동양관이라 이름 붙인 전시관에서는 자신들의 식민지 업적을 시각적으로 보여줌으로써 일본이 식민지 국가들의 '문명화'를 위해 어떤 노력을 해왔는지를 부각시켰다.

일영박람회장에 등장한 '코리아'

___ 조선을 식민지로 세계에 등장시키다

조선은 일영박람회장의 동양관에 대만, 남만주철도회사, 관동주와 함께 전시되었다. 동양관은 공식 카탈로그 초판에 '식민관'으로 되어 있다가 전시 중 제작한 카탈로그 세 번째 판에서 수정된 명칭이다.[06] 앞서 말했듯 박람회 목적 중 하나가 서양에서 일어나고 있는 반일 감정을 잠재우려는 것이었기에 아직 공식적으로 식민화 되지 않은 조선을 식민지 중 하나로 포함하면서까지 품고 있던 제국주의 야욕을 드러내는 것이 바람직하지 않다고 여긴 것으로 보인다.

동양관의 구성은 자신들이 동양을 대표하면서 동시에 동양에 속하지 않는다는, 탈아시아를 지향하는 일본의 전략을 드러내고 있다. 물론 대만이나 남만주철도회사 등은 범아시아주의에서의 동양의 개념과는 달랐고, 지정학적인 공통점도 존재하지 않았다. 범아시아주의 혹은 판아시아주의에서 '동양'은 '서양'에 대응하기 위해 불교 문화권이라는 공통된 전통을 공유하는 지정학적인 실체 즉, 중국·일본·한국 및 인도를 포함하는 개념으로 자주 사용되었다. 다시 말해 일본의 동양관은 단지 일본의 식민지, 정확히 말하면 권리 할양 혹은 피보호국이라는 공통점으로 묶였을 뿐이다.

동양관 전시의 각 섹션은 전통 건축 양식의 입구를 통해 구별토록 했는데, 한국관의 경우 일본식 노렌을 제외하고는, 지붕·처마·단청 등 구조의 세부를 잘 살려 정

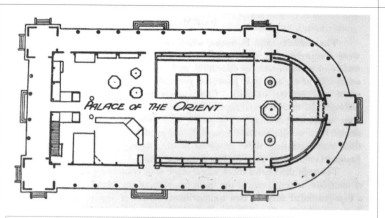

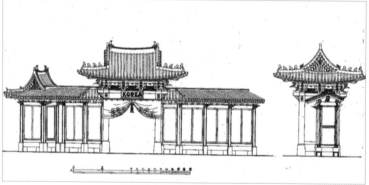

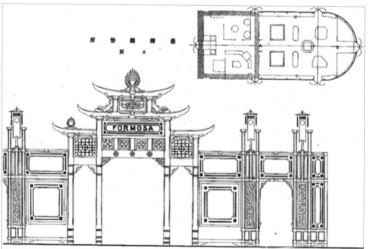

1911년 발행한 일영박람회 공식 보고서에 실린 동양관 평면도(위)와 1912년 발행한 일영박람회 사무국 사무 보고 중 한국관(가운데)과 대만관(아래) 건물 입면도.

1911년 발행한 일영박람회 공식 보고서에 실린 한국·관동주·대만·남만주철도회사 전시장(시계 방향).

확하게 재현했다고 할 수 있다. 이러한 건축 양식의 재현은 대중을 위한 오락거리이자 가상의 관광지를 재현함으로써 대상 세계를 압축하여 보여주는 효율적인 도구로, 19세기 말부터 비중 있게 사용한 박람회의 시각적 요소이기도 했다. 여기에 각 섹션마다 주요 특산물과 함께 일본의 수혜로 발전된 변화상을 보여주는 사진과 시각 자료 등이 전시의 주 내용이었다.

한국관은 동양관의 다른 섹션과는 두 가지 점에서 차이가 있었다. 하나는 사람을 전시하지 않았다는 점이고 또 하나는 미술품, 즉 공예품을 전시했다는 점이다.

19세기 중반 이후 서구의 박람회나 박물관 전시에서는 선주민들의 거주지나 마을을 재현해 놓은 뒤 실제로 그 지역 사람들을 전시장에 함께 세워놓는, 이른바 '인간 동물원'이 유행했다. 일본 역시 이런 유행을 좇아 동양관에 대만과 아이누 지역 선주민들을 데려다 놓았다. 그들로 하여금 재현해 놓은 구조물 안에서 자국의 전통 방식으로 부채나 초롱 등의 특산품을 제작하게 한 것이다. 낯선 이국의 선주민의 모습을 전시하는 서양 제국주의의 시선과 태도를 그대로 따라 한 것이다.

＿구경꾼이 되고 싶었으나 구경거리가 된 일본

그러나 서양 제국주의자들 눈에 낯선 존재로 대상화된 것은 일본도 마찬가지였다. 전시를 주관한 키랄피의 전략은 박람회의 상업적 측면을 강조하여 대중을 위한 오락거리이자 가상의 관광지를 만드는 것이었다. 그는 일본의 목조 가옥, 찻집, 정원 등을 재현한 뒤 '페어 재팬'Fair Japan이라고 이름을 붙였다. 여기에서는 일본 전통 장인들의 작업을 구경할 수도 있었는데, 이 가운데 일본의 유명 도예가 호리카와 고잔의 도예 제작 시범과 골동 수리 재연은 영국인들에게 가장 인기가 많은 이벤트 중 하나였다.[07] 또한 짚으로 만든 비옷과 이국적인 복장을 한 일본 선주민 두 명이 전시장에 있었고, 여기에 스모 선수와 게이샤 여러 명을 개막 이벤트에 참여시킴으로써 서양의 엑조티시즘exoticism, 즉 이국적인 정서나 정취에 탐닉하는 태도와 동양에 관한 자

일영박람회 '페어 재팬' 전시장에 꾸며 놓은 일본식 정원에서 전통의상을 입고 있는 일본인들(위)과 기모노를 입은 (서양) 여성들에 둘러 쌓인 (서양) 남성(아래). 해머스미스-풀햄아카이브.

신들의 판타지를 충족시켰다.[08] 일본은 탈동양 즉, 탈아시아 전략으로 서양의 오리엔탈리즘적 시선에서 벗어나 자신들이 그 시선의 주체가 되려 했지만 결국 그 시선의 대상에서 예외가 될 수는 없었다.

_ '한국에서의 일본의 업적'으로 채운 한국관

상황이 이러했음에도 한국관에 인간 전시가 제외된 점은 주목할 만하다. 일본은 과거 박람회에서는 조선인 전시를 포함시켰다. 1903년 오사카에서 열린 제5회 내국권업박람회의 '인류관'에는 오키나와인, 아이누인, 대만인과 함께 조선 여성 두 명이 전시되었고, 1907년 도쿄에서 열린 권업박람회에는 조선인 남녀 두 명이 전시장에 등장했다. 이러한 행위는 한국에서뿐만 아니라 일본 내에서도 상당히 격렬한 항의와 비난을 초래했다. 이러한 비난은 당시 일본에서도 인간 전시의 타당성에 관한 문제 제기가 이루어지고 있었던 데다, 범아시아주의 이데올로기 역시 한국과 일본이 비슷한 가치관과 문화·민족성을 가졌으니 사이 좋은 이웃 관계를 유지해야 한다는 명분을 담고 있었다.[09] 범아시아주의적 관점에서 본다면 한국과 중국 그리고 일본은 그 중심 관계에 있으므로 주변 국가인 대만, 아이누보다 훨씬 더 조심스럽게 대해야 했을 뿐만 아니라 특히 서구 열강과의 관계까지도 염두에 두어야 했으므로 일본 정부는 논란을 방지하기 위해서라도 이후 박람회장에서의 조선인 전시는 제외하기로 했던 듯하다.

대신에 한국관에는 '한국에서의 일본의 업적'Japan's Work in Korea이라는 제목으로, 통감정치 시작 이후 조선의 정치·경제·문화를 비롯한 여러 제도의 변화를 보여주는 모델·도면·사진 및 차트가 등장했다. 이에 관해서는 국립중앙도서관 소장 『통감부 일영박람회 출품 사진첩』이하 『통감부 사진첩』을 통해 엿볼 수 있다.

『통감부 사진첩』은 1909년 경성의 무라카미 덴신 사에서 제작한 것으로 통감부에서 출품작을 영국으로 보내기 전에 그 준비 과정을 기록해 놓은 것으로 보인다. 무라카미 덴신村上天眞, 1867~?은 1894년 청일전쟁의 종군 사진기자로 건너온 뒤 조선에 정착, 공식적인 어용 사진가는 아니었으나 조선 황실 및 총독부 촉탁 사진사로 활동 했다. 한국의 풍습은 물론 관광 명소나 건축물을 주로 촬영한 그의 사진은 카를로 로 제티Carlo Rossetti, 1876~1948나 세키노 다다시關野貞, 1868~1935 등의 책에 많이 수록되었 고, 1910년 이후에는 일본과 조선뿐 아니라 서양인들을 위한 기념품 사진첩으로도 여러 차례 출간되었다.[10]

『통감부 사진첩』에는 통감정치 이후 조선의 정치·경제·교육·철도·문화 및 여 러 제도의 개량 전후를 보여주는 사진 자료 약 75점과 박람회 출품 물품 진열 사진 7점이 포함되어 있다. 첫 페이지에는 전통 무관 복식·투구·검·나전칠기 옻 상자· 가옥 모델·소반 등이, 두 번째 페이지에는 신라시대 토기와 고려시대 청자 및 청동 기와 돗자리·문갑 같은 가구·향로·병풍·석세공·자기류·나전칠기 함과 접시 등도 보인다. 비록 사진으로만 보아서는 전시장에 어떻게 진열되었는지 알 수 없지만 이 런 물건들을 중심으로 현지에서 조정이 되었을 것으로 보인다.

박람회 공식 도록에는 아래와 같은 설명과 함께 61점의 한국 공예품이 전시된 것으로 기록되어 있다.

"정교한 종류의 도기와 자기, 여러 종류 청동품, 한국인들이 사용한 갑옷, 활 과 화살, 검, 죽세공, 자개장, 은 세공품, 놋쇠 공예품, 은상감을 한 철제 공예품'이[11] '정교'exquisite하고 '아름다운'lovely 한국 공예가의 예술품."[12]

출품된 공예품은 대부분 19세기 말~20세기 초의 것들이었고, 여기에 예외적으 로 신라시대 토기와 고려시대 청자와 청동기가 일부 포함되어 있었다. 1905년 통감 부 서기관으로 근무하다 일영박람회 한국관 전시 책임자로 일한 오기타 에쓰조荻田悅 造, 1878~1943는 박람회 폐막 후 영국박물관에 일부 전시품을 기증하였는데 이때 기증 품의 목록은 총 45점이었다.

日英博覽會統監府出品物

1

同前

2

京城各裁判所

新裁判（京城控訴見法庭）

舊裁判（郡守ノ裁判）

12

漢城師範學校

成均館

授教ノ堂書

授教校學通普

15

『통감부 일영박람회 출품 사진첩』 본문. 국립중앙도서관.

일련 번호	품목	수량	일련 번호	품목	수량
1	칼	1	18	뚜껑	1
2	칼집	1	19	붓통	1
3	활	1	20	패	1
4	화살통	1	21	담뱃대	2
5	화살	6	22	돗자리	3
6	사발	1	23	부채	5
7	뚜껑	1	24	건축 모형	1
8	찻잔	1	25	모형	2
9	보관용 항아리	1	26	복장	1
10	병	1	27	여자 저고리	1
11	용기	1	28	신발	1
12	접시	3	29	짚신	2
13	작은 상자	2	30	자	1
14	뚜껑	2	31	실감개	1
15	장	3	32	실패	2
16	상자	1			
17	상자	4		총	45

전시품 중 영국박물관 기증 물품을 제외한 약 20여 점은 다시 한국으로 돌려 보 냈는데, 이는 애초부터 통감부가 '고대 미술품'이라 분류한 것이었다. 1909년 6월 26일 자 『황성신문』에 실린 '식민관 출품'이라는 제목의 기사에는 통감부가 "농상공부와 협 의 끝에 한국 모형도, 풍경 풍속 사진, 각종 통계표, 고대 미술품과 현대 공예품 등"을 출품하기로 결정했다고 나와 있다.[13] 이를 통해 당시 통감부가 신라, 고려 시대의 고 대 미술품과 19세기 말~20세기 초 현대 공예품을 구별하고 있었다는 것을 알 수 있 으며, 특히 이 고대 미술품이 궁내부 탁지부의에 보관된 소장품이었다는 것도 기사를 통해 알 수 있다.[14] 또한 『황성신문』 1909년 11월 20일자 기사에서는 궁내부 어원사 무국 소장 귀중품 40여 점을 박물관에서 별도로 운송했다는 기록도 볼 수 있다.[15]

이러한 공예품과 고대 유물 등을 한데 모아 한국의 '예술' 전시를 구성하였는데, 이는 다른 동양관의 섹션에서는 볼 수 없었던 유일한 예술품 전시였다. 그렇다면 한국의 예술품을 전시한 일본의 의도는 무엇이었을까. 그리고 궁내부에서는 그 소장품들을 어디에서 어떻게 수집한 것일까.

　궁내부 소장품이 일영박람회를 위해 영국으로 향하고 있을 그 무렵, 1909년 가을 일본 도쿄에서는 '고려소'高麗燒란 제목의 고려청자 전시회가 최초로 열리고 있었고, 1909년 11월 1일 경성의 창경궁에서는 이왕가박물관이 문을 열었다. 경성과 도쿄에서 거의 동시에 열린 이벤트는 1910년 일영박람회에 한국 예술품을 전시한 일본의 뜻, 나아가 이 당시 한국 미술에 대한 일본의 시각과 그 의도를 가늠하는 데 중요한 근거로 삼을 만하다.

같은 시기, 조선에 등장한 이왕가박물관

_ 이왕가박물관 설립에 관한 일본의 속내

이왕가박물관의 설립 과정과 그 의도는 1912년『이왕가박물관 소장품 사진집』출간 당시 일영박람회를 주관한 궁내부 차관 고미야 미호마쓰小宮三保松, 1859~1935가 기록한 '서언'에 잘 나와 있다.

한일합병 이후 일본은 고종 황제가 세운 대한제국을 다시 조선으로 부르면서 동시에 대한제국 황실을 '이왕가'로 격하시켰다. 이후 1911년 2월 이왕가의 업무를 관리하는 이왕직 기관을 만들고 궁내부로 하여금 왕실 관련 업무를 담당하도록 했는데, 이왕가박물관 설립을 주도한 곳 역시 바로 이 궁내부였다.

1907년 겨울 고미야 미호마쓰는 헤이그 특사 파견으로 강제 퇴위한 고종 대신 새로 즉위한 순종의 거처를 덕수궁에서 창덕궁으로 옮기기 위해 창덕궁 공사를 담당하고 있었다. 11월 4일 내각총리대신 이완용과 궁내부대신 이윤용 형제가 '순종의 울적함을 달랠 소일거리'에 대해 묻자, 고미야 미호마쓰는 창경궁을 공원과 식물원으로 꾸미고 박물관을 설립하자고 제안했으며, 그 계획은 1908년 8월 어원사무국 설립과 함께 구체적으로 진행되었다고 밝히고 있다.[16] 즉, 고미야가 밝히는 이왕가박물관 설립은 순종의 '무료함'을 달랠 오락거리를 만드는 데 그 목적을 두고 있었다. 1918년 출간한『이왕가박물관 소장품 사진첩』영문 서언에서도 순종이 '삶의 새로운 기쁨

을 찾을 수 있도록'이라고 표현되어 있다.[17]

이와는 전혀 다른 의견도 있다. 창덕궁에서 15년 간 순종의 측근으로 일한 일본 관리, 곤도 시로스케權藤四郞介, 1875~?가 기록한 『대한제국황실비사』에 의하면 다음과 같이 나와 있다.

"고미야 차관이 설명하기를, 여전히 한일합병에 관한 외국의 오해가 많고 우리가 조선의 왕실 가족을 얼마나 관대하게 대하고 있는지 모르는 사람이 많다며 그러한 오해를 풀기 위해 투명한 유리 그릇 안에 담긴 오브제처럼 창덕궁을 대중에게 개방하고자 한다고 기록하였다."[18]

즉, 외국인들의 오해를 풀고 일제가 이왕가를 존중하고 평화롭게 지내고 있음을 알리려는 목적이 우선이라는 것이다. 이는 앞서 논의했던 일영박람회에서 조선의 식민지화에 대한 부정적인 인식과 오해를 해소하기 위해 노력했던 것과 같은 맥락이라고 볼 수 있다. "투명한 유리 그릇 안에 담긴 오브제처럼" 궁을 개방하자는 고미야의 표현은 조선 궁궐의 정치적, 문화적 상징성을 퇴색시키고 직접적으로 왕실을 대중의 오락거리로 삼으려는 의도를 드러낸다.

이름과는 달리 이왕가박물관은 왕실에서 전통적으로 내려온 수장품으로 구성된 것도 아니고, 조선 대중을 위한 문화 교육기관이라는 근대적 의미의 박물관이라고 볼 수도 없었다. 1908년 1월 일본인 골동상 곤도 사고로近藤佐五郞에게서 950원에 구입한 〈청자 상감 동화 포도 동자 무늬 조롱박모양 주전자와 받침〉을 시작으로, 대부분의 소장품은 일본인 골동상을 통해 시중에서 구입해 채웠다. 미술사학자 박계리의 조사에 따르면 92.8퍼센트의 소장품이 박물관 설립 개시 후 10년 내 모은 것이며 그 가운데 1908년부터 1910년 한일합병 직전까지 약 3년여 동안 전체 소장품의 36.7퍼센트가 수집되었다고 한다.[19]

1912년 경성 지부를 설립하고, 철도·도로·공공시설 등에 많은 투자를 하면서

(京19) MUSEUM SHUNG FOK PALACE 館本物博苑御宮慶昌城京 (所名鮮朝)

엽서에 실린 이왕가박물관 본관. 서울역사박물관.

Meisei len of Changtokkun Museum, the ol lest building in Seoul. 殿政明館物博家王李

엽서에 실린 이왕가박물관 창경궁 명정전 전시관. 국립민속박물관.

곤도 사고로가 이왕가박물관에 납품한 〈청자 상감 모란국화문 참외모양 병〉(왼쪽)과 〈청자 상감 동화 포도 동자 무늬 조롱박 모양 주전자와 받침〉(오른쪽). 둘 다 13세기 고려시대 것이고, 국립중앙박물관 소장품이다.

시로이시 마스히코가 이왕가박물관에 납품한 〈청자 투각 칠보문 뚜껑 향로〉(왼쪽, 12세기 고려)와 야나이 세이치로가 납품한 〈분청사기상감국류문매병〉(오른쪽, 조선 전기). 둘 다 국립중앙박물관 소장품이다.

1910년 창경원 동물원 풍경.
서울역사박물관.

1909년 11월 1일 일반 공개
를 시작한 창경원 대온실 전
경. 서울역사박물관.

창경궁 옥천교와 그 주변에
만개한 벚꽃 풍경을 담은 채
색 창경원 사진. 1918년부터
1984년까지 해마다 봄이면
이런 풍경이 지속되었다. 서
울역사박물관.

동시에 관광지 홍보에 주력한 일본관광공사에서 1917년 출간한 『경성 가이드』*Guide to Keijyo*에서는 이왕가박물관을 아래와 같이 설명하고 있다.

> "궁궐 자리, 왕가에 의해 유지된 박물관이 있으며 일반 대중에게 개관되었다. 많은 양의 귀중한 옛 도자, 서화 등이 전시되어 이 나라의 고대 예술을 공부하는 데 탁월한 기회를 제공한다. 식물원은 전통적인 일본 형식을 따라 작은 호수, 교각이 놓여 있다. 4월에는 벚꽃이 11월에는 단풍나무가 많은 관람객들을 사로잡는다. 동물원은 설치류부터 코끼리, 호랑이, 표범과 곰까지 한데 모여 있다."[20]

이렇듯 이왕가박물관은 표면적으로는 조선 왕가의 정통성을 유지하고 대중을 위한 교육 기관으로서의 역할을 하는 곳이었으나 실제로는 고대 예술품을 통해 일본의 식민지 문명화 정책을 드러내기 위한 장이었다.

＿다시 바라보는 일영박람회 전시품의 숨은 뜻

일영박람회에 내보낸 궁내부 소장품 이야기로 다시 돌아가 보자. 영국으로 보낸 궁내부 소장품은 삼국시대와 고려시대 소장품의 일부에 불과했다. 여기에서 우리는 일본이 조선시대 예술에 대해서는 쇠망론을 앞세워 부정하고 있었다는 점, 소장품이 충분했음에도 불구하고 조선시대 서화를 배제했다는 점을 주목할 필요가 있다.[21]

쇠망론이란 간단히 설명하면 이렇다. 한국 미술은 국토 감각 즉, 온화한 자연 감각과 복잡한 역사적 과정을 통해 반도적 성격을 축적해 왔으며, 한국 미술사 전체를 놓고 볼 때 불교가 융성했던 삼국시대와 통일신라시대까지가 한국의 미술이 만개한 황금시대였다는 것, 그러나 이렇듯 예술을 융성케 한 불교를 배척하고 대신 유교를 받아들인 조선시대에 접어들면서 한국 미술이 전체적으로 쇠퇴, 절멸에 이르렀다는 이론이 일본이 주장하는 쇠망론이다. 또한 이왕가박물관 개관 이후 초기 10년 간 구

1917년 일본관광공사에서 출간한 『경성 가이드』 표지와 본문. 에든버러 대학교 도서관.

입 유물의 장르를 분석해 보면 1908년은 고려시대 분묘의 도굴이 성행하면서 이에 따라 유통되던 고려청자와 금속품의 거래가 상당히 많았다. 그러나 1909년과 1910년에는 서화를 집중적으로 구입하여 서화와 도자, 금속품의 상대 비율이 균형 있게 안배되었고, 이후로도 지속적으로 유지되고 있었다.

일본은 일영박람회에서 일본의 공예, 즉 아트 앤드 크래프트Art and Crafts와 순수미술, 즉 파인아트Fine Art를 구별하여 선보였다. 공예 섹션에는 레이스 세공·드로잉·금은 세공·자수와 비단·악기 등과 함께 정교한 도자기와 청동기·금속 조각·상아 세공품·보석류를, 순수미술 섹션에서는 서화회화류와 탑·불상조각류 등을 앞세워 일본 미술을 서양 미술 범주에 완벽하게 부합시켰다. 이를테면 탑과 불상은 일련의 고대 사원 건축 모델과 함께 전시되었고, 나무·금속·금 등의 소재를 사용한 조각품은 8세기로 거슬러 올라갔다. 병풍과 두루마리 형태의 옛 서화는 유리 전시관에 전시되었는데, 헤이안 시대부터 에도 시대를 거쳐 메이지 시대의 현대미술에 이르기까지 유명 사찰과 신사, 황실의 소장품을 선보임으로써 값을 매길 수 없는 '국보'로 칭송받았다.[22]

일본은 의도적으로 한국의 회화와 조선시대 미술을 배제하고, 고려시대와 삼국시대의 공예품을 통해 한국 미술사를 정립하고 대외적으로 홍보하려던 입장을 취했다. 이러한 일본의 의도는 거의 비슷한 시기에 이루어진 이왕가박물관에 대한 연구가 없었다면 파악하기 어려웠을 것이다. 여기에 더해 1909년 가을, 일본에서 일본인을 대상으로 열린 최초의 고려청자 전시회를 살펴보면 한국 미술에 대한 일본인의 태도와 접근 방식, 그리고 그에 대한 당시의 인식을 더 자세히 파악할 수 있을 것이다.

서구 세계로 건너간 일본 상류층의 취향

_ 서양인들에게 전해진 도쿄의 전시 도록

"1906년 개성 근처에서 고려시대 도자기가 다수 출토되었다. 초대 통감 이토 히로부미가 현지 토산물의 하나로 고려시대 도자기를 사 모았으며, 이왕직에서는 박물관을 설립함에 따라 고미야 차관이 고려시대 도자기 및 옛 그릇에 주목하게 되는 등 유물이 왕성하게 발굴되는 시대가 드디어 막을 열었다."[23]

일본인으로 종로구 골동상점 취고당 주인이자 후에 경성미술구락부 사장을 지낸 사사키 초지佐佐木兆治의 이 회고로 인해 1906년부터 특히 도굴이 성행하여 무덤 속 기물이었던 고려청자가 민간 시장에 유통되었다는 사실을 다시 한 번 확인할 수 있다. 또한 그의 회고는 이토 히로부미를 포함한 일본인 상류층 사이에 고려청자 애호 문화가 시작되었고 이 도굴품이 이왕가박물관을 통해 합법적으로 예술적 지위를 얻었으며 나아가 일본인 골동품 중개상과 이왕가박물관의 독점적인 커넥션이 형성되고 있었음을 말해주고 있다.[24]

이 시기 일본의 상류층 및 식민지 통치 계급의 수집 취미는 1909년 가을 도쿄에서 열린 '고려소' 전시를 통해 단적으로 집약되어 드러난다. 이 전시는 단지 일본인

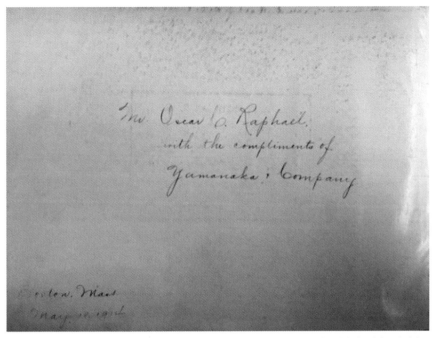

'고려소' 전시 도록 표지 안쪽. 1914년 5월 18일 야마나카 상회 보스턴 지점에서 오스카 라파엘에게 선물했다고 써 있다.

수집가들에게만 영향을 미친 게 아니다. 이 전시 도록이 수집가는 물론 전문가들에 의해 영국과 미국 등 여러 나라에 전해지면서 고려청자에 관한 서양인들의 관심을 불러일으켰다. 앞서 소개한, 1911년 런던 글렌디닝 경매소에서 출간한 경매 도록의 시무라 컬렉션 부분에서도 '런던과 도쿄의 전시품만큼 고급스러운 청자가 경매에 올라올 것'이라는 기록이 있는데, 이를 통해서 도쿄에서 열린 '고려소' 전시가 수집가들의 바로미터로 작용했음을 짐작할 수 있다.

전시 도록이 서양으로 건너가게 된 데에는 일본인 골동품 딜러들이 일조를 했다. 현재 런던 SOAS 대학교 도서관에도 당시 도록이 소장되어 있는데, 이 역시 일본인 골동품 딜러 야마나카 사다지로山中定次郞, 1866~1936가 세운 고미술 무역상 야마나카 상회Yamanaka&Co.에서 수집가 오스카 라파엘Oscar C. Raphael, 1874~1941에게 1914년 선물한 것이다. 야마나카 상회는 1894년 뉴욕과 1899년 보스턴에 진출하여 일본 공예품을 판매하기 시작하면서 일찌감치 유명세를 탔고, 이후 시카고·런던·베이징·파리·상하이 등에 지사를 두며 세계적으로 급성장한 곳이다. 도록을 선물받은 오스카 라파엘의 개인적인 생애에 대해서는 알려진 것이 거의 없지만, 어린 시절부터 동양의 물건을 수집했으며, 영국 동양도자회Oriental Ceramic Society 설립 멤버이자 부회장 및 회장직을 역임했다고 알려져 있다. 그는 또한 1935~1936년 로열 아카데미에서 개최한 '중국 미술 국제 전시'Exhibition of Chinese Art에 많은 유물을 빌려줬고 1929년에는 영국박물관 학예사 로버트 홉슨R. L. Hobson, 로런스 비니언L.Binyon과 함께 동양 컬렉션 연구를 위한 여행을 떠나기도 했다. 그가 선물받은 도록은 이후 코톨드 예술학교The Courtauld Institute of Art에 보관되어 있다가 SOAS 대학교 도서관으로 전달된 것으로 보인다. 이외에 전시에 관한 구체적인 정보·전시장 위치·기간·관람객 등은 정확히 알 수 없지만, 이 도록은 사진 자료와 함께 매우 구체적으로 수장가들·청자의 역사와 유통 과정·감상할 부분과 그 가치 등에 대해 세세히 기록한 초기 자료 중 하나다. 오늘날 한국은 물론 영국, 미국, 대만, 일본을 비롯한 여러 국가의 도서관에 여러 점 보관되어 있다.

__ 도록으로 만나는 1909년 '고려소' 전시 이모저모

도록은 1910년 2월에 발간되었지만, 전시는 이전 해 가을에 열린 것으로 되어 있다. 도록의 출간 및 전시는 두 사람의 수장가이자 기획자, 즉 이토 야사부로伊藤彌三郎와 니시무라 쇼타로西村庄太郎가 주관했으며, 도쿄·오사카·교토·경성의 일본 수장가들이 소장한 120여 점이 수록되어 있다. 여기에서 주목할 만한 점은 바로 목록에 실린 일본 귀족들 이름이다. 가장 먼저 등장하는 마쓰카타松方, 1835~1924 후작은 1891~1892년, 1896~1898년에 일본 총리를 지낸 인물이고, 다카하시高橋, 1854~1936

남작은 1921~1922년 총리를 역임했으며, 오카베岡部 자작, 쓰에마츠末松 자작, 고토後藤 남작 또한 귀족 집안 출신의 정치 관료들이다. 목록의 사진 자료 게재 순서는 소장가들의 사회적 지위에 따른 것으로 보이는데, 거주 지역별로 느슨하게 묶여 있다.

그 외에 경성에 살고 있던 일본인 수장가도 등장하는데 몇몇 이름은 우리에게도 익숙하다. 아유카이 후사노신鮎貝房之進, 1864~1946은 조선어 학자이자 역사학자로 1894~1895년경부터 조선에서 청자를 수집한 것으로 알려져 있다. 조선 최초의 고려자기 수집가로 유명했던 그는 1908년 '고려의 꽃'이라는 고려청자에 관한 논설도 발표했고, 이왕가박물관과 조선총독부 박물관의 유물 수집과 연구에 관한 고문 역할도 맡았다. 앞에서 이왕가박물관에 고려청자를 납품한 인물로 언급한 경성의 골동상 곤도 사고로 역시 이토 히로부미의 컬렉션 축적에 많은 도움을 준 인물이다. 아카보시 사키지赤星佐吉의 경우는 1890년대 조선으로 이주하여 1908년경부터 골동상을 운영하던 인물이다.

오사카 지역 출품작에는 오구라小倉 가문의 소장품이 있는데, 오구라 다케노스케小倉武之助, 1870~1964는 대구 지역에서 전기 사업으로 큰 부를 축적하였을 뿐 아니라 약 1천여 점의 문화재를 수집하는 데 열을 올린 인물이다. 문화재 수집 과정에서 도굴과 밀거래 등 석연치 않은 입수 정황이 드러나 최근 학계의 연구 대상이 되기도 했다.

이러한 소장가들의 면면을 볼 때 당시 고려청자 수집 열풍이 일본의 고위직 관료들과 성공한 기업인, 학자 등 일본 상류층을 중심으로 형성된 계급적 문화임을 알 수 있다. 이러한 문화는 당시 일정한 취향을 통해 사회 계급적 정체성을 형성했고, 식민지 조선의 미술품 소장과 감상 문화는 당시 일본에서 유행한 다도 문화의 부활과도 연결된다. 물론 1922년 창립된 경성미술구락부의 경매 도록 등을 통해 고미술품 거래와 유통 및 수장 상황에 대해서는 이전에 비해 훨씬 구체적이고 체계적인 연구가 이루어진 상황이긴 하지만 '고려소' 전시 도록은 1900년대, 즉 고미술 거래의 초창기 풍경을 훨씬 자세하게 짐작할 수 있게 해준다.

도록에는 약 40여 점의 사진과 20여 쪽에 이르는 글이 수록되어 있는데 사진 속

'고려소' 전시 및 도록 출간을 주관한 기획자 이토 야사부로와 니시무라 쇼타로.

'고려소' 전시 도록에 실린 마쓰카타 후작의 출품작.

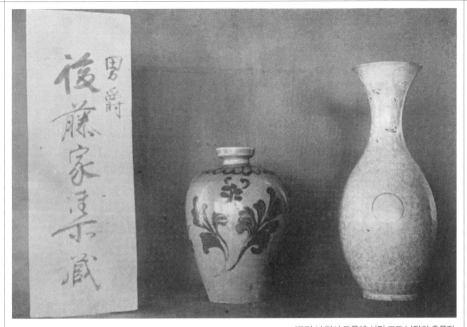

'고려소' 전시 도록에 실린 고토 남작의 출품작.

'고려소' 전시 도록에 실린, 전시 및 도록 기획자 니시무라 쇼타로의 출품작.

도자기들은 작은 소반에 놓여 있거나 목상자와 천 싸개와 함께 놓여 전시되어 있다. 전시 기획자였던 니시무라 쇼타로 역시 자신의 출품작으로 목상자와 헝겊으로 싸놓은 다기를 꺼내놓았다. 또한 고려자기에 대한 연구는 매우 포괄적으로 서술되어 있는데 도록의 저자는 도자기의 역사, 유래, 출처와 함께 여러 가지 형태와 문양, 제작 지역, 가마터 등에 관한 특징을 세세하게 열거해 놓았다. 각 소장품들을 어디에서 어떻게 입수하게 되었는지에 관한 경위를 설명하면서 당시 무덤의 도굴이 성행했다는 점, 훌륭하고 세련된 물건은 고려 수도 개성과 왕실 및 귀족들의 무덤이 많이 남아 있던 강화 주변에서 출토되었다는 점을 밝히고 있다.[25] 또한 고려자기의 특징은 중국宋의 청자와 비교할 때 더 뚜렷하게 나타나는데, 어떤 학자들은 이것을 흙의 특성·거친 마감·불규칙하게 입힌 유약·굽에 남은 작은 돌자국 등으로 구분한다며, 장식 무늬도 덜 조직적이며 작은 패턴들은 오히려 거칠지만 이러한 특징이 바로 고려청자를 중국 청자보다 훨씬 더 우아하고 고귀하게 만든다고 설명한다.[26]

이뿐만 아니라 도록의 저자는 고려자기의 특징이 사실상 매우 뛰어난 기술이 만들어낸 결점의 조합이고, 이 결점을 '무둔착'無頓着으로 부른다고도 하였다. 다시 말해 서양의 전문가들은 이 결점을 열등한 것으로 여겼지만, 일본의 다도 전문가들은 이를 귀중히 여겨 특히 고려자기의 감상에 있어서 가장 중요한 열쇠라고 생각했다는 것이다. 이에 남아 있는 고려자기의 약 9할을 일본 수장가들이 소장하고 있으며, 전통적인 다도 문화에서 보물로 여겨지고 있고, 특히 구름 학무늬 청자는 최상의 기술의 산물이며, 널리 예찬되어야 할 것이라고 말하고 있다.[27]

16세기 일본에서 성행한 다도 문화에서 와비佗び 사상을 빼놓을 수 없다. 간단히 설명하면 물질적 결핍을 의미하는 것으로 사치품을 배척하고 절제되고 단순한 것을 추구하는 미학이다. 이러한 사상은 한발 더 나아가 불완전한 것 혹은 세월에 닳은 것을 선호하는 방향으로 이어졌다. 센노 리큐千利休, 1522~1591와 그의 제자들이 이 와비 사상을 설파하는 데 앞장섰고, 이를 다도 문화에 접목한 이는 무로마치 시대 승려 무라타 슈코村田珠光, 1422~1502로, 그는 여기에 불교의 선禪 정신을 도입한 것으로 유명하다.

다인이자 도요토미 히데요시의 차 시범을 맡기도 한 센노 리큐의 다도 문화에서는 작고 수수하면서 소박하고 기품 있는 다기들이 유행했는데, 이와 맞물려 당시 조선에서 만든 도자기가 맹목적으로 숭배되었다. 도요토미 히데요시 역시 조선 도자기를 탐했을 뿐만 아니라 아예 조선 도공들의 일본 납치까지 불사했기에 임진왜란은 일명 '도자기 전쟁'으로 불리기도 했다. 그 당시 일본 다도 문화의 다기들은 지방요에서 만든 어둡고 거친 도기와 분청사기가 대부분이었다.

이러한 내용을 서술하면서 전시 도록의 저자는, 1920년대까지도 분청사기는 고려시대의 생산품으로 여겨졌던 점도 감안해야 하지만, 무엇보다도 한국 도자기의 아름다움과 특성을 발견한 것이 일본인임을 강조하기 위하여 의도적으로 고려청자

17세기 초반 일본에서 그려진 센노 리큐 초상화. 메트로폴리탄 박물관.

와 조선시대 다기를 구분하지 않았다고 할 수 있다. 그는 끝으로 아래와 같이 결론을 맺는다.

"한국인들이 고려자기의 뛰어난 품질과 가치를 인식한 것은 30년에 지나지 않는다. 그들은 고려자기를 귀중히 여긴 일본인들에게서 배웠다. 그들의 느린 인식 때문에 고려자기는 전 세계 예술 전문가들에게 잘 알려지지 않았다. (중략) 그러므로 나에게는 한국 선조들의 예술적 기량을 세계에 알릴 권리와 의무가 있다."28

이런 견해는 한국이 스스로 인지하지 못한 문화 예술 유산을 일본이 보호한다

는 주장의 연장으로, 일본의 지배를 정당화하고 있는 논리에 다름 아니다. 그는 또한 도굴의 책임을 조선인들에게 돌리기도 하는데, 수요 없는 공급이 없다는 점을 상기할 때 도굴 성행의 근본 원인은 일본인 수집가들의 폭발적인 증가로 인한 거래와 유통의 증가로 보아야 할 것이다. 도록의 저자가 글을 통해 밝힌, 한국의 문화를 수호하고 이를 전 세계에 전파하려던 일본의 표면적 의도는 런던에서 열린 일영박람회라는 보기 좋은 허울로 정당화되고 있다. 도록에 포함된 일본인 수장가 아유카이 후사노신 역시 1908년 '고려의 꽃'이란 글에서 유럽인들과 미국인들이 잠시 동안 한국의 골동품을 수집했음을 언급하며, 이것은 일본인과 다른 미학적 관점이었다고 설명하고 있다.

> "구미인들도 한때는 조선의 고미술품을 수집해 갔으나, 그들은 미적 관점을 달리 두고 있어, 무엇이든지 기려綺麗한 것을 좋아하여 그 깊은 미를 볼 줄 몰라 얄팍한 외면의 미에만 사로잡혀 있었다."[29]

다시 말해 서구인들은 예쁜 겉모습에만 치중한 반면 일본인들은 더 깊은 형태의 아름다움을 추구하였음을 주장한 것이다. 그러면서 아유카이 본인 역시 일본의 많은 다도인들처럼 '꾸미지 않은 조선 미술의 정수'를 알아보았노라고 밝히고 있다.

__ 다도 문화의 부활과 고려청자 수집 열풍의 상관 관계

20세기 초반, 일본의 신흥 엘리트 및 재벌의 출현은 16세기 일본의 다이묘 사이에 유행했던 다도 문화 즉, '차노유'茶の湯의 부활을 이끌었다. 16세기에 그랬던 것처럼 다도는 개인의 문화적 소양을 드러내는 활동이었을 뿐 아니라, 상류 계급의 사교·정치·혼인·비즈니스 관계를 유지해 나가는 데 중요한 역할을 했다. 20세기 초에도 16세기처럼 유서 있는 다기를 두고 치열한 경쟁이 이루어졌고, 그것을 소유하는 것이야말

로 경제적 힘과 사회적 명성을 드러내는 상징이 되었다.[30] 이러한 20세기 초 일본 내다도 문화의 부활은 일본 정치인 및 신흥 엘리트층에서부터 식민지 조선에 있던 일본인 관리, 학자, 사업가 층으로 확대되어 고려청자의 수집 열망으로 이어졌다. 또한 이러한 수집품을 통해 일본인들은 식민 지배 계급으로서의 정체성도 형성해 갔다.

일본은 조선의 풍습, 관광, 산업 등을 담은 다양한 분야의 사진첩을 종종 출간하곤 했는데, 어떤 사진첩들은 일본 자국인의 조선 관광과 사업을 촉진시키려는 목적으로 제작되기도 했다. 식민통치 26년을 기념하기 위해 1937년 출간한 『대경성사진첩』은 조선으로의 이주를 적극 권장하기 위한 것으로 보이는데 이 사진첩에 실린 아베 소스케阿部惣助의 사진을 보자.

관련 글에서는 그가 공공사업에 기여하고 초등학교를 포함해 각종 건설 사업에 비용을 기부한 것을 높이 사 표창장을 수여했다는 사실이 적혀 있고, 토목건설회사阿川組의 감사역으로 일했다는 이력도 함께 적혀 있다. 1934년 10월 조선총독부에서 출간한 『조선공로자명감』, 즉 25여 년 동안 조선총독부에 기여한 인물 명단에도 이름을 올린 아베의 수집품에 관한 별도의 설명은 없지만, 『대경성사진첩』에 실린 사진 속 그가 앉은 자리 옆에는 서너 점의 고려청자가 과시하듯 놓여 있다. 이는 고려청자가 식민지 조선 땅에서 성공한 기업가의 상징 지표 중 하나였음을 말해주고 있다.

참고로 러일전쟁 당시 자국인들의 조선 이주 장려는 일본의 주요 정책 중 하나였다. 일본 정부는 조선을 일본인의 제2의 고향으로 만들기 위해 인구 이동을 추진했는데 이것은 곧 식민지에서의 무역, 권력 및 영향력의 확장을 의미했다. 하와이나 미국으로 이주한 일본인 대다수가 노동자 계급이었던 것과는 반대로, 식민지 개척자들의 조선 이동은 상업과 해군력의 상징이었다. 따라서 책, 기사, 팸플릿 등을 비롯한 여러 매체는 조선으로 이주한 이들을 개척자이자 정착자, 일본의 운명을 짊어진 사람으로 묘사하곤 했다. 엘리트 남성의 특권적 관점을 사용하여 일본 제국의 정책과 제도를 구체화했고, 정부 관리·군사 지도자·부유한 기업가·저명한 작가 및 학자들이 매체의 중심에 소개되었다. 사진에서 성공한 기업가로 실린 아베 역시 1905년

O-KOTO-SAN TAKES TEA WITH HER FRIEND, O-HANA-SAN.

일본식 다도 문화를 보여주는 사진 엽서. 다도 문화는 역사적으로 군사적 지도자들의 후원 아래서 성장해 오긴 했지만, 19세기 서양의 시각에서 볼 때 다도는 '오래된 일본'의 신화와 연결되어 있었고, 이 당시 서양 소비자를 대상으로 한 기념품 사진 엽서 같은 대중 매체에서는 종종 차를 마시는 젊은 여성의 이미지를 생산해 내곤 했다. 빅토리아 시대 인테리어처럼, 이국적으로 준비한 배경의 무대에 젊은 여성 모델을 기용하여 촬영한 것에서 보듯 일본의 문화 역시 유럽과 미국인 여행객의 취향에 맞게 그려지고 있었다. 스미소니언 국립아시아예술박물관.

왼쪽은 12세기 중국 남송 시대의 다완으로, 금색과 은색, 짙은 남색, 검은색, 황색 등의 여러 빛깔이 섞여 마치 토끼털 같은 무늬를 내는 흑유잔이다. 오른쪽은 16세기 초 만들어진 조선시대의 것이다. 회색의 태토 위에 백토로 표면을 마무리한 이 그릇은 왕실에서 선호했던 백자의 대안으로 조선 초기 지역 가마에서 만들어졌다. 이러한 식기류는 16세기 일본에서 유행하던 와비 미학의 다도 문화를 만나 큰 인기를 누렸다. 둘 다 메트로폴리탄 박물관 소장품이다.

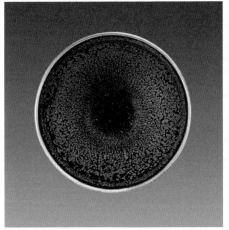

12~13세기 중국 남송 시대의 다완으로 수면에 떠오르는 기름방울처럼 보이는 금색, 은색, 감색으로 빛나는 반점 때문에 유적(油滴)이라고 불린다. 일본의 국보로 지정되었다. 오사카시립동양도자미술관.

1937년 출간한 『대경성사진첩』에 수록된 아베 소스케.

〈청자 상감 모란 유금무늬 참외모양 주전자〉.

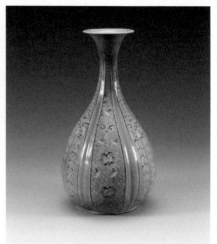

〈청자 상감 구름 학무늬 병〉.

〈청자 주전자 및 받침〉.

유서 있는 다기를 두고 이루어지는 일본인들의 치열한 경쟁은 일본 정치인 및 신흥 엘리트층에서부터 식민지 조선에 있던 일본인 관리, 학자, 사업가 층으로 확대되어 고려청자의 수집 열망으로 이어졌다. 『대경성 사진첩』 중 아베 옆에 놓인 고려청자는 식민지 조선에서 성공한 기업가임을 보여주는 지표가 되었다. 사진과 같은 주전자 및 병과 같은 기형에, 운학 혹은 모란 무늬 등을 상감한 고려청자가 수집가들에게 명작으로 손꼽힌 대표적인 것들이다. 예시 모두 국립중앙박물관 소장품이다.

조선으로 이주한 것으로 기록되어 있다.

　　1900년대 일본인들의 수집 활동은 16세기 다도인들의 특별한 심미안을 이어받았을 뿐만 아니라 서양인들은 알아보지 못하는 조선 미술의 가치와 아름다움을 자신들이 소개하는 자부심으로 연결되었다. 그런 한편으로 조선시대를 바라보는 일본인들의 부정적인 태도와 조선 예술 쇠망론은 반복적으로 되풀이되고 있었다. 다시 말해 이 시기 일본인들은 일본의 과거와 연결된 한국의 고대 미술을 찬양하면서 그것을 보존한다는, 스스로 부여한 일본의 의무는 자신들의 제국주의적 야심을 정당화하는 데 이용하고 있었다. 일본 지배 계급의 이러한 고려청자 취향은 이왕가박물관에서, '고려소' 전시에서 그리고 런던의 화이트 시티 전시장에서 여실히 드러나고 있었다.

　　영국, 나아가 서양에서는 일찍이 먼 바다를 건너온 진귀한 동양의 도자기는 왕실과 귀족들만이 소유할 수 있었고, 이는 곧 부와 권력의 상징이었다. 또한 아편전쟁을 통해 그 이전까지 침범할 수 없었던 중국 옛 황실의 소장품을 약탈해 온 것은 자신들의 제국적 우위를 상징하는 것이기도 했다. 이토 히로부미가 수천 점의 고려청자를 조선 땅에서 싹쓸이하듯 수집했다고 전해지는데, 이는 영국 왕실과 귀족들이 자신들의 궁과 별장의 벽장과 캐비닛을 동양 도자기로 가득 채울 만큼 열광적으로 사들인 것과 비슷해 보인다. 제1장에서 살핀 호랑이 사냥이 그러했듯 일본은 영국을, 영국은 일본을 서로 모방하면서 제국주의 국가로서의 정체성을 만들어가고 있었는지도 모른다. 고려청자를 향한 일본의 제국주의적 애호는 어쩌면 그런 이유로 영국인들에게 쉽고 빠르게 전이되었던 것은 아닐까.

제3장

직접 가자,
바다 건너
'코리아'로

영국인, 조선으로 여행을 떠나다

— 호기심의 세상, 영국 밖으로!

산업혁명의 성공으로 영국은 세계의 공장이라고 불릴 만큼 세계에서 가장 큰 공장과 제조 산업을 이끌고 있었고, 런던은 20세기 중반까지 영국 제조 산업의 중심이었다. 런던에는 도시 생산자 계급이 급증했고, 이들은 매일 반복되는 단조로운 일상에서 벗어나기 위해 박람회를 찾았다.

온갖 화려하고 이국적인 풍경과 풍습은 물론 그곳에서 만나는 공예품과 전통의상은 일상에서 벗어나고 싶은 대중들의 욕망을 충분히 만족시켰다. 1908년 불영박람회에 이어 1910년 열린 일영박람회장에서는 하루종일 여러 가지 음악이 흘러나오는 가운데 흥미진진한 체험을 온종일 즐길 수 있었다. 마치 유원지 같았다. 일영박람회가 한창이던 중 한일합병이 이루어졌다. 일본과 조선을 둘러싼 국제 뉴스가 연일 보도되었고, 이로 인해 조선에 대한 영국 대중들의 관심은 급증했다.

여기에 더해 '태양이 지지 않는 나라' 영국 제국주의를 이끈 빅토리아 시대, 세계화는 더이상 먼 이야기가 아니었다. 빅토리아 시대란 사전적으로는 1837년부터 1901년까지 빅토리아 여왕이 통치하던 64년의 기간을 의미하지만 그렇게 간단하게 말하기에는 아쉽다. 무려 19세기의 3분의 2를 차지하는 이 시기에 영국은 역사상 가장 화려한 전성기를 누렸고, 빅토리아 시대 말년은 유럽 대륙의 벨 에포크, 그러니까 아름다운 시절의 시작과 겹치기도 한다. 벨 에포크는 19세기 말부터 제1차 세계대전이 일어나기 전까지 경제적인 풍요와 기술의 발전과 더불어 찾아온 평화의 시기를 부르는 말이다. 이 시대 영국은 산업혁명을 통한 경제력과 막강한 해군력을 앞세워 유럽 어느 나라보다 먼저 세계 곳곳에 식민지를 둠으로써 제국 건설에 박차를 가하고 있었다. 자칭 타칭 '태양이 지지 않는 나라'로 부를 정도로 영토 확장에 전력을 다했다.

이러한 산업 최강국의 문명과 부유함을 과시하기 위해 개최한 것이 1851년 대박람회였고, 이는 곧 국제 박람회의 효시로 자리를 잡았다. 사회적으로나 문화적으로도 괄목한 만한 성장을 이루는 동시에 정치·경제·사회·과학과 종교의 변혁이 극에 달한 시대를 관통하며 등장한 중산층은 확장된 세계관과 미래에 대한 낙관주의를 갖게 되었고, 이들에게 영국 밖의 세상은 호기심의 대상이 되었다. 그런 분위기 속에서 이들의 눈에 띈 것이 바로 동양이었다. 어떤 이들은 책을 통해 또 어떤 이들은 박람회장에서 동양을 접하고 있었고, 때를 맞춰 1872~1873년 토머스 쿡Thomas Cook & Son 회사에서 세계 최초로 222일 간의 세계 일주 여행 상품을 대중 앞에 내놓았다. 패키지 여행의 선구자라 불린 토머스 쿡은 이후 경제력을 갖춘 중산층을 대상으로 한 다양한 관광 상품 개발에 앞장섰고 점차 수많은 영국인들을 동양으로, 한국으로 이끌었다.

__ 철도의 개통, 코리아를 더욱 가깝게

한국에서는 1905~1906년 일본에 의해 경부선과 경의선이 개통되어 일본에서 한국, 그리고 중국을 연결하는 길이 열렸다. 일본은 부산과 시모노세키를 연결하는 페리선 운항 서비스를 시작했고 경의선은 한반도에서 만주로 러시아로 이어지는 효율적인 노선으로 활용되었다. 일본은 러일전쟁을 치르면서 군사와 물자를 운반하는 데 철도 노선을 적극 활용했다.

1851년 대박람회는 세계 최초
의 박람회로 이후 모든 박람회
의 시초가 되었다. 조셉 내쉬,
『디킨슨의 1851년 대박람회총
람집』 1854년.

1908년 불영박람회 기념 엽
서. 대부분의 건물과 시설들
은 1910년 일영박람회에도
사용되었다.

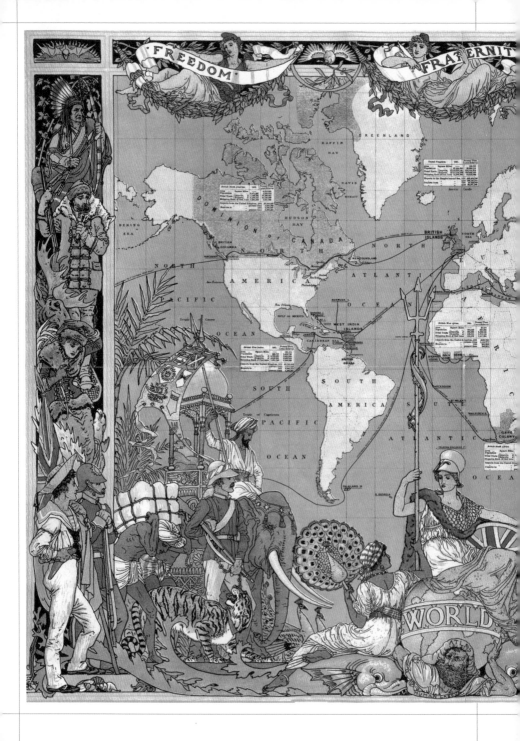

1886년 제작된 지도. 이 당시 영국은 '대영제국'이라 불리며 막강한 힘을 과시했다. '해가 지지 않는 나라'라는 수식이 과장이 아닐 만큼 역사상 가장 넓은 영토를 차지한 제국이었다. 보스턴공립도서관.

최초로 세계 여행 일주 상품을 만들어낸 토머스 쿡(아래 오른쪽)과 그의 여행사에서 만든 여행 상품 관련 안내 자료.

토머스 쿡이 중국과 조선 여행 안내 책자를 출간한 것은 1910년도의 일인데 거기에는 아래와 같은 소개글이 나와 있다.

"지난 몇 년 동안 이 지역에서 이루어진 철도 여행의 급속한 발전은 유럽과 극서부 지방[서양]의 현대 문명과는 다른 것을 찾는 이들을 뭔가 다르고 뭔가 새로우면서도 예스러운 곳으로 안내한다."[01]

토머스 쿡은 이미 1906~1907년에 홍콩과 요코하마에 분점을 열었고 1915년부터는 잡지 『극동 여행 관보』*The Far Eastern Traveller's Gazette*도 정기적으로 간행했다. 아시아 지역을 찾는 관광객들이 늘어나자 그 수요를 사업에 즉각 반영한 것이다. 생각해보면 관광 또는 관광객이라는 용어는 19세기 초부터 사용했으니 생긴 지는 그리 오래되지 않았다. 대중교통의 발달로 인해 관광산업이 활성화되었는데, 그 이전까지만 해도 '힘들고 위험한 경험'이었던 관광은 이 무렵부터 '편리하고 안전한 경험'으로 바뀌기 시작했다. 그러면서 관광객이란 '비교적 길고, 비반복적인 왕복 여행을 하며, 새로움과 변화로부터의 즐거움을 기대하며 여행하는, 자발적이고 일시적인 여행자'라는 정의가 보편화되었다.[02]

관광 인프라가 점차 확보되면서 관광자들은 급증했으나 1914년 제1차 세계대전이 일어나면서 영국 및 유럽에서 아시아로 향하는 여행객의 숫자는 급격히 감소한 것으로 보인다. 때문에 남아 있는 당시 여행자들의 방문 기록은 대부분 1910~1914년 사이에 집중된다. 여행가와 수집가 들은 이 짧은 기간 동안 같은 노선을 다니며 서로 만나 정보를 나누면서 일종의 네트워크를 형성했다. 이들이 남긴 여행 기록과 수집한 유물들 그리고 아카이브 및 도서관에 남아 있는 자료를 종합적으로 분석을 해보니, 한국과 관련한 몇 가지 사실을 확인할 수 있었다. 이 기간 동안 이들은 한국 시장에 영향력을 끼치는 새로운 소비자 그룹으로 부상했고, 이들을 대상으로 한 골동품 딜러들의 역할이 새롭게 요구되었다는 것도 그 가운데 하나다.

일제강점기 경성 본정통 거리 풍경. 서울역사박물관.

당시 여행 자료를 보면 일본인은 일본인들이 주로 거주한 경성 본정통, 즉 오늘날의 충무로 일대 골동상 및 기념품점을 주로 이용한 반면 서양인들은 자신들을 대상으로 하는 골동품 딜러를 따로 찾았던 걸 알 수 있다. 이렇게 구분이 된 데는 언어 소통 여부, 위생 개념, 가격 요소 등이 중요하게 작동했을 텐데 특히 골동품 딜러와의 영어 소통 가능 여부는 서양의 고객들과 연대감을 형성하는 데 가장 중요하고 우선시 된 요건이었다.

미술사학자 손영옥이 조사한 1910~1942년 고물상 혹은 골동상의 국적별 추이에 따르면[03] 조선인과 일본인을 제외한 외국인 대상 상점(혹은 행상)은 1913년 처음 등장했고, 이때만 해도 3곳 남짓이었다. 그런데 1917년 20곳으로 갑자기 증가하더니 1928년에는 46곳이 되었고, 1929년에는 123곳까지 늘어났다. 이후 1930년대에는 15~53곳 사이에서 널을 뛰는 양상이었는데 일본인 대상 고물상이 1913년에 이미 1,050곳에 이른 것과 비교할 때, 일본인을 제외한 외국인을 대상으로 하는 경우가 상대적으로 적었다는 걸 이 숫자로도 알 수 있다.

조선에 온 영국인들의 쇼핑 목록

_ 영수증 한 장으로 만나는 그때 그 시절

당시 한국을 찾은 서양인들에 관해서는 영국 옥스퍼드 대학교 애슈몰린Ashmolean 박물관, 빅토리아 앤드 앨버트 박물관, 케임브리지 대학교 피츠윌리엄 박물관, 영국박물관 등에도 기록이 남아 있다. 이를 통해 그 당시 외국인 딜러들이 수집가들의 네트워크에 필연적으로 등장했으며 오늘날 영국에 남아 있는 한국 컬렉션의 형성에 지대한 역할을 한 것을 알 수 있다.

영국의 언어학자이자 아시리아 학자인 아치볼드 헨리 세이스Archibald Henry Sayce, 1845~1933 교수가 애슈몰린 박물관 아카이브에 남긴 영수증은 눈여겨볼 필요가 있다. 1891~1919년 옥스퍼드 대학교 아시리아 학과 교수로 재직했으며, 아시리아와 서양 고고학 및 철학 분야에서 중요한 업적을 이룬 세이스 교수는 훗날 이집트 골동과 고서, 동양 도자기 컬렉션을 다수 기증했는데, 애슈몰린 박물관에 1933년 기증한 동양 도자기 컬렉션에 고려청자 몇 점이 포함되어 있다.

그가 남긴 영수증을 통해 그가 구입한 품목과 운송 관련 내용을 파악할 수 있었다. 다음의 표로 정리한 그의 영수증의 품목 내역 가운데 '카라키'Karaki는 '고레' 또는 '고라이'Korai로 발음하는 고려시대 야키yaki, 高麗燒, 즉 불에 구운 도자기를 의미한다. 또한 거래 경위에서의 '경매'는, 1900년대부터 신문 광고에 등장한 경매 홍보 및 기록

품목	가격	수량
한국 캐비닛	16엔	1
카라키 잔과 받침	15엔	1
카라키 접시	15엔	1
카라키 접시	15엔	1
백(白) 접시 - 송 시대	2엔	1
청동 수저 (한국무덤출토)	1.5엔	1

• 증기선 운송을 위한 포장비 : 8엔.
• 운송 : 런던 루드게이트 서커스의 토머스 쿡으로 운송.
• 거래 경위 : 1912년 4월 4일 경성 '존 카바노프 커미션 에이전트, 골동 딜러, 경매, 부동산 및 금광 브로커. 전 세계 포장 및 운송'에서 성사.

으로 보아, 서양에서 온 거주민들이 사용했던 가구와 소유물을 경매를 통해 되판 것을 구입한 것으로 추정된다. 당시 서양인 거주민들 사이에서는 가구뿐만 아니라 서양식 식료품도 경매를 통해 자주 거래가 이루어지곤 했다.

영수증에 기록된 품목 중 박물관에 기증된 것이 무엇인지는 정확히 알기 어렵다. 다만, 오늘날 이 박물관에서는 12~14세기 제작된 다양한 형태의 병과 접시로 구성된 상감무늬 고려청자 약 다섯 점이 전시 중이다.

세이스 교수가 남긴 이 한 장의 영수증은 당시 조선을 찾은 방문객들이 어떤 물건을 어떻게 거래했는지, 얼마에 구입했는지, 전문가들과 어떤 네트워크를 형성하고 있었는지를 말해주는 중요한 단서다. 그는 자신의 회고록『레미니센스』Reminiscences에서도 1912년 봄 일본에서 부산을 거쳐 경성을 방문했다고 했는데, 이는 그가 남긴 이 영수증의 날짜와도 잘 맞아 떨어진다.[04]

세이스 교수는 일본 정부 관계자들뿐만 아니라 한국에 거주하던 미국과 영국 출신 선교사, 외교관 들과도 친분이 두터웠다. 그는 1912년 조선 방문 당시 조선총독부 민정장관 고마라 박사로부터 환영을 받았고, 경성 근교의 오래된 무덤이나 새로 설립된 박물관(이왕가박물관)을 비롯해 공원과 궁을 안내받아 다녔다고 기록했다. 1912년 봄 그는 경성에서 다시 베이징을 거쳐 하얼빈 및 시베리아 횡단 철도를 통해 영국에 돌아가 1912년 10월에는 에든버러에 머물고 있었다.[05] 그리고 몇 달 후 이집트, 인도, 동남 아시아, 홍콩으로 이어지는 여행을 다시 시작했다. 이 여정에서 그는 홍콩 호텔에서 르 블론드 부부와 만나 상하이, 베이징을 거쳐 조선에 도착한다.[06]

세이스 교수가 만난 르 블론드 부인Mrs. Aubrey Le Blond, 1860~1934은 여성 산악인으로 유명하다. 그녀의 처녀 시절 이름은 엘리자베스 호킨스-휘트세드Elizabeth Hwakins-Whitshed로 세 번째 남편인 오브리 르 블론드Aubrey Le Blond의 이름을 따 르 블론드 부인 혹은 리지 르 블론드로 불렸다. 아일랜드 출신인 그녀는 1881년 영국에서 스위스로 떠난 뒤 1907년 여성 알파인 클럽Ladies' Alpine Club 초대 회장을 맡으면서 산악과 등산에 관한 여러 저서, 사진 및 영화를 남겼다. 제1차 세계대전 당시에는 의무병으로도 활동, 1933년 레지옹 도뇌르 기사 훈장을 받기도 했다. 영국 귀족 계급 출신이지만 빅토리아 시대의 전통적인 계급주의 가부장제 사회, 원칙적인 도덕주의 속에서 산악인으로서 인생을 개척한 르 블론드 부인이 당시 한국 도자기를 수집했다는 점은 매우 흥미롭다.

세이스 교수와의 만남은 르 블론드 부인의 자서전 『데이 인, 데이 아웃』Day In, Day Out에 기록되어 있는데, 한국에서 유물 수집을 하게 된 것이 바로 세이스 교수의 안내와 추천에서 비롯했기 때문이다. 세이스 교수와 함께 이 부부는 베이징에서 중국 도자기를 구입했지만 중국 도자기 컬렉션보다 더 흥미로운 수집품이 한국에 있었다고 묘사하고 있다. 이 무렵 미국과 일본의 수집가들이 고려시대 도자기를 앞다퉈 모으고 있었는데, 이 부부에게 '적당한 가격'reasonable price에 구입할 수 있다고 조언해 준 사람이 바로 세이스 교수였다.[07] 이 조언을 듣고 이들은 일본으로 향하기 전 며칠 동안 한국에 머물렀고, 일본 여행을 마친 뒤 다시 한국으로 돌아왔다. 이때 수집한 도자기는 제1장에서 언급했듯, 1914년 빅토리아 앤드 앨버트 박물관에 대여되었다. 11~13세기 제작된 고려청자가 주를 이룬 르 블론드 부부의 컬렉션은 그때만 해도 박물관 역사상 가장 큰 규모의 한국 유물 컬렉션이었는데, 이후 1918년 박물관에 영구 기증되면서 당시 도자부장이었던 버나드 래컴Bernard Rackham이 이를 도록으로 발행하여 그 자세한 내용을 살필 수 있었다.

── 한국을 찾은 '그들'끼리 만들어낸 정보의 네트워크

세이스 교수, 르 블론드 부부의 여행길에는 또다른 수집가도 있었다. 미국 메인 주 출신 마가렛 토머스 가드너Margaret Thomas Gardiner, 1889~1981로, 해양 사업가 집안에서 자란 그녀는 제1차 세계대전이 아직 일어나기 전인 1912~1913년 세계 여행을 하면서 진귀한 동양 도자기를 수집했고, 이 여행 기록을 1961년 일기 형식으로 출판하기도 했다. 1916년 미국 정치인이자, 메인 주 55대 주지사를 역임한 윌리엄 투더 가드너와 결혼했다.

그녀의 기록에 의하면 세이스 교수와 르 블론드 부부를 만난 것은 베이징에서였는데, 그들과 대화를 나누면서 수집에 대한 열망이 생겨 1913년 4월 26일 경성에 도착하자마자 카바노프Kavanaugh 상점으로 달려갔노라고 했다.[08] 카바노프 상점에서 그녀는 청자와 채색자기faience에 마음을 빼앗겼으며, 이튿날에는, (이왕가)박물관을 구경하고, 일본에서 도착한 플랫Mr. Platt과 카바노프 상점을 다시 방문하여 아주 좋은 고려청자 몇 점과 가족을 위한 캐비닛을 구입했다고 적었다.[09]

가드너의 일기에 등장하는 플랫은 미국인 수집가 존 플랫John Platt으로 추정한다. 중국과 한국 도자기 수집가였던 그는 1912년부터 『벌링턴 매거진』The Burlington Magazine for Connoisseurs에 한국 도자기에 관한 글을 게재하기도 했는데, 그는 자신이 수집한 한국 도자기들이 오래된 무덤에서 발굴된 부장품이었다고 밝히기도 했다. 무거운 막대기와 쇠로 만든 자로 바닥을 두드려 속이 비어 있는 공간을 짐작하여 무덤을 발굴한다고 기록하는 등 당시 도굴의 실상에 대해 현장감 있게 묘사를 한 것으로 미루어 볼 때 1912년 이전에도 조선을 직접 여행하며 고려청자를 수집했을 것으로 짐작한다. 그의 수집품은 잡지에도 수록되었고, 1914년 뉴욕의 일본 소사이어티 Japan Society New York가 주최한 '중국, 한국, 일본의 도자기'Chinese, Corean and Japanese

마가렛 토머스 가드너가 촬영한 세이스 교수.

르 블론드 부인.

세이스 교수, 르 블론드 부인, 토머스 가드너 등은 모두 사회적·경제적·문화적 자본을 바탕으로 하는 엘리트 계급이었다고 할 수 있다. 세계 여행이 대중화되던 때라고는 하지만 재력과 시간이 전제되어야 했기 때문에 여행은 여전히 특정 계급에 머무른 것으로 보인다. 따라서 영국 현지의 박람회와 박물관 전시가 갖는 파급력의 크기가 어느 정도였을지 짐작해봄직하다.

마가렛 토머스 가드너.

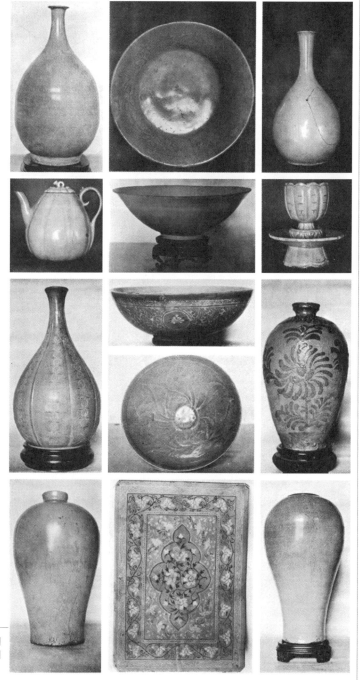

1912년 1월 『벌링턴 매거진』에 실린 존 플랫의 고려 청자 컬렉션.

Potteries 전시에 출품하기도 했다. 미국에서 한국 도자기를 대중에게 공개한 최초의 전시로 알려진 이 전시에 약 50점의 한국 도자기가 나왔는데, 그 가운데 30여 점은 스미소니언 박물관의 프리어Freer 컬렉션에서 대여되었고, 11점은 새뮤얼 피터Samuel T. Peter의 소장품이었으며 나머지 8점은 존 플랫의 소장품이었다.

이러한 기록을 통해 우리는 세이스 교수는 르 블론드 부부에게, 플랫은 가드너에게 조선의 유물 구입에 조언을 해주는 역할을 했다는 것을 알 수 있으며 나아가 전문가와 수집가 사이에 일종의 네트워크가 형성되었다는 것도 파악할 수 있다.

경성을 찾은 이들이 주로 향한 곳은 다름 아닌 카바노프 상점이었다. 카바노프 상점은 빅토리아 앤드 앨버트 박물관 아카이브에서도 그 이름을 만날 수 있었다. 1911~1912년 겨울, 박물관 도자부장 와일드C. H. Wylde는 유물 수집을 위해 한국을 찾았다. 그의 여행은 르 블론드보다 적어도 1년 이상 앞서 있었으며, 그의 수집품은 도자기만이 아니라 청동·놋쇠류에서부터 장이나 농 같은 가구류와 직물류까지 그 범위가 매우 넓었다. 하지만 여기에서 짚어둘 점이 있다.『조선총독부 통계 연보』에는 외국인 골동/고동 상점이 1913년에 처음 등장한다. 그렇다면 그 이전 카바노프 상점은 어떻게 된 걸까. 아마도 다른 사업으로 분류되었거나, 통계상의 오류가 있었던 것으로 짐작한다. 와일드는 박물관에 보낸 보고서에 다음과 같이 기록했다.

"저녁에 경성에 도착한 뒤 곧장 프랑스인이 운영하는 호텔로 향했다. 18~19일 경성에서 지내면서 좋은 골동상점을 찾았고 박물관을 위해 상당한 양의 물건을 구입했다. 청화백자류를 많이 구입했는데 박물관으로서는 꽤 새로운 것이다. 가격도 합당하고, 흥미롭다. 돈이 되는 것들은 일본인들이 대부분 소유하고 있지만, 경성 근교나 다른 도시를 둘러보는 것도 이득이 될 것이다."[10]

그가 '좋은 골동상점'이라고 한 카바노프 상점에서 구입한 품목은 약 40여 점의 도자기와 4점의 직물류였다. 와일드가 이 무렵 경성에서 만난 또다른 수집가는 미국 와일드의 구매 목록. 와일드가 서울에서 구입한 기물의 종류와 수, 가격 등을 살필 수 있다. 조선시대 백자가 주를 이루지만, 고려청자, 은으로 만든 필통, 청동 향로와 촛대, 수저, 경대 및 나전장 등 구입 품목이 꽤 다양하다. 빅토리아 앤드 앨버트 박물관 아카이브.

카바노프 상점 명함 앞뒤. 브루클린 박물관 아카이브.

브루클린 박물관에서 온 스튜어트 컬린Stewart Culin, 1858~1929이었다. 미국의 인류학자이자 펜실베니아 대학교 고고학 박물관장을 역임한 그는 조선의 놀이 95여 종을 173점의 삽화와 함께 엮은 책『한국의 놀이: 유사한 중국·일본의 놀이와 비교하여』 *Korean Games: With Notes on the Corresponding Games of China and Japan*로 잘 알려진 이름이기도 하다. 1895년에 출간한 이 책은 기산 김준근의 그림과 함께 한국 전통 놀이를 세세하고 정확하게 설명하고 있다. 브루클린 박물관 인류학부 초대 큐레이터였던 그는 브루클린 박물관의 동아시아 및 남아시아 컬렉션 수집의 일환으로 1913년 11월, 일주일 간 경성에 머무르면서 주로 문화 인류학 관련 물품 즉, 악기·놀이·종교 물품·직물류 등을 수집했던 듯하다.

경성에서의 그의 일정은 1893년 시카고 박람회 조선 대표단 일원이자 후에 미공사관 참사관을 지낸 박영규의 안내로 이루어졌는데 조선의 놀이에 관해서도 박영규를 통해 들었을 것으로 짐작한다. 컬린과 박영규의 일정에는 뉴욕 메트로폴리탄 박물관에서 온 록우드 디 포리스트Lockwood de Forest, 1850~1932도 동행했다. 미국인 화가이자 인테리어 및 가구 디자이너인 그는 이국적인 디자인 테마의 장식과 건축 디자인을 추구했고, 1881년에는 인도의 장인 정신과 전통 디자인을 살리기 위해 인도 아마다바드에 사업체를 설립, 여기에서 만든 인테리어 소품을 미국으로 수출하기도 하였다. 수년 간 인도·티벳·중국·페르시아 등에서 구한 그의 수집품 대부분은 1915년 메트로폴리탄 박물관에서 구입했다. 그의 형 로버트 디 포리스트는 1913~1931년 사이 메트로폴리탄 박물관 회장직을 맡기도 했다.

이렇게 여러 외국인들이 함께 방문한 골동상은 카바노프 상점 외에도 신송Sinn Song, 그리고 이케우치 도라키치池內虎吉 등이 운영하는 곳들이 있었다. 일본인 거주지 본정통 남쪽 남산 3정목 130번지에 위치하고 있던 이케우치 도라키치 상점은 주로 고려청자, 골동 및 서화를 주로 다루고 있었는데, 이는 브루클린 박물관 아카이브에 보관된 명함을 통해 알 수 있었다. 이밖에 조선인 딜러 신송은 1913~1920년대 왕성하게 활동한 것으로 보인다. 이 상점들에서 컬린은 주로 직물류, 부채, 머리 장신구,

갑옷, 활과 화살통, 놀이, 악기 등을 구매했다는 기록이 남아 있다.[11]

1911~1913년 주로 서양 컬렉터와 박물관 관계자들을 대상으로 공급자 역할을 했던 카바노프 상점에 관한 1차 사료들은 이처럼 대부분 컬렉션과 박물관 아카이브 기록을 통해 확인할 수 있는데, 이외에 1914년 다양한 관광객들을 위해 쓴 토머스 필립 테리Thomas Philip Terry의 여행 안내서『테리의 일본 제국』Terry's Japanese Empire에서도 카바노프 상점을 언급하고 있다.[12] 이 책은 당시 유행한 패키지 여행 상품의 단면, 도시를 관광하고 물건을 사들이는 소비자의 입장을 대변하고 있어 각 분야의 전문가나 박물관 관계자 또는 수집가 들과는 다른 일반적인 소비자의 요구도 살필 수 있다. 일본 편 부록에 포함된 조선 편은 약 60여 쪽에 걸쳐 역사·관습·언어·관광 명소·여행 안내·교통·숙소·기념품 구입·레저 활동 등을 소개하고 있는데, 카바노프 상점에 관해서는 다음과 같이 적고 있다.

> • 카바노프 상점(영어)
> -타이헤이 마치에 위치.
> -가장 만족할 만한 물건 구비.
> -정찰제.[13]

위 내용 중 영어가 가능하다는 것, 정찰제라는 것은 서양인 고객들에게는 큰 장점으로 작용했다. 책에서는 현지인들이 운영하는 가게를 경시하는 경향을 보이는데, 이를 테면 '통역을 한답시고 옆에 붙은 어린애들이 자기들 지갑을 두둑이 채우는 일이 허다하지만 이곳은 영어로 원활한 소통이 가능한 곳, 가격을 흥정하지 않아도 되는 곳'이라고 카바노프 상점을 추천하고 있다.

경성의 딜러들

_경성의 거리에서 쇼핑하는 서양인

한국에 전문 골동상이 생기기 전 여행자들은 주로 노점이나 행상을 통해 물건들을 구입했다. 당시 모습은 1919년 조선은행 창립 10주년 기념 책자 『사진으로 보는 조선과 만주』*Pictorial Chosen and Manchuria*에 실린 사진 가운데 잡화를 판매하던 노점과 가구점, 모자 가게 등에서 찾아볼 수 있다. 조선은행은 일본 중앙 은행인 일본은행을 보조하기 위한 대표적인 식민지 금융 기구였다. 이 은행의 창립 10주년을 기념하는 이 책자는 조선 사회 전반에 대한 자료 조사를 수집한 것으로 일본이 자신들의 치적을 널리 홍보하려는 의도로 영문판으로 제작했다.

　　또한 『더 그래픽』*The Graphic* 신문에는 여행객에게 다가가는 행상의 모습이 실렸는데, 그림 속 남자가 쓴 피스 헬멧pith helmet은 19세기 아프리카와 인도 지역 탐험가 및 식민 지배 관리들이 많이 쓰던 것으로 이 커플이 영국인이라는 것을 암시하고 있다. 행상들은 거리를 지나가던 여행객들에게 물건을 제시하기도 했고, 때로는 머물던 집이나 호텔로 물건을 싸들고 찾아가기도 했다. 하지만 행상은 공급이 불규칙했고, 직접 가지고 다녀야 하니 어쩔 수 없이 작은 물건들만 취급해야 했다. 때문에 여행자들은 물건을 일정하게 공급하고 다양한 물건을 취급하는 가게의 등장 이후 행상이나 노점보다 이를 더 선호했을 것으로 짐작한다.

1892년 조지 길모어는『서울 풍물지』에서 '장' (캐비닛)과 '놋쇠 제품'을 한국의 가장 중요한 상품으로 손꼽으며, 가구 거리 혹은 '캐비닛 스트리트'라 부르는 거리 양쪽에서 판매하는 가구들이 외국인들의 수요를 감당하고 있다고 소개했다.[14] 가구 거리는 덕수궁에서 남대문으로 연결되는 거리로 현재 태평로와 거의 중복되는데, 지금과는 도로 구조가 달라 정확히 말하면 무교동길과 태평로2가를 합친 길이라 할 수 있다. 이는 카를로 로제티의 책에 실린 지도 위치를 기준으로 삼은 것이다.

1902년 11월~1903년 5월 한국 주재 이탈리아 영사로 근무했던 카를로 로제티는 부임 기간은 짧았지만 상당한 양의 사진을 촬영, 수집하여 1904~1905년『꼬레아에 꼬레아니』*Corea e Coreani*를 출간했다. 이 책은 구한말 일제강점기 이전 조선 사회 전반에 대한 모습을 볼 수 있는 귀한 자료이기도 한데, 이 책에 실린 지도를 통해 '캐비닛 스트리트'의 위치를 정확히 가늠할 수 있었다.

이태희의 연구에 따르면 이 가구 거리는 개항을 전후로 성장했지만 1900년대에 이르러 문을 닫기 시작, 1910~1920년대에는 전통가구 제작 공장의 운영 사례를 보여주는 자료가 거의 없고 그 이후로 1920년대 전통가구 제작 공장은 인사동과 관훈동 일대로 옮겨 지속되었다고 한다.[15] 당시 전통가구 제작 공장에서는 주로 수납용 가구를 만들었는데 새로운 형태의 디자인을 더하여 가구가 다양화 되고 크기도 커졌으며, 목기계 사용도 도입되었다는 연구도 있다.[16]

하지만 앞서 언급한, 1914년 출간한 테리의 여행 안내서에서도 정동, 즉 영사관 지구Legation Quarter 근처에 위치한 가구 거리에 대한 언급이 등장한다. 여기에서는 태평로에 위치한 카바노프 상점과 함께, 가구 거리를 '쇼핑에 관한 한 가장 만족스러운 최고의 목적지'로 소개하고 있다.[17]

— 서양인 컬렉터가 가장 먼저 찾는 곳, 카바노프 상점

카바노프, 신송, 그리고 뒤에서 살펴볼 테일러 상회 등의 골동품 상점들의 활동 영역

1919년 출간한 『사진으로 본 조선과 만주』에 실린 경성의 장롱 가게.

1920년 『조선풍속풍경사진첩』에 실린 경성의 잡화점.

OUR TRAVELLING ARTIST IN THE HERMIT KINGDOM

THE QUAINT KOREAN, AS SEEN BY TOM BROWNE

Korea is a country of quaint headgear, ranging from the stiff, transparent hat of finely woven horse-hair, worn by the married men, down to the umbrella hat, sometimes as much as seven feet long and five feet broad, which protects the body as effectively as any umbrella could do. The dress of the people seems no less strange to the Western eye, the flowing white gowns which they invariably affect being unpleasantly suggestive of shrouds.

1909년 12월 4일자 『더 그래픽』에 실린 경성에서의 쇼핑 모습.

은 정동을 중심으로 하고 있다. 우선 1911년 카바노프 상점은 오늘날 소공로 인근인 하세가와초에 위치하고 있었다. 이 주소는 빅토리아 앤드 앨버트 박물관 아카이브에서 찾은 것으로 해당 파일에는 'Kavanaugh&Co., General Commission Agents, Seoul, Hasegawa-cho'라고 나와 있다.

이로부터 2년 후인 1913년 경성을 방문한 스튜어트 컬린은 자신의 일지에 '호텔 구내에 위치한 카바노프 회사의 큐리오숍'을 방문했다고 적었다. 그리고 이 가게가 마침 '황태자의 궁궐 입구 맞은편'으로 이전하였고,[18] 새로운 곳의 주소는 타이헤이초 1초메(오늘날의 태평로)라고 적었다. 이 주소가 바로 1914년 테리의 여행 안내서에 나온 위치다.[19] 시기적으로 볼 때 여기에서 말하는 황태자Crown Prince는 순종의 이복동생 영친왕(이은)이겠지만, 컬린이 정확하게 영친왕을 가리킨 것인지는 확실치 않다. 순종과 영친왕이 1907년 창덕궁으로 거처를 옮기긴 했지만 그의 기록에서 말하는 궁궐은 덕수궁을 가리킨다. 조선 말기 열강의 혼란 속에 아관파천 이후 고종은 덕수궁으로 이어했는데, 그 이후로 덕수궁이 정궁 역할을 한 것이 이들의 인식 속에 상징적으로 남은 듯하다.

카바노프 상점의 주인인 존 카바노프는 어떤 인물일까. 미국 워싱턴 주 역사회 Washington State Historical Society에 보관되어 있는 카바노프의 개인 아카이브 덕분에 그가 어떻게 조선에 오게 되었는지, 사업은 어떻게 시작했으며 주로 판매한 상품의 종류 및 입수 경위와 상품 안내 방식은 어땠는지 비교적 소상하게 파악할 수 있었다.

1866년 미국 미주리 주 캔자스시티에서 태어난 그는 1888년 워싱턴 주 타코마로 이사했다. 1895년 후반부터 캘리포니아의 금광업에 종사한 이래 여러 지역을 돌아다니며 금광 산업에 매진한 그는 1902년 조선에 온 뒤 곧 풍푸 금광회사Poong Poo Gold Mining Company 외국인 감독관으로 일을 시작했고 그뒤 자신의 개인 사업체인 'Kavanaugh&Kwak' 및 'Kavanaugh&Co.'를 설립했다. 일반 커미션 에이전트, 경매사, 큐리오 딜러(골동 딜러), 부동산 에이전트 및 금광 브로커 등을 아울렀던 그는 1913년에는 주한 미육군 사령관으로 일하기도 했는데, 1918년 상하이에서 마닐라

카를로 로제티가 촬영한 경성의
골동품 상점.

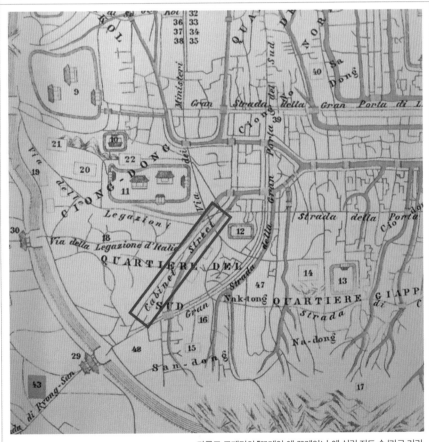

카를로 로제티의 『꼬레아 에 꼬레아니』에 실린 지도 속 '가구 거리'.

로 죄수들을 압송하는 과정에서 콜레라에 걸려 생을 마감했다.[20]

미국에 있던 가족들과 성실하게 편지를 주고 받았던[21] 그가 1903년 타코마에 머무르던 어머니와 여동생에게 쓴 편지에서는 평양 지역에 있던 풍푸 금광회사에서 일을 시작하게 됐다는 소식을 알리며, 호랑이와 표범 가죽을 선물로 보내겠다는 내용이 있다. 또한 1905년 3월 13일 경성에서 보낸 편지에는 영국 우편을 통해 호랑이 가죽 1점, 일본 우편을 통해 표범 가죽 1점을 보낸다고 적으면서 호랑이 가죽은 95엔 혹은 45골드 달러, 표범 가죽은 45엔, 27.5골드 달러라고 밝히기도 했다. 여기서의 1골드 달러는 1미국 달러의 가치로 보면 된다. 그는 또한 편지에서 평양 주변에서 호랑이, 표범 사냥과 가죽 채집이 많이 일어나고 있으며, 타코마에 있는 에드워드 브로스 Edward Bros에게 가격을 문의해 보고, 판매 여부를 결정하라고 적기도 했는데 호랑이 가죽 수출이 수익이 될 만한 사업인지 타진을 했거나 또는 가족들을 위한 현찰 대체제로 여겼던 것으로 짐작한다.

1908년 편지 내용을 보면 이 즈음 그가 경성에서 골동상을 시작한 것으로 짐작할 수 있다. 특히 카바노프가 보낸 편지지에 'Kavanaugh & Kwack', 'J. Kavanaugh, H.S. Kwack'이라고 인쇄가 되어 있는 것으로 볼 때 한국인 곽 씨와의 동업을 추정할 수 있다. 이 무렵 편지에서는 약 800~1200년 된 '오래된 한국 도자기' 한 박스를 가족에게 보낸다고 언급하고 있다.[22] 그는 이 도자기를 페리 박물관Ferry Museum에 판다면 그 귀중한 가치를 알아줄 것으로 전망했다.[23] 오늘날 워싱턴 주 역사회와 같은 건물에 있던 페리 박물관은 1907년 개관했으니 편지를 보낼 때는 개관한 지 얼마 되지 않았을 때다.

1909년 5월 7일 보낸, 'Kavanaugh & Kwack' 부분이 인쇄되어 있는 편지지에 그는 '많은 놋쇠 제품brassware을 가지고 있으며, 오래된 도자기 한 박스를 보내려고 포장해 두었다고 적었다. 또한 친구 앨버트 메이어가 시애틀 박람회에 이것과 비슷한 물건들을 가져갔다며, 가족들이 원한다면 같은 종류의 물건들을 구할 수 있다고도 적었다.[24] 1909년 10월 편지에는 '놋쇠 제품 한 박스, 오래된 한국 도자기 한 박스를

KAVANAUGH & KWACK

SEOUL, KOREA. _Dec. 3rd 1908_

Dear Mather & Sister,

your letter came to hand several days ago it found my self & wife in good health I have been busily moving and attending to the party that this position before me I had him for a prisoner but he is sent back to manila now so I will have a little more time I am installed as Marshal of the U.S. Consulate General sent Korea I have a good brick house five rooms with electric lights & all so have the flat that I move on to my place where I keep boarders at twice the winter has set in here now it is quite cold here I have a box of old Korean pottery here it is from 800 to 1200 years old I will send you for Xmas but I feal you will not get it before Jan 20th it is very crated if you want to give it to the Ferris Museum I am sure they will like to have it I should of put it somewhere but I have not had time the Emperor of China and the Empress Dowager are dead that will make a great change in China sure Xmas will be over before this reaches you I hope

you have a good time I think that the last of Jan will settle how our of the moving Co. will do they purchased goods from me to the value of $2,000 and I can not get the money but hope to soon from all parts times will be better here next spring if so will sell my land, well I have not much to say Kinds Regards and a happy Xmas & New Year from yours Truly

John Kavanaugh & Wife

℅ U.S. Consulate
Seoul Korea

KAVANAUGH & KWACK

SEOUL, KOREA _May 7th 1909_

Dear Mather & Sister,

I have not heard from you in a long time I am well my wife is over in China on a visit to her sister and will return the last of May there is not much doing here things in fact are very dull I have $2,000 due from a moving Co. here but I can not collect it before Nov next I way sell my place have torn things up the wife are all OK. a friend of mine left here a few days ago for Seattle to make a Korean exibit if you go over to Seattle to the fair look him up and if you see any thing in his exibit let me know and I will send you a lot we have a lot of brass ware & watch goods I have a box of old pottery all packed to send you but I am holding it till we see how the new tariff is going to bee fixed up then I will send it to you the man that is in Seattle with the Korean exibit is named Mr Albert Meyer he have a wife both of them know us both my self & wife will you will give my regards to all here yours Truly

John Kavanaugh
℅ American Consulate General
Seoul Korea

1908년 12월 3일과 1909년 5월 7일에 쓴 카바노프 편지, 워싱턴 주 역사회.

보냈다'면서, 도자기는 '최소 700년 전 것으로 매우 오래되어 매우 값지고, 하나하나가 5~50달러 가치가 있다', '놋쇠 제품은 대부분 새 것인 반면, 도자기 경우 가장 변변치 못해 보이는 것이 사실 최상품'이라고 강조하고 있다. 이 도자기는 '코리야키'Kori Aki[25] 라고 불리며, 송도의 귀족들 무덤에서 나온 것이라는 설명도 덧붙였다.[26] 1911년 편지에서는 그가 '캐비닛' 가구를 구할 수 있으며 본인이 약 400년 된 좋은 도자기와 많은 놋쇠 제품을 구비하고 있다고 언급했다.[27]

그의 편지에서 보듯이 1900년대 초반까지는 호랑이나 표범 가죽이 선물용, 교역용으로 빈번히 거래되는 물품 중 하나였으나 1908년경, 즉 그가 본격적인 골동 사업을 시작할 무렵에는 고려시대 도자기가 가장 수익이 높은 품목이었음을 알 수 있다. 특히 무덤에서 발굴된 도자기에 대해서는 모호하고 잘못된 정보가 있긴 하지만 도자기들의 출토 경위, 시장 가격, 미적 가치 기준 등이 일정하게 형성되어 있었다는 것도 짐작이 가능하다. '가장 변변치 못한 것'이란 표현은 '불완전함의 미학'을 뜻하는 일본의 와비사비ゎび·さび와 비슷한 개념으로, 일본 다도의 미의식과 동일선상에 놓여 있는 것처럼 보인다.

하지만 이러한 일본의 미의식이 모두에게 수용된 것은 아니다. 빅토리아 앤드 앨버트 뮤지엄 도자부장 와일드와 테리의 여행 안내서에서는 일본의 미의식에 부풀려진 가격에 불만을 제기하며[28] 이를 두고 일본인들의 사재기로 '조작된 가치'fictitious value[29]라고도 표현했다.

— 서양 컬렉터들의 주요 공급원, 테일러 상회

또다른 골동상점 테일러 상회의 위치를 소개할 때는 주로 조선호텔을 중심으로 설명이 되곤 했는데, 이를테면 이런 식이다.

'테일러 상회 가게 중 하나는 조선호텔 바로 맞은편, 조선은행과 같은 구획에

있다.'³⁰

1914년 문을 연 조선호텔은 조선철도국 직영으로 건축된 곳으로 조선총독부 영빈관 역할을 맡았고, 건립 이후 경성의 대표적인 랜드마크로 여겨졌다.

미국인 테일러 형제가 설립한 테일러 상회는 1917~1920년대 다양한 관광 책자에 광고가 자주 실려 있는 것으로 보아 서양 컬렉터들의 주요 공급원으로 활동했음을 알 수 있다. 테일러 상회의 주소에 관한 다른 기록도 여럿다. 미국인 수집가 거트루드 워너Gertrude Warner, 1863~1951가 소장한 1924년 영수증,³¹ 영국인 수집가 존 몰트우드John Maltwood, 1867~1967의 1921년 서신에는 '타이헤이초(오늘날의 태평로) 2초메 40'으로 나와 있다. 예술가이자 수집가, 학자였던 캐서린 몰트우드Katherine Maltood, 1878~1961와 결혼한 것으로 알려진 존 몰트우드는 런던에서 광고 매니저로 일하다 1921년 은퇴 이후 중동·인도·중국·한국·아메리카에 이르는 세계 여행을 다니며 다양한 물건들을 수집했다. 1938년 영국을 떠나 캐나다 브리티시 컬럼비아의 빅토리아 시에 정착한 몰트우드 부부는 자신들의 수집품을 빅토리아 대학교에 기증했다.

이밖에 1921년 2월 21일 존 몰트우드가 테일러에게 보낸 편지는 테일러 상회의 카탈로그인 『코리아, 올드 큐리오숍 증정』Korea, Compliments Ye Olde Curio Shop과 함께 미국 델라웨어 주의 해글리 박물관과 도서관Hagley Museum and Library에 소장되어 있는데, '다양한 큐리오'가 잘 포장되어 런던에 도착했음을 알리는 내용이 담긴 편지의 수신처는 아래와 같았다.

"Messrs. W. W. Taylor&Co. No. 40 Tai Hei Cho, Seoul, Chosen"

테일러 상회(혹은 올드 큐리오숍Ye Olde Curio Shop)는 당시 다양한 책자에 광고로 등장한다. 처음 등장한 것은 1917년 발행된 『토머스 쿡 중국 관광 안내서』Cook's Handbook for Tourists: Peking and the Overland Route의 세 번째 판본이다.

미국인이 운영하고 있다는 것, 카바노프 상점처럼 영어 사용이 가능하다는 것, 정찰제를 적용한다는 것이 광고의 주요 내용이었는데, 무엇보다 주인이 미국인이라는 점은 서양인들에게 가게 신용도를 가장 높이는 장점이었다. 또한 정찰제를 적용한다는 것은 관광객을 상대로 바가지를 씌우지 않는다는 의미이기도 했는데, 그 이면에는 현지인들이 운영하는 가게를 믿을 수 없다는 의미를 담고 있는 것이기도 했다. 아울러 포장과 운송 보증 서비스도 강조하곤 했는데 이는 테일러 상회가 다른 무역업에서 확장되었다는 것을 시사하고 있고, 이곳을 주로 이용하는 고객이 해외에 있거나 해외에서 온, 먼 거리를 여행하는 외국인이라는 사실을 말해준다.

테일러 상회의 경성 지점은 조선호텔 맞은편에 위치했고, '놋쇠가 달린 장·호박·옥·한국 의상·미술·옛 도자기·병풍(신·구)·유기·진주·상감세공품' 등을 판매했다. 또한 경성에서 판매하는 물품은 대부분 상하이와 베이징 지점에서도 같은 가격에 판매했는데, 이들이 의도한 것은 아니었겠으나 이로 인해 중국에서 판매한 물품의 국적을 두고 전문가들로 하여금 혼선을 빚게 하기도 했다.

테일러 상회는 앨버트 테일러Albert W. Taylor, 1875~1948와 그의 동생 윌리엄 테일러William W. Taylor가 함께 경영했는데, 앨버트 테일은 미국 AP통신사의 특파원으로 3·1독립운동을 처음으로 세계에 알린 인물이기도 하다. 여기에 그가 경성에 살면서 지은 가옥 '딜쿠샤'가 2021년 복원되면서 우리에게 어느덧 매우 낯익은 이름이 되었다. 그뿐만 아니라 앨버트 테일러와 부인 메리 린리 테일러Mary Linley Taylor의 유품과 딜쿠샤와 관련된 유물을 그들의 손녀 제니퍼 테일러가 2016년 서울역사박물관에 기증함으로써, 이들에 관한 상세한 정보를 파악할 수 있게 되었다.

테일러 형제는 1896년 부친 조지 알렉산더 테일러George A. Taylor, 1829~1908와 함께 조선에 왔다. 그들의 아버지는 최초의 미국인 광산 기술자로 평안북도 지역에 있던 운산금광 관리자였고, 그가 세상을 떠난 1908년 이후 테일러 형제가 그 자리를 이어 받았다.

조선 정부는 금과 은의 유통과 생산을 오랫동안 금지했으나 1880년대 연달아 서구 여러 나라와 조약을 맺으면서 가장 먼저 금광 채굴권을 미국에 내줬다. 알려진 바로는 1884년 일어난 갑신정변 중 부상을 입은 민영익을 선교사로 와 있던 알렌이 치료해준 데 대한 보상으로 금광 이권을 둘러싼 협의가 진행되었다고 한다. 이로 인해 최초로 개발된 금광이 바로 평안북도 운산금광이다.

함유량이 가장 많기로 알려진 이곳의 채굴권을 정식으로 얻어낸 사람은 미국인 제임스 모스James R. Morse였고, 이후 1897년 헌트Leigh S.J. Hunt와 파셋J.Sloat Fasset에게 이권이 양도되기에 이른다. 헌트와 파셋은 1897년 동양광업개발주식회사Oriental Consolidated Mining Company를 조직한 뒤 조선 왕실(궁내부)과 경영 조약을 수정하여 1899년부터 운산금광을 동양광업개발주식회사 단독으로 경영하기에 이른다. 운산금광은 '노다지'라는 유행어가 만들어질 만큼 수익성이 매우 높은 금광으로도 유명했다.

여기에는 우연히도 앞에서 살펴본, 존 카바노프도 연결되어 있었다. 카바노프

1930년 당시 새로 들어선 테일러 상회(왼쪽, 서울역사박물관)와 테일러 상회 내부(오른쪽).

테일러 상회를 운영한 테일러 형제 중 형인 앨버트 테일러.

앨버트 테일러와 그의 아내가 살았던 서양식 건축물 딜쿠샤 당시 모습. 서울역사박물관.

2021년 복원된 딜쿠샤 안팎. ©최중화

1917년 토머스 쿡 안내 책자에 실린 테일러 상회 광고.

테일러 상회 광고물. 서울역사박물관.

1928년경 신문에 실린 테일러 상회 자동차 판매 광고.

1928년경 신문 광고.

1921년 3월 『코리아 미션 필드』에 실린 테일러 상회 광고.

1928년경 신문에 실린 테일러 상회 자동차 판매 광고.

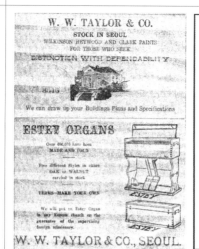

1924년 1월 『코리아 미션 필드』에 실린 오르간 및 서양식 건축 자재 광고.

1922년 2월 『코리아 미션 필드』에 실린 테일러 상회 광고.

1922년 8월 『코리아 미션 필드』에 실린 테일러 상회 광고.

1908년 12월 『서울 프레스』에 실린 테일러 형제의 부친 조지 테일러 부고.

1957년 테일러 상회에서 열린 수출 도자기 전시회 개막식 리포트.
대한뉴스 119호 화면 캡처.

는 골동상점을 운영하면서 1909년에는 동양광업개발주식회사에도 적을 두고 있었다. 이를 가능하게 한 것은 다름아닌 경의선 개통이라 할 수 있다. 경성과 신의주를 연결하는 경의선이 카바노프와 테일러 모두 운산금광과 경성을 오가며 금광업과 골동업을 함께 경영할 수 있는 유리한 교통 체계를 제공했던 셈이다.

한편 앨버트 테일러의 동생 윌리엄 테일러는 1898년 경성에 무역상회를 열고 시보레, 포드, 제너럴 모터스 등의 미국 자동차를 비롯해 시계, 축음기, 타자기 등 서양의 다양한 신문물을 판매하기 시작했다. 서울역사박물관 아카이브에 보관되어 있는 자료에 따르면 테일러 상회는 오늘날의 태평로 40번지와 조선호텔 바로 맞은편(소공동) 두 군데에 위치했다.[32]

태평로 쪽 매장에서는 주로 자동차와 수입 잡화를 취급했고, 그보다 나중에 생긴 소공동 쪽 매장에서는 골동품을 주로 판매한 것으로 보인다. 테일러 상회의 주인은 앨버트 테일러 이름으로 되어 있긴 했으나 실질적인 운영은 윌리엄 테일러가 맡고 있었다.[33] 메리 린리 테일러는 자신의 책『호박목걸이』*Chain of Amber*에서 '남편 앨버트보다는 윌리엄이 수완이 좋은 비즈니스맨이었으며 앨버트는 윌리엄이 골동상회를 통해 모은 소장품을 '브루스 박물관'Bruce's Museum이라 이름 짓고 감상하기를 좋아했다'고 회상했다. 또한 그녀는 테일러 상회는 '한국인 매니저인 김 주사의 도움으로 운영되었다'고도 했다.[34]

서울역사박물관 아카이브 자료는 앨버트 테일러 부부의 유품이 대부분으로, 윌리엄 테일러가 골동 관련 사업을 언제 어떻게 시작하게 되었는지는 정확히 알 수 없다. 다만 1917년의 광고를 통해 이 무렵 테일러 상회는 어느 정도 자리를 잡았다는 것, 1945년 해방 이후까지도 활발히 운영을 했다는 점을 알 수 있다. 1957년 6월 24일 대한뉴스에서는 테일러 상회에서 열린 수출 도자기 전시회의 개막식을 소개하기도 했다.[35]

_ 신송, 서양인을 상대한 한국인 딜러

무교정 21번지에 위치했던 신송의 서울 큐리오숍The Seoul Curio Shop도 빼놓을 수 없다. 이곳 역시 조선호텔과 가까운 하세가와초, 오늘날의 소공로 인근에 분점이 있었다. 서양인을 대상으로 활동한 한국인 골동상으로 1913년 이전부터 1920~30년대까지 활동했던 것으로 추정되는 신송의 이름은 브루클린 박물관 아카이브의 스튜어트 컬린의 기록을 통해 만날 수 있다. 컬린은 1913년 11월 신송의 가게에서 활, 인장, 금속 잔, 관, 서류함, 이름 서판, 경찰 곤봉, 은이 달린 대나무 승마 채찍, 대례상(혼인 상차림), 목재 촛대 등을 구입했다.[36]

그의 개인적인 삶에 대해서는 거의 알려진 것이 없지만, 전해지는 명함을 통해 그가 한국인 혹은 현지 전문가로서의 정체성을 강조하며 스스로를 홍보했음을 알 수 있다. 또한 신송의 서울 큐리오숍 홍보 팸플릿도 전해져 오는데, 이를 통해 그가 조선호텔의 수석 가이드chief GUIDE in Chosen Hotel로 10년을 일했음을 알 수 있다. 다만 이 팸플릿이 언제 것인지는 정확하지 않아 추정할 수밖에 없는데 1914년 9월에 개관한 조선호텔에서 10년의 가이드 경력을 쌓았다면 1924년 이후일 것이고 팸플릿에 수록된 지도의 'English Church'는 1926년 제1단계 준공을 마친 대한성공회 서울주교좌성당을 표시한 것이니 적어도 1926년 이후의 것으로 보는 것이 타당하다.

남아 있는 사진 속 신송은 한복 차림이다. 19세기 말 조선을 찾은 서양 여행자들은 경성 거리에서 마주친, 하얀 두루마기를 입은 남자들에 대한 정형화된 이미지를 자신들의 기록에 자주 언급했다.

개화기 이후 조선인들에게 서양 복식은 개혁과 근대성이라는 정치적 함의가 담겨 있었다. 신식 교육과 사회적 지위의 변화로 인해 신여성이 등장했고, 1920년대에는 모던걸이 새로운 유행으로 급부상하기도 했다.[37] 그러면서 한편으로 1920년대 후반에 와서는 유행의 선두주자였던 모던걸과 모던보이의 패션과 소비 문화가 풍자거리가 되기도 했다. 시대적 첨단에 서 있던 모던보이, 모던걸은 선망의 대상이 되기도 했지만 동시에 사회적 모순과 퇴폐의 온상으로 비판을 받기도 한 셈인데 1928년 2월

7일자『조선일보』에 실린 '모던 보이의 산보'라는 제목의 기사 역시 당시 분위기를 전해준다.

이러한 시대적 맥락에서 본다면 신송이 굳이 전통의상을 차려 입은 것은 외국인들에게 현지 전문가로서, 미국인 골동상들과 차별화를 꾀한 일종의 전략으로 보인다. 한편으로 사진 속 배경에 보이는 서양식

1928년 2월 7일자『조선일보』에 실린 '모던 보이의 산보'라는 제목의 기사.

건물과 담장은 서양인을 대상으로 하는 그의 비즈니스 활동 범위를 암시한다고도 할 수 있다. 그가 하던 일 중에 환전 서비스도 포함되어 있는 것으로 보아 그의 잠재적 고객을 짐작할 수 있다. 신송이 주로 취급한 물품 목록은 다음과 같다.

'오래된 장, 농, 신/구 놋쇠 제품, 오래된 청자, 진품의 호박, 오래된 그림, 병풍, 남녀를 위한 한국 의상, 대모갑 장식품, 장석, 오래된 한국 우표.'

카바노프와 테일러가 취급했던 품목과 거의 비슷한데, 팸플릿에 나온 주소도 눈여겨볼 필요가 있다.

'조선호텔 인근 하세가와초에 분점이 있다.' We also have a branch shop in Hasegwa-cho, close to the Hotel.

조선호텔 인근 하세가와초, 즉 소공로에는 테일러 상회도 있었다. 때문에 어떤 이들은 신송이 테일러 상회와 동업 관계에 있다고도 한다. 그러나 이 부분은 섣불리

신송과 그의 명함.

Corée

THE SEOUL CURIO SHOP.

Would like to call your attention to the fact, that we deal especially in **KOREAN OLD CABINETS, CHESTS—OLD AND NEW—BRASS-WARES, OLD CELADONS, GENUINE AMBERS, OLD PICTURES, SCREENS, KOREAN COSTUMES FOR LADIES AND GENTLE-MEN, TORTOISE SHELL ORNAMENTS, BRASS FITTINGS FOR CHESTS, OLD KOREAN POSTAGE STAMPS, ETC., AND PRICE IS VERY MODERATE.**

We pack and box the goods with great care and attention, so that there is no danger of being damaged in shipment. We can forward to all parts of the world. And foreign money exchange, etc.

SINN SONG,
PROPRIETOR,

No. 21 Moo Kyo Chung,
(Korean Town)
Seoul, Korea.

SINN SONG
PROPRIETOR, SEOUL CURIO SHOP.

京城古怖商主申松

KOREAN CHEST

KOREAN CASH BOX

THE SEOUL CURIO SHOP.

NO. 21 MOO KYO CHUNG

SEOUL,

KOREA.

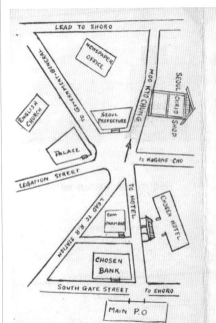

THE SEOUL CURIO SHOP.

Would like to call your attention to the fact that we deal especially in **KOREAN OLD CABINETS, CHESTS, OLD AND NEW BRASSWARES, OLD CELADONS, GENUINE AMBERS, OLD PICTURES, SCREENS, KOREN COSTUMES FOR LADIES AND GENTLEMEN, TORTOISE SHELL ORNAMENTS, BRASS FITTINGS FOR CHESTS, OLD KOREAN POSTAGE STAMPS**, etc., and **PRICE IS VERY MODERATE.**

NEW CHESTS are also made to order with an earnest guarantee for the well seasoned wood.

We also have a branch shop in Hasegwacho, close to the Hotel.

We pack and box the goods with great care and attention, so that there is no danger of being damaged in shipping, and we can forward the shipments to all parts of the world.

The undermentioned, "SINN SONG, the proprietor", is a selected and chief GUIDE in Chosen Hotel for more than ten years and is a very reliable man, and YOU ARE WELCOME ANY TIME TO THE SHOP.

신송의 서울 큐리오숍 홍보물.

결론을 내리기 어렵다. 다만 취급 목록과 사진 등을 통해 파악할 수 있는 물품의 배치 등을 당시 영업하던 골동상들의 일반적이고 비슷한 특징으로 볼 수는 있겠다.

— 이들의 주요 거점이 정동인 까닭은?

카바노프는 약 1908~1918년경, 테일러는 1917년 이전부터 해방 이후까지, 신송은 1913년 이전부터 1920년대 이후까지로 이들의 활동 시기는 조금씩 다르다. 하지만 이들 모두 덕수궁을 둘러싼, 조선호텔과 가까운, 정동 근처에서 주로 영업을 했다. 정동은 잘 알려져 있듯 공사관 지구 혹은 유럽인 정착지European Settlement였다. 1880년까지만 해도 서양인(외국인)은 도성 안쪽, 말하자면 4대문 안쪽에 거주하는 것이 불가능했다. 그렇지만 서구의 압박과 외교단과 선교사의 숫자가 급증하면서 고종은 규제를 완화하여 정동 쪽을 서양인들에게 허가해 주었다. 1883년 미국 공사관을 시작으로 영국·러시아·프랑스·독일·이탈리아와 벨기에 공사관 등이 정동에 자리를 잡았고, 민간인으로는 미국 장로교 의료 선교사 알렌이 처음 정동에 거주하기 시작했다. 1884년 조선으로 건너와 1885년 한국 최초의 근대 의료 시설인 제중원(광혜원)을 설립하고 서양 의술을 가르쳤던 알렌은 1887년 참찬관에 임명되었고, 1890년 미국공사관에서 일하며 외교관으로 활동했다. 알렌이 정동에 자리를 잡은 이후 선교사들 역시 정동을 중심으로 교육과 의료 사업을 펼치기 시작하면서 정동은 한국의 서양식 근대 교육의 발원지이자 선교 기지로서의 역할을 담당하는 동시에 외교 타운이자 공사관 지구로 알려졌다. 이에 비해 중국은 명동에 공사관을 설치하면서 중국인들은 그 인근에 모여 살았고, 일본인들은 남산 기슭에 집단적으로 거주지를 형성하여 자리를 잡았다.[38]

정동에 서양 선교사와 교육 기관, 여러 나라의 공사관이 집중되면서 거주자뿐만 아니라 서양에서 온 여행자들도 주로 이곳에 모여들었다. 이런 수요에 맞춰 서양식 호텔이 세워지면서 광고도 부쩍 늘어나기 시작했는데 당시 신문에 실린 호텔 광고에는 지리적 이점을 강조한 문구가 많았다.

- '공사관 거리 중앙'의 손탁 호텔
- 공사관 지역 '황제의 궁'과 가까운 서울 호텔
- '궁 맞은편'에 위치한 팔레 호텔
- '팔레 호텔 근처' 임페리얼 호텔,
- '대사관 거리 북쪽 끝, 철도역에서 1분 거리'에 위치한 애스터 하우스[스테이션 호텔]

이런 지리적 특성으로 볼 때 골동상 딜러들과 상점의 위치는 이들이 잠재적 고객으로 누구를 염두에 두었는지를 말해준다. 정동에 이들 서양인들을 대상으로 한 골동상이 있었다면 일본인들이 운영하던 골동상은, 오늘날의 충무로와 명동 인근에 집중되어 있었다. 일본인들은 1885년경부터 서울에 거주하며 장사를 시작했는데, 1895년에는 20~30여 가구의 일본 상인들이 본정통에 거주한 것으로 알려져 있다.[39] 청일전쟁을 기점으로, 일본은 조선을 제2의 고향으로 홍보하며 조선에서의 일본의 국가적·경제적·문화적 우위를 점하기 위한 이주 정책을 장려했다. 일본 정부 입장에서는 일본인들의 조선으로의 이주가 일본의 과잉 인구를 배출할 뿐만 아니라 식민지 지배를 공고히 하기 위한 기반 확보 차원에서도 중요한 전략이었다. 이뿐만 아니라 일본인들에게는 인생 역전의 기회이기도 했다. 러일전쟁 당시 일본인들의 조선 이주를 유도하고, 필요한 이들에게 관련 정보를 제공하기 위해 1904년 발행된 『최신 조선 이주 안내』는 다음과 같이 조선 이주를 홍보하고 있다.

"조선인들은 위협적이지 않고, 일본인을 공경하니 장사에도 큰 밑천이 필요 없는, 일본인들에게 유리한 환경"[40]

손탁 호텔 전경. 국립민속박물관.

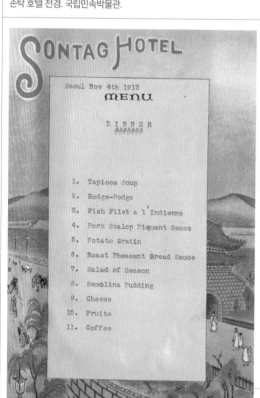

SONTAG HOTEL

Seoul Nov 4th 1913

MENU

DINNER

1. Tapioca Soup
2. Hodge-Podge
3. Fish Filet a l'Indienne
4. Pork Scalop Piquant Sauce
5. Potato Gratin
6. Roast Pheasant Bread Sauce
7. Salad of Season
8. Semolina Pudding
9. Cheese
10. Fruits
11. Coffee

손탁 호텔 레스토랑 메뉴. 브루클린 박물관 아카이브.

미술사학자 김상엽은 조선에서 일본인들이 취하는 유리한 조건으로 인해 별다른 기술이나 허가 없이도 골동품 거래에 쉽게 뛰어들 수 있었다고 피력했다.[41] 그리하여 1890~1910년대 많은 수의 상인이 골동 거래를 시작했고, 이 중에는 컬린의 여행 기록에도 언급된 이케우치 도라키치도 포함되어 있었다.

1920~1930년대에 이르러 한국에서의 골동 시장은 큰 수익을 창출했다. 그러자 도쿄의 류센도龍泉堂·고추쿄壺中居, 교토京都의 야마나카山中 상회가 한국으로 진출했고,[42] 1930년대 들어 일본인 골동상들은 명동과 충무로를 중심으로 확고히 자리를 잡으며 한국 골동 시장을 장악했다.[43]

영국인 수집가들의 직접 방문은 1910년대 초반에 집중되어 있다. 이는 제1차 세계대전으로 인해 유럽 수집가들의 방한이 그 이후 대부분 제한되었고 1916년 조선총독부의 '고적 및 유물 보존 규칙' 제정으로 예전만큼 자유롭게 유물을 거래하기 어려워졌기 때문이기도 하다. 르 블론드 부인의 자서전에서도 '1913년 한국 방문이 적기였다'고 회상하고 있는데 이는 여행에서 돌아온 지 얼마 되지 않아 일본 정부가 한국 골동품 수출을 금지했기 때문이라고 기록하고 있다.[44] 다시 말해 앞서 언급한, 1920년대 일본인이 한국 골동 시장을 완전히 장악할 수 있었던 데에는, 이처럼 서양인들의 수요가 줄어든 배경을 고려할 필요가 있다.

르 블론드 부부의 경우 어린애와 함께 있던 한국인 골동상을 만나 주로 거래를 했는데, 그 골동상은 '매우 똑똑하고 정직하며 영어를 잘 쓰는' 한국인으로 천주교 신자이자 천주교에서 운영하는 학교에서 교육을 받아 영어에 익숙하며 러일전쟁 기간 동안에는 제임스 장관Captain James 및 프레이저Mr. Fraser의 통역을 맡아 러시아어에도 능통했다고 되어 있다.[45] 일본인 골동상들이 별다른 지식이나 전문성 없이 수익이 좋았던 골동 사업에 뛰어들었던 것처럼, 한국인 중에서도 외국어를 할 줄 아는 이들이 관광이나 골동 거래 사업에 꽤 많이 종사했을 것은 충분히 짐작 가능하다.

영국인 수집가들의 당시 기록에 의하면 이들은 제대로 된 점포를 갖추고 골동상을 운영한 좌상, 도굴꾼 '호리다시', 시골 양반집 안주인들을 직접 대면하기 어려운 탓에 어린 (한국) 소년들을 대동해 함께 시골 동네를 다니며 헐값에 물건을 사들이던 일본인 '가이다시'부터 정해진 점포는 없지만 여기저기 떠돌며 거래를 이어나가는 거간상 '나카마'를 비롯해 한국인, 일본인, 그리고 서양인 딜러들까지 폭 넓게 만나 거래를 한 것으로 보인다.[46]

　서양인들의 취향과 수요는 일본인이나 한국인 수장가들과는 달랐지만 그들 나름의 분명한 흐름을 가지고 있었음으로 이들을 대상으로 한 골동상들은 서양인 수집가들만을 위한 시장을 형성했던 것으로 보인다.

국경을 넘나든 딜러들의 판촉 활동

― 출판물로 스스로를 홍보하다

서양인들을 대상으로 했던 골동상들은 자체적으로 책, 리플릿, 명함 등을 제작하여
효율적인 홍보와 판매 증진을 꾀했다. 현재 해외 박물관의 아카이브나 도서관에 보
관된 이들의 홍보물은 당시 한국 유물 시장 및 생산 체계에 대한 정보와 나아가 그 시
대의 미적 가치에 대해 깊이 이해할 수 있는 단서들을 제공하고 있다.

『코리아: 카바노프 상점 증정』*Korea: Compliments of Kavanaugh&Co.*은 카바노프 상점
이 1910~1914년에 일본 요코하마 출판사를 통해 출간한 영문판 안내서다. 출간 시
점을 1910~1914년으로 추정하는 이유는 1910년 한일합병과 손탁 호텔에 관한 내
용이 본문에 포함되었기 때문이다. 외교 행사 및 귀빈들을 위한 영빈관 역할을 하던
손탁 호텔은 1909년 마리 앙투아네트 손탁Marie Antoinette Sontag이 프랑스인 보에르
J. Boher에게 경영권을 넘김과 동시에 일반 호텔이 되었고, 1915년 경영난을 겪자 재
고품을 경매에 내놓기까지 했다. 이후 같은 제목으로 테일러 상회가 출간한 『코리아』
에디션에서는 손탁 호텔 대신 1914년 철도국이 설립한 조선호텔로 숙소 정보가 바
뀌었다. 때문에 카바노프 상점의 책은 한일합병 이후, 조선호텔 개관 이전에 출간된
것으로 보인다.

이 책은 미국 여러 대학교 도서관에 다수 소장되어 있으나 여기에서는 뉴욕 메

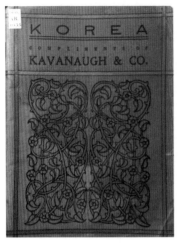

왼쪽부터 『코리아: 카바노프 상점 증정』, 『코리아: 올드 큐리오숍 증정』, 『한국 물건에 관한 소고』 표지.

트로폴리탄 박물관의 토머스 J. 왓슨Thomas J. Watson 도서관과 런던 빅토리아 앤드 앨버트 박물관 소장본을 주로 참고했다.

이 두 권은 메트로폴리탄 박물관 소장본의 맨 앞 장에 '사냥', '헌팅 게임' 관련 광고가 삽입된 것을 제외하고는 그 구성이 거의 비슷하다. 카바노프 상점은 물론 한국에 관한 지리적 위치, 인구 현황, 정치적 상황 등 일반적인 정보를 제공하고 있고 서론에는 날씨, 동물, 옷 입는 관습, 장례와 애도 풍습, 음식, 결혼 등을 비롯한 일상생활에 관해서도 설명하고 있다. 인구 현황은 조선 전체와 경성에 살고 있는 한국인, 일본인, 중국인, 유럽인의 숫자를 밝히기도 했는데 비슷한 시기 조선총독부에서 발표한 공식 인구 수와는 정확히 일치하지는 않는다. 책 본문의 절반 가량은 궁궐·성문·공원·박물관·산 등을 비롯한 주요 관광 명소 소개로 이루어졌고, 나머지는 다양한 가구, 신라시대 토기·고려시대 청자와 청동기에 관해 설명하고 있다. 가구, 놋촛대, 도기류 사진이 16점 실려 있고, 마지막 네 페이지에는 판매 물품 목록과 가격, 거래 약정 등이 적혀 있다.

그뒤로 몇 년 후에 테일러 상회는『코리아: 올드 큐리오숍 증정』*Korea: Complements Ye Olde Curio Shop* 판본을 출간했다. 1921년 서울 YMCA 출판부에서 출간했다고 되어 있지만 책 대부분의 본문 상단에는 주로 카바노프 상점이 표시되어 있고, 마지막 장에는 테일러 상회가 인쇄되어 있는 등 두 곳의 표시가 혼용되어 있어 출간 시기를 1921년으로 못 박기는 어렵다. 그외 인구 수와 호텔을 비롯한 여러 정보의 수록 순서가 이전 판본과 다르고, 책의 크기며 서체와 형식 등이 모두 새로 정비가 된 것은 분명하지만 카바노프 상점의 상호가 책에 남아 있는 이유는 분명치 않다. 1918년 카바노프가 세상을 떠났지만 1921년 이전까지는 카바노프 상점과 테일러 상회의 운영 기간이 겹쳐 있었을 가능성도 짐작해 볼 수 있다. 그렇게 보면 카바노프와 테일러는 운산금광의 동양광업개발주식회사에서 일한 연결고리가 있었으니, 두 권의 책은 동일한 제3의 저자에게 의뢰했던 것으로도 볼 수 있겠다.

『한국 물건에 관한 소고』*Chats on Things Korean*는 1930년경 테일러 상회에서 출간한 작은 책자다. 19세기 말~20세기 초 서구에서 중국과 일본 등을 중심으로 동양 문화를 소개한 'Chat on' 시리즈와 'Things' 시리즈 등이 큰 인기를 끌었는데, 아마도 거기에서 영감을 받은 제목인 듯하다. 이 책자는 관광 안내를 겸하긴 했지만 본격적인 출판물이라기보다 테일러 상회에서 취급하는 가구 상품에 관한 홍보물에 가까웠고, 내용에도 오류가 꽤 많다.

앞서 살핀『코리아』는 두 개의 판본 모두 관광 안내가 본문의 반 이상을 차지한다. 이로 보아 골동상들이 관광 산업과 깊이 관련이 있었다는 것은 쉽게 알 수 있다. 하지만 좀더 정확하고 전문적인, 관광이라는 목적에 충실했던 여행사에서 출간한 책자들과 비교해 보면 카바노프 상점이나 테일러 상회 같은 골동상들이 한국을 어떻게 이해하고, 어떤 태도를 취했는지 명확해진다. 또한 그들이 제작한 책자를 통해 알 수 있는 거래 품목을 통해 이른바 '고객'들에게 한국이라는 나라가 어떻게 인식되고 있었는지를 짐작할 수 있다.

여기에서 우선 살펴볼 것은 당시 세계 여행 상품을 기획했던 대표적인 회사, 토머스 쿡에서 만든 한국 관광 자료다. 이들 아카이브에는 1909년 발행한 리플릿『일본과 중국 봄 투어』*Spring Tour to Japan and China*를 시작으로 잡지를 비롯한 다양한 출판물이 있었다. 이 당시 한국은 철도와 증기선 노선을 따라 중국과 일본을 연결하는 여정의 중심이었다.『일본과 중국 봄 투어』에서 서울은 다음과 같이 간단히 요약되어 있다.

> "한국의 수도, 단층 집들이 모여 있는 다소 황폐한 성벽 도시. 한국 왕들을 위한 호기심을 끄는 고궁 두 곳, 대리석 석탑, 석상 부처와 사원 한두 곳."[47]

1910년 출간된『토머스 쿡 중국 관광 안내서』*Cook's Handbook for Tourists to Peking, Tientsin, Shan-hai-kwan, Mukden, Dalny, Port Arthur and Seoul*에서는 중국(만주) 안둥성에서 신의주까지는 페리로, 신의주에서는 경의선을 타고 서울과 부산으로 연결되는 여행 경로를 소개했는데 여기에는 사진 자료가 함께 실렸다.

1913년에는『토머스 쿡 중국 관광 안내서』의 두 번째 판본이 출간되었는데, 정치적 상황을 설명하면서 다분히 친일적 성향을 보이고 있다. 예를 들면, 1876년의 강화도조약에 관해서는 '외국 세력들과 조약을 체결할 수 있는 완전한 자유를 위한 움직임'이라고 했고, 일본의 통감 정치와 합병은 근대화 의지가 없는 한국인들에게 '강력하지만 진보적인 변화'를 가지고 오고 있다고 표현했다.[48] 1909년에 비해 서울은 남대문, 고궁, 파고다 공원, 남산, 왕릉, 북한산, 백불 등 관광 명소로 가득한 곳으로 묘사되었다. 여기에서 언급한 백불은 서울 옥천암 마애보살좌상으로, 19세기 말부터 '하얀 부처' 혹은 '백불'로 서구 여행기에 자주 등장하곤 했다.

그뒤 1917년과 1920년에 출간된 세 번째, 네 번째 판본에서는 서울 일정이 일주일 이상으로 나와 있고, 한국의 여행 일정은 신의주와 부산, 즉 조선총독부에서 개통한 철도의 양끝에 있는 이른바 종점 도시와 그 주변 마을을 중심으로 확장되어 있다. 각 관광지와 역사적 기념물에 관하여는 더욱 구체적이고 긴 설명이 추가되었는데, 종종 일본인 고고학자 세키노 다다시를 인용하기도 했다.

건축학자였던 세키노 다다시는 1902년 도쿄제국대학 교수 신분으로 한국에 파견, 고건축물을 조사했다. 그 결과를 담은『한국 건축 조사 보고』에는 수백 장의 사진과 함께 오래된 사찰과 석탑, 무덤 등에 관한 내용이 실렸고, 이를 높게 평가한 통감부는 1909년 그에게 한국 전역에 걸친 고적 조사를 의뢰했다. 보존 가치에 따라 등급을 정하는 그의 조사는 고건축물과 고미술 관련 유적, 유물에서 시작되어 점차 고분 조사까지 확대되었고, 조선총독부 간행으로 1915년부터 1935년까지 약 20년 동안 15권으로 발행된『조선고적도보』로 이어졌다.『조선고적도보』는 미술사, 건축학, 민속학, 고고학에 이르는 다양한 근대 분과 학문의 학자들이 참여한 결과물이지만 학술적인 조사와 발굴의 의도가 조선총독부의 식민 지배와 통치 이념의 논리를 학문적으로 뒷받침하고 식민 이데올로기를 정당화시키는 데 목적을 두었다는 이론적 한계를 품고 있다.

세키노 다다시의 고적 조사가 조선총독부의 관광 정책에 큰 영향을 끼친 점은 간과할 수 없다. 서울의 관광 명소로는 철도역과 조선총독부 건물, 통감부 시절 창경궁의 동쪽 부분을 개조한 이왕가박물관과 동물원, 지역 관광 상품 및 기념품 쇼핑을 위해 포함한 것으로 짐작되는 일본인 거주지 본정통이 포함되어 있었다. 이뿐만 아니라 경복궁 근정전을 뜻하는 왕궁 접견실도 관광지로 손꼽혔다. 경복궁은 왕궁Royal Palace이라고 지칭되긴 했지만, 1907년 순종이 창경궁으로 이어한 이래 더이상 조선의 왕이 거주하는 궁궐이 아니었다. 관광지 코스 중 하나로 들어간 것을 통해 궁궐이 더이상 조선의 위상을 대표하는 기능을 상실하고, 대중의 오락물로 격하되었음을 목격할 수 있다.

서울 밖으로는 산세와 사찰로 유명했던 금강산이 새로운 관광 명소로 떠올랐다. 1915년 조선물산공진회 개최를 계기로 서울에서 내금강까지 가는 하루 여행길이 정비되었기 때문이다. 1917년의『토머스 쿡 중국 관광 안내서』판본보다 앞선

『토머스 쿡 중국 관광 안내서』에 실린 조선의 왕실(위)과 금강산(아래 왼쪽), 그리고 금강산 유점사(아래 오른쪽).

Shihimiau (Lion Peak) nr Kongosan

Chosenji, Hyokuji, Seiyoji, Yutenji, and Shinkoji are the largest. The mountains will become a highly popular summer resort, especially for foreigners, upon completion of motor car roads both from Heiko, a town on the Kei-Hen line, and Gensan, which are now under construction as well as an hotel which is also now being built by the Chosen Railways. The distance from Haiko to the mountains is 88 miles, and that from Gensan, 60 miles.

Heijyo (Pyang Yang) is the second largest town and the most ancient capital in Chosen; it is the junction for the Chinnampo Branch. The Daido River runs past the town and a great open plain lies in front, thus giving the town a prominent position. This town is well known in history, as it has been the scene of many battles from the time of Hideyoshi's great expedition up to the two recent wars. It is also of great importance as an agricultural, and commercial centre. Botandai and Otsumitsudai battlefields of the war of 1894-5, are

beautiful hills on the Daido River to the east of the town of Heijyo, and command exquisite views of the broad sweep of the Inpa in front.

Toyotomi Hideyoshi (1587-1598) one of the greatest heroes in Japan, who aimed to conquer China, first sent a great expedition into this country in 1592 in order to realize his great ambition. The Japanese, though successful in many battles fought against strong armies despatched by China to aid its vassal kingdom, accepted the Chinese overtures of peace in 1594. But when the Chinese envoy arrived the next year, the proud tone of the letter presented so offended Hideyoshi that the second expedition was immediately decided upon. The armies despatched in 1597 were, however, withdrawn on the death of the great hero.

Shingishu. The town is situated on the left bank of the great Yalu River, nearly opposite to the Chinese side. It is close to one of the famous battlefields of the war of 1904-5.

Railway Bridge Over the Yalu. A whistle and the train passes over the big railway bridge spanning the great Yalu River, which is 1,200 miles long. Here, a grand and inspiring view can be had from the carriage window. The bridge is 3,098 ft. long and 37 ft. wide, with a 8 ft. foot way on each side of the bridge. The ninth span swings open to allow passage of large vessels. In winter communication between Shingishu and Antung is effected by sledges which run swiftly and smoothly over the ice.

Antung is the starting point of the Antung-Mukden line of the South Manchuria Railway. The express trains on the Chosen Railways, which are run conjointly with trains on the Antung-Mukden line, depart from, or arrive at, this station, thus ensuring facility and convenience to passengers between Chosen and China. Both the Chosen and Chinese Customs have officials waiting at this station.

MOTORING IN THE PHILIPPINES

One of the most important factors in the remarkable progress which has taken place in the Philippine Islands is the development of the use of the automobile, co-incident with the Government's programme for the building of good roads, so extensively carried out during the past few years. In 1900, the first motor vehicle (a "Roger") was imported from France into the Philippine Islands; ten years later there were nearly 3000 automobiles in use.

The increase for the last three years is shown by the following:

	Automobiles.	Trucks.	Motorcycles.
December 31, 1912	569	180	461
" 1913	1623	351	735
" 1914	3007	404	899
June 11, 1915	3404	470	982

Thanks to the perseverance of a wise and energetic Government, there are now 300 miles of good roads, practically all first-class, throughout the length of Luzon, (the largest of the Philippine Islands) from Gonsaca in the Province of Tayabas, on the shores of the Pacific, skirting the coast to Atimoan, thence turning inland via Lucena, San Pablo, Los Banos, Manila and Bagaio to Baigoi, in the Province of Ilocos Norte, nearly the most northerly point of Luzon.

Manila, the Capital of the Islands, has 100 miles of streets and radiating from it there are hundreds of miles of first-class roads to all the surrounding provinces. Whether the visitor's time is about or long, an interesting run

can be always be found; for instance, an hour's quiet ride before dinner along the picturesque River Pasig, through Fort Wm. McKinley, the big railway reservation, and back by way of Manila Bay, or starting a little earlier, a run across the broad plain surrounding the City and on into the Antipolo Hills, where is the famous shrine of "Our Lady of Peace and Good Voyages," commanding a splendid panorama of Manila and the Bay.

Km. 42 Lingayen, Guig-Guz Road at Pozoorrubin, Pangasinan

1915년 10월 『극동 여행 관보』에 실린 금강산 여행. 레스터시기록보관소 토머스 쿡 아카이브.

1915년 10월에 역시 토머스 쿡이 발행한『극동 여행 관보』The Far Eastern Traveller's Gazette 에도 금강산이 등장한다. 이러한 관광지 개발과 변화는, 책자 마지막에 삽입되어 있는, 조선총독부 철도국의 후원 아래 이루어졌다. 다시 말해 조선총독부가 일본 관광 문화를 식민지 조선에 이식하고, 철도 노선을 중심으로 관광자원 개발을 주도해 갔음을 이 책자를 통해서 짐작할 수 있다.

— 관광 안내, 관광 엽서에 실린 이미지의 의미

토머스 쿡의 관광 안내서 가운데 또 하나 주목할 만한 부분은 기생에 관한 것이다. '코리안 댄싱 걸'이라는 제목으로 1917년 판본부터 등장한 기생 이미지는 1900년대 초반에 등장한 사진 엽서에도 자주 등장하는 소재였다. 1917년과 1920년 판본에 실린 사진이 그녀들의 춤과 의상에 집중하고 있다면, 1924년 다섯번째 판본에 실린 기생의 이미지는 방 안에서 악기를 연주하는 소녀로, 좀더 구체적인 배경과 맥락 속에 놓여 있다. 또한 1920년 12월 출간된『미국 여행 관보』The American Traveller's Gazette 표지에는 '한국의 게이샤, 예쁜 기생들'이라는 제목과 함께 기생 이미지를 전면에 내세웠다. 화려한 연회복과 족두리를 갖춰 입고 어느 집 앞마당에 서 있는 어린 소녀들과 양 끝에 위치한 나이 많은 남자 두 명의 구도는 어린 기생들이 이들의 훈련과 지휘 아래 있는 듯한 느낌과 함께 묘한 대조를 이룬다.

19세기 말~20세기 초 식민지 관광 엽서와 거기 실린 사진이 제국 이데올로기와 어떤 관계를 맺고 있는가에 대한 논의는 탈식민주의 연구 주제 가운데 하나다. 알제리 출신의 시인이자 작가인 말렉 오울라Malek Alloula, 1937~2015는 1986년 자신의 책『식민지적 하렘』The Colonial Harem을 통해 알제리 여인들의 사진에서 드러나는 프랑스 제국주의자들의 오리엔탈리즘적 환상의 생산에 관해 다뤘다. 그는 1900~1930년대 유럽 시장에 대량 유입된 알제리 여인의 이미지를 담은 '하렘 사진 엽서'는 오리엔탈 여인에 대한 프랑스 제국주의자들의 관음적이고 왜곡된 시각을 담고 있다고 비판했

Korean Dancing Girl

『토머스 쿡 중국 관광 안내서』 1917, 1920년 판본에 실린 기생 사진. 토머스 쿡 아카이브.

『토머스 쿡 중국 관광 안내서』 1924년 판본에 실린 가야금 연주하는 기생 사진. 토머스 쿡 아카이브.

1920년 12월에 출간한 『미국 여행 관보』 표지에 실린 기생 사진. 토머스 쿡 아카이브.

다.[49] 이처럼 제국주의자들이 자신들이 지배한 식민지 국가의 풍경과 사람들을 촬영하여 대량 생산, 판매한 사진과 엽서는 근대적 우편 제도와 맞물려 유럽 본국의 대중들에게 이국적인 오리엔트 이미지를 제공하는 동시에 이들을 타자화하고 상투화하여 고정된 스테레오 타입을 만들어 나갔다.

이와 비슷하게 일본 역시 한국에 근대 우편 제도와 사진 인쇄술을 도입하고, 대량의 우편엽서를 발행하여 조선의 '이미지'를 만들어 나갔다. 가장 싼값에 일상적으로 접할 수 있는 매체로는 엽서가 대표적이었다. 그리고 이렇듯 조선 풍속에 관한 스테레오 타입을 만들기 위한 시도 속에 집요하게 집어넣은 기생 이미지는 제국주의는 물론 남성의 정복 대상 메타포로 작용했다.[50]

본래 기녀 혹은 기생은 가무와 풍류로 궁중 연회나 유흥 행사의 흥을 돋우는 일을 업으로 삼은 여성들을 일컬었으며, 고려시대부터 관에 등록되는 관기 제도가 조선시대까지 이어졌다. 하지만 조선 왕조의 멸망과 함께 관기 제도가 소멸하면서 1902년경부터 유관을 중심으로 형성된 공창, 1920년대 요리점을 중심으로 한 사창이 일반화되었고, 이 근대적 의미의 매춘업에 기생들이 흡수되었다. 아울러 일본은 1910년 기생 조합을 만들고, 이들을 양성하기 위한 기생 학교를 설립하기에 이른다.[51]

이렇게 점차 본격적으로 '상품화' 되어가던 기생의 이미지가 바로 토머스 쿡의 책자에 실린 사진에 잘 나타나 있다. 1917년과 1920년의 기생 사진은 승무 같은 전통 여악을 추는 모습이라면 1920년 표지는 기생 학교의 이미지를 담았고, 1924년도 사진은 요리점을 배경으로 서비스를 하는, 말하자면 누구나 소비 가능한 그녀들의 이미지를 담았다.

토머스 쿡의 책자에서는 민족지학적 사진이 꾸준히 실린 것도 확인할 수 있다. 19세기 말 서양에서 출판된 한국에 관한 책은 한국인들의 신분이나 계급에 따라 의상의 유형을 소개하는 경우가 빈번했다. 1915년 10월 발행한 『극동 여행 관보』에서는 '상류층 한국 부부'라는 제목의 스튜디오 사진이 실려 있고 1920년 12월 발행한

당시 관광 엽서 등에 자주 등장하던 기생 이미지. 서울역사박물관.

1915년 10월 『극동 여행 관보』에 실린 상류층 한국 부부. 토머스 쿡 아카이브.

1920년 12월 『미국 여행 관보』에 실린 한국 남성의 올바른 스타일. 토머스 쿡 아카이브.

『미국 여행 관보』에는 '한국 남성의 올바른 스타일'이 소개 되었다.

이어 1921년 발행한 『극동의 매력 1921년 봄 투어, 호놀룰루-일본-한국-만주-북중국-홍콩-남중국-필리핀』*The Lure of the Far East, 1921 Spring Tours to Honolulu, Japan, Korea, Manchuria, North China, Hongkong and South China and the Philippines*에는 각 나라마다 전통의상을 입은 사람들의 모습을 함께 실었는데, 한국은 하얀 두루마기와 갓을 쓴 남성의사진이 아래와 같은 설명과 함께 실렸다.

> "유행을 따르는 남자들에게, 한국의 스타일은 고급스러운 스타일을 제시한다." To modish men, the Korean styles offer nobby suggestions.

이 설명은 얼핏 보기에 점잖은 소개 같지만, 그 당시로는 외국 스타일과 패션에 대한 조소이자 비하의 뜻을 담은 농담이었다. 특히 '고급스러운'nobby이라는 단어는 패셔너블하다는 사전적 의미를 지녔지만, 이것은 20세기 초에 반어적 표현으로 자주 사용하던 단어였다. 영국의 저명한 문화사학자이자 에든버러 아트 칼리지 학장을 지낸 크리스토퍼 브루워드Christopher Breward의 서양 남성복 역사 분석에 의하면 18세기 말 메트로폴리탄 도시를 중심으로 남성복에서 장식적 요소가 급감했다. 당시 의복 생산 업체들에 의해 조성된 이러한 '금욕적인, 절제된' 패션은 근대적 분위기 또는 특정한 사회적 지위와 연결되기를 원한 다수의 남성들에 의해 매우 열정적으로 소비되었다. 이러한 맥락에서 타 문화권의 인쇄 이미지 속에 등장한 반어적인 표현들, 예를 들어 '스타일리시' 같은 표현들은 당시 근대 도시 문화에서 파생된 일종의 레토릭이었다. [52]

사진 속 남성은 앞서 언급한 딜러 신송으로, 그의 홍보물이 없었다면 알아채지 못했을 것이다. 조선호텔에서 가이드로 일했던 그의 경력을 고려하면, 조선호텔 및 철도국의 후원을 받고 있던 토머스 쿡 여행사에서 그의 사진을 쉽게 구할 수 있었을 것으로 짐작한다. 앞에서 살펴본 신송의 홍보물과 비교할 때, 이 사진은 뒷배경을 더

1914. From a fishing village it was transformed by the Germans into one of the best summer resorts of the China coast.

Tientsin. (Imperial Hotel.) Northern terminus of the Grand Canal, port of entry for Peking and the great northern provinces, headquarters of the Allies during the suppression of the Boxer rebellion, and now a great international settlement. Tientsin is one of the best-known cities of China. A brief visit on the way to or from Peking will be much enjoyed.

To modish men, the Korean styles offer nobby suggestions.

Peking. (Grand Hotel de Pekin or Grand Hotel des Wagons Lits.) A fascinating journey of eighty miles inland from Tientsin lands the traveler in one of the most interesting cities of all the world. The very name of Peking has for centuries been synonymous with all that is weird and seclusive and gorgeous in the Orient. Chinese and Tartar and Mongol and Manchu chieftains have fought over it these thousands of years, but today the visitor is as safe within its walls as at home. Comfortable automobiles and 'rikishas are provided for our parties but the Peking cart, the wheelbarrow and the camel caravan continue their picturesque processions through the lofty gateways of the walled capital. Our local itineraries are adopted as standards by nearly all visitors and the most intelligent guides of Peking accompany our parties on excursions that can never be forgotten.

Among the chief excursions are visits to the beautiful Summer Palace of the former Emperors of China; the great Temple and Altar of Heaven; the Temple of Agriculture; the Forbidden City; the Winter Palace and Coal Hill, where the last Ming Emperor hung himself on the approach of the Manchus; the Temple of Confucius and Hall of Classics; the Temple of the Red Lamas and the matchless pagoda of the Yellow Temple; and the fascinating bazaars that tempt the most penurious to make reckless expenditures. But the goal of each excursion is surpassed by the picturesqueness of the panoramas unfolded by the native streets.

Ming Tombs. (Nankow Railway Hotel.) From Peking a rail excursion of two hours is made to Nankow and thence to the Tombs in

1921년 출간한 『극동의 매력 1921년 봄 투어, 호놀룰루-일본-한국-만주-북중국-홍콩 -남중국-필리핀』에 실린 한국 관련 부분에서는 전통의상을 입은 한국 남성으로 신송의 사진이 실렸다. 필리핀 관련 부분에서는 전통의상을 입은 여성의 사진을 싣고 "작은 갈색 피부의 여동생"이라는 제목을 달았다.

a unique caravan of sedan-chairs, four coolies to each chair. The round-trip of 21 miles is one of the most remarkable pilgrimages known to travelers. Three miles from the great amphitheatre where thirteen Ming Emperors are entombed, a lofty marble pailow of five arches marks the beginning of "The Holy Way"—an avenue lined with colossal figures of elephants, camels, mandarins and goblins, carved from blue limestone. The procession of one of our small parties down this Via Dolorosa makes (with carriers and attendants) a caravan of fifty people.

Great Wall of China. After a night at the hotel, follows a quaint rail journey up the famous Nankow Pass to Ching-lung-chaio, where the foreign locomotive r u s h e s through a gap in the Great Wall of China, the most stupendous piece of masonry in the world. All the way to the Thibetan frontier, 2,500 miles, the great barrier lifts its forbidding height, while more than 20,000 towers still keep watch over the Mongolian plains. At Ching-lung-chiao our parties are conducted up to the top of the Great Wall and shown its marvellous construction. The return is made by train direct to Peking.

MANCHURIA

Mukden. (Yamato Hotel.) From Peking, a comfortable train of the Chinese Eastern Railway whirls the traveler along for twenty-four hours with the wonderful panorama of northern China and Manchuria rapidly unfolding. At Mukden—ancient stronghold of the Manchus and memorable as one of the bloodiest battle-grounds of the Russo-Japanese War—the traveler breaks his

"Little Brown Sister" of the highlands of Luzon.

journey at an excellent European hotel. Three railways converge here and one of them leads southward to historic Dalny and Port Arthur.

Port Arthur. (Yamato Hotel.) Once the proud stronghold of the Russians on the Liaotung Peninsula, it fell to the Japanese on New Year's Day, 1905. On Monument Hill a lofty column stands as a memorial to 22,183 Japanese who gave their lives in the 9-day battle. The fine roads built by the Russians afford delightful motor rides over the modern city and its environs.

흐릿하게 하여 그의 의상을 강조하고 있다. 사진에는 아래와 같은 설명이 덧붙여져 있다.

"이상한 복장의 한국 사람들 - 특히 흰 나이트 가운[잠옷]을 입고, 말털로 만든 알약 상자 모자를 쓰고 거리를 활보하는 남자들이 가장 흥미롭다."[53]

신송 본인은 자신의 사진을 통해 스스로를 권위 있는 현지 전문가로 홍보하고 있었지만, 토머스 쿡의 책자에서는 외국 여행자들의 오락적 대상이자 조소의 대상으로 전락한 셈이다. 이러한 하얀 두루마기를 입은 한국 남자의 모습은 서양 및 일본 여행 책자에서 '유령 같은' 한국인의 이미지를 형성해 나갔고, 이렇게 신비롭고 이 세상의 것이 아닌 듯한 이미지는 의상뿐만 아니라 조선의 도공이나 화가 등 다른 데로도 확장되었다.[54] 이런 식으로 토머스 쿡 책자는 게이샤 같은 한국의 기생, 우스꽝스러운 남자들 사진을 통해 한국인에 관한 정형화된 이미지를 형성해 가는 데 일조하고 있었다.

― 딜러들이 만들어간 한국 컬렉션의 가치

그러나 이러한 여행 안내서와는 달리, 카바노프 상점이나 테일러 상회의 출판물에 실린 사진과 글은 당시 널리 퍼져 있던 제국주의적, 오리엔탈리즘적 이미지와 상대적으로 거리를 두고 있었다. 딜러들의 책자에는 전통 의복·장례 문화·음식·결혼 및 생활 풍습 등이 종종 실려 있었는데, 혼인을 할 때 신부가 혼수로 가구를 해온다고 소개하면서 자신들의 상점에서 함께 판매하는 가구를 연결짓곤 했다. 이런 차이는 대중적이고 일반적인 소비자를 대상으로 삼은 여행 안내서와는 달리 딜러들의 출판물은 컬렉터 및 전문가들을 대상으로 하고 있었기 때문일 것이다.

이런 전략은 영국에서 동양 물건을 주로 판매하던 리버티 백화점 같은 런던의 고급 백화점이 전문성을 바탕으로 홍보물을 생산해 냈던 것과 비슷하다. 19세기 말 중국이 서양 제국주의 침략을 받고 있을 당시 중국의 용포, 도자기와 목가구 등이 오리엔탈 섹션을 통해 영국 소비자들에게 소개되고 있었다. 1880년대와 1890년대 앞다투어 생겨난 영국의 백화점은 영국인들의 계급과 성별 나아가 근대화의 상징적인 장소였다. 백화점에서의 쇼핑·인테리어·장식과 패션 등은 특히 여성의 범주로 간주되었고, 따라서 백화점에서 판매하는 중국의 다양한 물건들은 영국 여성들의 유행은 물론 사회적·문화적 계층 형성과도 긴밀히 연결되어 있었다.[55]

한 예로, 용포 혹은 만다린 로브Mandarin robe라고 불렸던 청나라 관료복은 비단에 용 모양의 자수를 수놓아 매우 장식적이고 화려했다. 19세기 말 중국의 경제 상황이 악화되자 광둥 지역에서 수많은 (중고) 용포들이 수출되었고, 이를 수입한 영국에서 중국의 용포는 옛 중국의 태평성대 시대의 상징으로 받아들여졌다. 실제로 1894년 리버티 백화점은 도록을 통해 이 용포와 함께 청나라의 궁중 예절을 자세히 설명하면서 자신들이 판매하는 용포가 실제로 높은 관직에 있던 중국 관료들이 입었던 옷임을 언급하며 중국 황실과의 관계를 여러 면에서 강조하는 스토리텔링을 해왔다.[56]

고급 백화점일수록, 대상 고객의 신분이 높을수록 제품의 정확한 상태와 문화적·역사적 맥락을 구체적으로 밝혔고, 도자기 같은 경우 종류와 모양에 따라 집안 어디에 놓으면 좋을지를 제안하는 것도 빼놓지 않았다. 이처럼 영국의 고급 백화점에서는 판매 상품 도록을 통해 세세한 문화적 맥락의 정보를 제공하고 소비 취향을 만들어감으로써 상류층의 예술적, 엘리트적 정체성을 유지하는 데 큰 역할을 했다.[57]

참고로 이렇게 빅토리아 시대 영국인들이 동양의 물건들로 집안을 채웠다면 일본 메이지 시대 엘리트층들은 새로 받아들인 서양식 방을 일본을 제외한 다른 동양의 여러 나라 물건으로 채워나갔다. 이런 수요에 맞춰 1920년대 일본 백화점들은 오리엔탈 섹션을 만들어 여기에 일본을 제외한 동양 여러 나라의 물건을 공급함으로써 일본인들의 새로운 라이프 스타일 구축에 큰 역할을 했다.[58]

한편 영국 백화점 가운데 중산층 고객을 대상으로 하는 곳에서는 자세한 설명이나 문화적 배경에 대한 안내는 생략한 채 간단히 '앤티크 중국 비단'이라고 소개하는 데 그쳤다. 목가구의 경우에도 장식적 특징보다 내구성을 강조하는 경우가 더 많았다.

이러한 맥락에서 보자면, 카바노프 상점과 테일러 상회에서 출간한 『코리아』는 생활 양식이나 풍습과 연결지어 실제 한국인들이 사용하던 가구들을 설명하고, 각 가구의 역사적·문화적 맥락을 소개함으로써, 판매하는 가구의 진위와 아우라를 만들어 갔다고 볼 수 있다.

19세기 말 서양의 수집가들이 접한 한국 유물 관련 정보는 대부분 현지 거래, 상인, 중간 역할을 하는 딜러 등을 통해 전달받는 경우가 많았다. 초기에는 잘못된 정보들도 많았지만 이 시기에 이르면 사뭇 다르다. 딜러들이 생산해 내는 지식과 정보는 나름대로 전문성을 갖췄고, 국경을 넘어 영국을 비롯한 유럽으로 건너간 물건들은 점점 수집가들의 전문성과 한국 컬렉션의 가치를 만들어나가고 있었다. 이는 나아가 한국이라는 나라의 문화적·역사적 정체성을 형성하는 데 이러한 품목들이 지대한 역할을 하고 있었음을 알 수 있게 해주는 대목이다.

조선 가구에 스며든 서양인 취향

__ 서양인들 눈에 비친 한국의 전통가구

영국의 박물관에 기증된 한국 유물들은 대부분 청자와 백자를 중심으로 한 도자기 종류이지만, 도자기와 함께 실제 거래에서 인기가 많았던 것은 바로 가구다. 대부분 도굴품이었던 고려청자의 경우 일정하게 공급이 이루어지기 어려웠겠지만 가구는 공방에서 꾸준히 제작 공급이 가능했다. 19세기에 자주 등장한 호랑이 가죽을 추적하기 어려웠던 것처럼 가구 역시 박물관 컬렉션보다는 개인들의 소장품인 경우가 훨씬 많아 그 현황을 정확히 파악하기는 쉽지 않지만, 여행자들이 손쉽게 들르던 일반 골동상에서의 스테디셀러는 도자기가 아닌 가구일 수밖에 없었다.

초기에는 오래된 중고 가구가 인기를 끌었지만, 점차 늘어나는 수요를 맞출 수 없게 되자, 골동상들은 새로 만든 가구들을 판매하기 시작했다. 이런 가구들은 1920년대부터 수출을 목적으로 제작, 골동상의 홍보물에는 '뉴'new라고 소개되었다. 이로써 오래된 전통가구와 형태는 비슷하지만 전통가구와는 새로운 흐름이 만들어지기 시작했다.

조선시대 주택은 유교적 가치관에 따라 남성과 여성의 거주와 활동 공간이 나뉘어 있었다. 남성의 공간은 사랑채, 여성의 공간은 안채로 구별되었고, 각 공간 안에는 필요한 가구들이 형태와 종류별로 비치되어 있었다. 이에 따라 전통가구들은 어떤 공간에서 사용하느냐에 따라 사랑방 가구, 안방 가구, 부엌 가구 등으로 나뉘었다. 선비들이 학문을 닦고 손님을 접대하는 사랑방에서는 서안·경상 등의 책상류와 문갑·사방탁자·서가·책장 등의 문방 가구가 중심을 이루었는데, 번잡한 문양이나 화려한 장식을 피하고 검소하고 질박한 가구를 격조 높은 것으로 여겼다.

안방 가구는 장·농·반닫이 등 옷가지를 보관하는 수납 가구가 중심이었는데, 아무래도 여성 취향의 문양과 장식을 선호했다.

서양인들에게 한국의 전통가구인 장과 농, 반닫이는 구분하기 쉽지 않았다. 장은 분리되지 않도록 하나의 몸통으로 만들되 그 안에 층을 구분하는 널을 두었는데, 그 높이와 문을 여닫는 방법이 다양해 용도나 내용물에 따라 이층장, 삼층장으로 확대되기도 했다. 영어로는 캐비닛이라고 주로 설명하고 있었다.

농은 한 층씩 제작한 박스형 궤로, 각 층이 분리되어 있어 위아래로 포개 놓거나 나란히 놓을 수도 있다. 영문 번역은 주로 체스트chest로 썼다.

반닫이는 위아래로 이등분 된 앞면의 반쪽 문을 여닫는다 하여 이렇게 불렀는데, 궤와 같은 수납가구 중 하나다. 의복·이불깃·책·문서 등을 보관하는 다양한 기능으로 안방이나 사랑방·대청·광 등 여러 장소에서 사용되었고, 천판 위 공간에는 이불함·항아리·광주리 등을 올려놓아 편리하게 사용할 수 있어 널리 애용되었다. 서민들의 어려운 살림에서는 의복과 여러 가지 기물을 넣을 수 있어 장과 농의 기능을 대신하기도 했으며, 목가구 중 지방색이 뚜렷한 가구이기도 하다. 영어로는 주로 캐시박스cash box라고 했다.

테일러 상회가 1930년경 발간한 『한국 물건에 관한 소고』에 따르면 반닫이가 캐시박스가 된 것은 한 외국인이 이렇게 이름 지은 데서 유래했다고 하는데, 실제로 1910년대부터 영어로 된 출판물에는 대부분 반닫이 형태의 가구를 'cash box'라고 불렀다. 물론 해석 그대로 돈을 넣어두는 궤를 떠올리면 '돈궤'와 더 가깝지만 반닫이 역시 더 큰 의미의 수납 가구인 '궤'에 속하니 아주 틀린 말은 아니라고 할 수 있다.

전통적으로 혼인할 때 신부 쪽에서 혼수품으로 가구를 준비하는 경우가 많았는

1919년 출간한 『사진으로 본 조선과 만주』에 실린 사랑방과 안방 모습.

안방에 수납용 장·농·반닫이가 놓여 있고, 반닫이 위에 이불을 쌓아둔 모습. 국립민속박물관.

데 특히 개화기 이후 새로운 경제력을 갖춘 중산층이 성장하면서 갈수록 화려하고 호화스러운 가구를 혼수로 선호하는 풍조가 만들어졌다. 1915~1930년 제작된 '조선 풍속 시리즈' 엽서로 추정되는 국립민속박물관 소장 사진 자료에서도 안방에는 수납용 장·농·반닫이가 놓여 있고, 반닫이 위에 쌓아둔 이불이 보인다. 사진 속 장과 농의 아래 부분은 반닫이와 결합한 모습이며, 거울·자수 패턴 그리고 크고 화려해진 금속 장석이 눈에 띈다. 이를 통해 20세기 초 한국인들의 안방 가구의 변화를 짐작할 수 있다.

＿서양인들 사이에 인기 품목으로 떠오르다

가구는 서양인 수집가들이나 경성에 살던 서양인 거주자들 모두에게 인기가 많았다. 보기에도 아름답고 실용적으로도 장점이 많아서였을 것이다. 특히 반닫이의 경우 넓은 안쪽 공간과 장식 요소로 인해 특히 인기가 많았다. '캐비닛 스트리트'를 언급했던 길모어 역시, 아름다운 나뭇결과 나비 문양의 장석들이 배치되어 있는 농 하나를 갖고 있었고, 이를 두고 외국인들이 선호하는 수납용 가구라고 기록했다.[59]

앞서 언급한 바 있는, 미국대리공사 고든 패덕의 관사 또는 미국공사관으로 추정되는 공간의 사진에서도 병풍·무사복·호랑이 가죽 등과 함께 놓여 있는 삼층장을 찾아볼 수 있는데 이 당시, 즉 1900년대 초 삼층장은 장석 크기나 개수가 이후에 비해 훨씬 절제된 디자인이었음을 알 수 있다.

캐비닛 혹은 여러 수납 가구류는 당시 컬렉터들의 영수증에 빠지지 않고 등장하는데, 앞서 살펴본 수집가들, 즉 세이스 교수나 마가렛 토머스 가드너뿐만 아니라 빅토리아 앤드 앨버트 박물관의 도자부장 와일드도 당시 궁중에서 사용했던 것으로 추정하는 〈홍칠나전 부귀장수문농〉 한 점을 구입해 간 것으로 알려져 있다.

1912년 러시아 연해주 블라디보스토크에 설립된 항일독립운동 단체 '권업회'의 기관지이자 신채호, 이상설, 장도빈 등이 편집자로 참여한 것으로 알려진 『권업신문』

1913년 3월 16일자에도 '한국의 농이 서양으로 수출된다'라는 제목으로 한국의 농을 사가는 서양인들에 대한 칼럼이 실린 바 있다.

"요사이에 한국서 만드는 의롱이 구미 각국으로 비상히 수출되는데 그 전에 서양 사람들이 한국에서 나는 부채와 신선로와 여러 가지 기구를 많이 사갔거니와 의롱 많이 삼은 실로 [의롱을 많이 사는 것은 실제로] 요사이에 성한 지라. 그 값은 한 개에 14~15원 이상으로 백 원까지의 각 종이 있는 바 구미 각처로 수출하는 것은 각색 박달과 흑색 박달의 좋은 재료로 만든 것과 그 나머지 괴화나무 등 아름다운 재료로 만들어 보통 30~40원 이상으로 나가는 것이 가장 많은데 근년 내에 구미 인사들이 한국에 오는 자도 으레 한두 개를 사거니와 구미 각국에 있는 인사들도 종종 주문하여 가져가며, 구미 각국 사람들이 이것을 매우 사랑함에 제 일로 양복 넣어 두는 데와 방 치레하는 데 귀한 보물로 앎이더라."

기사에 언급한 박달나무는 자작나무 속, 괴화나무는 회화나무의 다른 표기인데, 다음에 언급할 테리의 여행 안내서에도 언급이 되어 있다. 1914년 출판된 테리의 여행 안내서에서도 가장 인기 있는 기념품으로 '놋쇠 장석이 달린 농'Brass-trimmed chests을 손꼽았다.[60] 또한 여기에 덧붙이길, 미국 집의 증기 난방을 견딜 수 있는 목재료 즉 자단·자작나무·밤나무·회화나무 등으로 만들어진 '오래된 가구'가 최상품이라고 설명한다. 또한 좋은 종류의 캐비닛은 25~50엔이며 주로 여성들이 옷가지를 수납하는 데 사용하였다고 소개한다. 층을 구분하는 널이 있는 장은 캐비닛, 박스형 농은 체스트에 가깝지만, 당시 영문 자료들은 이 두 가지를 혼용하는 경우가 많았다. 여기서도 캐시박스·오픈 캐비닛open cabinet, 갑게수리·나전장·홍칠나전 경대 등을 소개하는데, 이는 카바노프가 판매하던 가구 목록과도 정확하게 일치한다.

테리의 여행 안내서에는 '예스럽고 멋진 놋쇠 디자인은 다양하다. 넓은 나비 경첩, 큰 걸쇠와 자물쇠가 가구를 더 매력적이게 만든다'며, 금속 장석을 추가로 구매해

빅토리아 앤드 앨버트 박물관의 도자부장 와일드가
구입한 〈홍칠나전 부귀장수문농〉. 빅토리아 앤드
앨버트 박물관.

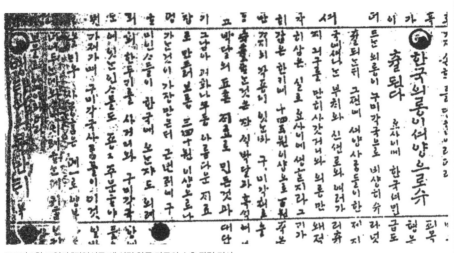

1913년 3월 16일자 『권업신문』에 실린 한국 가구의 수출 관련 기사.

'더 수려한 농'을 만드는 것을 추천하고 있다.[61]

이러한 가구, 혹은 반닫이는 넓은 수납 공간으로 특히 운송에 유리하다는 이점이 있었다. 테리는 운송을 위해 가구(농) 안에 금속 장석을 비롯한 다른 물건들을 넣어 포장할 수 있다고 설명하였다. 실제로 1935년 영국인 도예가 버나드 리치가 높이와 몸체 지름이 40센티미터에 이르는 커다란 달항아리를 배에 실어 보낼 때 안전을 위해 선택한 것도 바로 이런 반닫이였다.

＿ 가구 판매 극대화를 위한 딜러들의 전략

1910~1914년 카바노프 상점과 1921년 테일러 상회에서 각각 발행한 『코리아』에는 같은 가구 그림과 사진, 설명이 수록되어 있는데, 이를 통해 당시 판매되던 한국 가구의 실물에 가까운 모습을 살펴볼 수 있다.

- 패밀리 레코드 체스트The Family Record Chest: 족보장
- 브라스 캔들스틱Brass Candlesticks: 놋쇠 촛대
- 메디슨 체스트Medicine Chest: 약장
- 드레싱 박스Dressing Boxes: 경대
- 프린세스 캐비닛The Princess Cabinet: 공주 농
- 메디슨 체스트Medicine Chest: 약장
- 반닫이PAN DA JI, CASH BOX
- 펄-인레이드 캐비닛PEARL-INLAID CABINET: 나전농
- 도자기 / 놋쇠 제품SUN DRIED POTTERY / BRASS WARE
- 3층장 혹은 농CHANG OR CABINET-Three Decks: 삼층장
- 갑기수리KAP-KEE-SOO-RI CABINET: 갑게수리
- 코리안 체스트KOREAN CHEST: 한국 장

PAN DA JI CASH BOX—Brass Work

KOREAN CHEST—Open

PAN DA JI CASH BOX—Brass Work

PAN DA JI—CASH BOX—Brass Work.

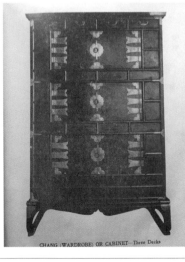

CHANG (WARDROBE) OR CABINET—Three Decks

BRASS VASES AND HIBACHI

THE FAMILY RECORD CABINET

BRASS CANDLESTICKS AND BUDDHA

THE PRINCESS CABINET

BRASS INCENCE BURNERS

MEDICINE CHEST

PEARL-INLAID CABINET

PYENG YANG—PAN DA JI CASH BOX
—Iron Work

1910~1914년 카바노프 상점과 1921년 테일러 상회에서 각각 발행한 『코리아』에 실린 다양한 가구들.

이 가운데 족보장, 약장, 공주 농 세 가지 가구의 영문은 잘못된 것을 쉽게 알 수 있다. 이는 서양 소비자들에게 쉽게 설명하기 위해 고안한 것으로, 특히 이름을 통해 극대화된 장식을 강조하고, 이 가구들이 실제로 한국인들이 사용하고 있는 것이라는 느낌을 더하기 위한 방법이었다.

앞서 살펴본 것처럼, 영국에서 판매하던 중국 물건들에도 중국 황실 관료들이 이용했던 중고(앤티크)임을 강조하는 판촉 전략을 취했듯이 이를테면 프린세스 캐비 닛이라는 이름은 마치 조선 왕실의 공주들이 썼던 가구라는 이미지를 내포하여 더 많이 팔기 위한 전략의 일환으로 만들어졌음을 추측할 수 있다. 아울러 본문에는 장 이나 농 같은 가구들은 여성들이 옷을 보관하는 데 쓰고 있다고 설명하면서 나무로 만들어진 가구에 나전칠기 문양 및 놋쇠 장석으로 장식성을 더한다고 덧붙이고 있 다.[62] 또한 캐시박스라 불리는 반닫이는 역시 여성들이 옷, 놋쇠 그릇(제기), 또는 돈 같은 귀중품을 안전하게 보관하는 가구라고 설명한다. 주로 두꺼운 재질의 회화나무 로 만들며 크고 단단한 브론즈 혹은 놋쇠 자물쇠와 경첩이 들어가고, 모서리 부분은 큰 금속 귀장석으로 덧대며, 새로운 스타일의 반닫이는 안에 서랍이 있다고 덧붙이 기도 했다.[63]

그 외에도 오픈 캐비닛Open Cabinet이라고 병기한 갑게수리는 서랍과 칸, 커다란 문이 있는 가구로 주로 남자들이 종이, 펜, 벼루 등을 보관하거나 약방에서 약을 보관 하기 위해 쓰인다고 설명했다.[64] 원래, 일본의 가케스즈리かけすずり에서 유래한 이름 의 갑게수리 또는 가게수리는 여닫이 문 안에 여러 개의 서랍을 설치한 단층장 형태 의 금고로, 귀중품이나 문서를 보관하거나 약장으로 사용했다. 하지만 설명과는 달 리 사진 속 갑게수리는 선반과 서랍을 다양하게 배열하고, 전체를 덮는 여닫이 문은 생략한 형태 내부를 그대로 노출하여 구조적 리듬을 강조하는 형태로 변형된 것이 다. 아울러 경대, 나전장[65], 놋쇠 제품 등에 대한 설명도 덧붙였다. 특히 나전장에 대 해서는 옻칠을 한 전나무 제품에 진주질을 한 것으로, 십장생 무늬를 세공하며 전라 도나 경상도에서 주로 만들어지지만 전라도 지방의 것이 최상품이라는 자세한 설명이 덧붙여져 있기도 하다.

본문의 마지막에는 가구를 중심으로, 한국의 결혼 풍습에 대해 자세하게 설명하고 있는데 혹색 옻칠, 즉 혹칠을 한 서류함에 혼서지를 보관하기도 하고, 신부는 부모로부터 선물받은 아름다운 장을 비롯한 가구들과 장식품을 가지고 시집을 온다는 식이다.[66] 이러한 스토리텔링은 가구의 역사적·문화적 맥락을 자세히 소개함으로써 소비자들에게 신뢰감을 주고, 판매하는 가구의 정통성을 강조하는 데 일조했다.

책자에는 판매 물품의 목록, 가격과 거래 조항 등이 나와 있는데, 몇 가지를 살펴보면 다음과 같다.

- 반닫이 혹은 캐시박스 : 25-50엔
- 경대 : 15~30엔
- 장 : 25~50엔
- 체스트(서랍장 형태의 농) : 45-60엔
- 나전농 : 100~200엔[67]

여기에 아래와 같은 추가 설명도 포함되어 있다.

"목재와 장석은 모두 우수하며 우리가 운영하는 작업장의 기술자들에 의해 점검하고 보수하였다. 우리의 모든 제품들은 포장하기 전 12시간 동안 훈증 소독을 하므로, 우리가 판매하고 포장한 제품이 당신의 집에 전염성 세균을 옮길 걱정은 필요 없다."[68]

"반닫이나 장을 보낼 때 추가 요금 없이 놋쇠 등 다른 제품을 넣을 수 있다."[69]

이 책에서 서술한 가구에 대한 지식과 정보 즉, 목재·기후·장식을 비롯한 남녀의 공간 구분과 혼인 풍습 등의 한국 생활 방식에 대한 내용은 어느정도 믿을 만하다. 물론 체계적인 조사와 연구에 의한 것은 아니지만 당시 가구를 제작하던 목기장이나 두석장에게 들었을 법한 내용들이다. 또한 이 자료를 통해 우리가 알 수 있는 것은 가구의 가격이 크기에 의해 정해졌다는 점, 나전농의 경우는 가구의 크기가 아닌 장식 면적에 따라 가격이 정해졌다는 점 등이다. 또한 반닫이의 경우 안에 서랍이 있는 형태를 새로 제작했으며, 1910년대 이미 카바노프 상점에서는 물건을 수리하는 공장, 즉 작업장이 있었던 것으로 보아 상인이 장인을 흡수하여 제작과 판매를 겸하는 형태였다는 것도 알 수 있다.

특히 이 책자에서 가구가 중고임을 강조하고 있다는 점도 눈길을 끈다. 이로써 가구의 골동적 성격을 드러냄과 동시에 특별한 관리를 받은 상태라는 점 역시 부각하고 있다. 다시 말해 오래된 가구라는 장점을 강조하면서 동시에 수리와 점검, 소독의 과정을 거쳤다는 점을 강조할 필요가 있었다는 의미다. 이는 곧 서양인 소비자들에게 내재된, 모순된 양가성 때문이기도 하다. 테리 역시 좋은 가구는 중고 가게에서 찾을 수 있다고 했으나 이 가게들은 대개 '매우 더럽고', '불결'하여, 소독을 하지 않고서는 사거나 집으로 보낼 수 없다고 주장하고 있다.[70] 소비자 입장에서는 진짜 한국 사람들이 쓰던, 오래된 골동을 원하면서 동시에 현지인에 대해 폄하하는 태도가 공존하고 있었음을 짐작할 수 있다. 1921년 발행한 테일러 상회의『코리아』에서는 이런 설명이 등장한다.

"새롭게 제작한 가구의 경우 일반적인 형태를 따라 만들지만 금속 장식은 살짝 변형될 수 있다."[71]

이는 즉, 소비자의 요구에 따라 주문 제작되는, 다시 말해 가구 제작에 디자인 개념이 등장했음을 보여준다. 1924년『토머스 쿡 중국 관광 안내서』에 삽입된 테일러 상회 광고 사진을 보면, 장석 장식이 커져 화려함을 더할 뿐 아니라 서양식 책상,

이를테면 영국의 라이팅 뷰로writing bureau로 변형 가능한 새로운 형태의 반닫이가 소개되기도 했다. 라이팅 뷰로는 앞면에 장착된, 여닫을 수 있는 경사진 부분을 열면 책상으로 쓸 수 있는, 서랍장을 개조한 형식의 가구다. 17세기 후반에 등장한 뒤 18세기에 이르러 거실 가구로 큰 인기를 끌었다.

이러한 가구는 1930년경 발간한 테일러 상회의 『한국 물건에 관한 소고』에도 등장하는데, 이를 두고 '모던' 타입의 가구라고 부르기도 했다. 또한 『한국 물건에 관한 소고』에서는 한국 가구가 아래와 같이 구성된다고도 했다.

- 의장Wardrobes
- 장Chang
- 혼수함Wedding Chests
- 패물함Treasure Boxes
- 경대Dressing Boxes
- 책궤Library Sets
- 약장Medicine Chests

이러한 가구들은 여러 가지 방법으로 제작하는데 주로 자연산 목재에 금속 장석을 달거나, 나전칠이나 조각을 더하여 장식한다고 설명한다. 무엇보다도 새롭게 제작되는 가구를 소개하며 이렇게 언급한 것도 눈에 띈다.

"옛 것을 따르되, 우리의 현대적 사용에 맞춰 내부와 전체를 변형하였다."[72]

하지만 한국의 가구가 중국이나 일본의 영향을 받지 않은 한국 미술의 독특한 특성을 지녔다면서도, '1632년 배의 난파로 포로로 잡혀 있던 네덜란드 사람들의 영향을 받았다'고 주장[73]하는 등 훨씬 더 이전의 정보보다 오히려 더욱 논란의 여지가 있는 내용이 많이 등장한다. 또한 언급한 '네덜란드 포로'가 1627년 조선에 처음 정착한 벨테브레, 즉 한국명으로 박연인지 1653년 나가사키로 가는 도중 제주도 해안에 좌초되었던 네덜란드 동인도회사 선원 하멜인지는 확실하지 않다. 아무래도 저자가 바뀌었거나 판매 촉진을 위해 주관적인 내용을 서술하면서 오류를 일으킨 것으로 보이는데, 출처가 불분명한 주장이지만, 어쩌면 한국과 유럽의 라이프 스타일의 유사점을 주장하여 소비자들에게 익숙하게 다가가기 위한 방편이 아니었을까 추측해 본다.

또한 최상의 전통가구는 부유층과 관리들의 집에서 나온다고 강조하기도 했는데 이것으로 보아 1930년대인 이 당시에도 서양인들 사이에서는 실제 조선에서 사용하던 '진품'이자 '상류 계급'과 연결되었다는 가치를 중시하던 인식에서 비롯한, 중고 골동을 선호하는 경향이 남아 있었음을 알 수 있다.

그러나 제한된 공급으로 인해 '새로운, 주문 제작 가구'newly bespoke and commissioned furniture로 이어졌다는 설명이 이어지는데,[74] 이 새로운 가구 품질에 대해 '비싼 한국 목재, 전통적인 금속 조각 기술, 디자인'을 보증한다고 설명한[75] 부분에서는 당시 값싼 목재가 수입되고 기계식 공정이 도입되고 있었음을 추측하게 한다. 소비자들은 판촉 안내 자료인 이 책자를 보고 물건을 주문할 수 있었는데, '앤티크 타입' 또는 화려한 마감fancy finish을 추가한 '모던 타입' 중에 취향에 따라 고를 수 있었다.

새롭게 만들어진 유형의 가구는 기존 반닫이 등에 비해 서양 고객의 취향에 맞춰 장석을 많이 쓰거나 마감을 화려하게 할 뿐만 아니라 서랍을 추가하고 라이팅 뷰로로 변형 가능하도록 디자인되어 대체로 높아졌다. 이렇게 변형된 가구에 대한 쓰임새는 다음과 같이 설명을 붙였다.

"홀, 즉 현관이나 혹은 복도 끝에 두어 자동차 담요를 보관하거나 옷이나 이불 또는 모자 등을 넣어두는 서랍으로 쓸 수 있다. 키가 큰 것들은 앤티크 책상으로 바꿀 수 있다."[76]

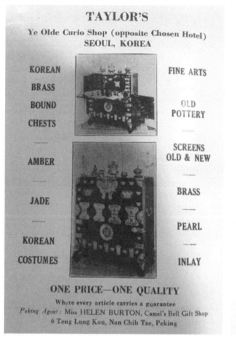

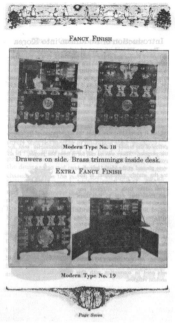

FANCY FINISH

Modern Type No. 18

Drawers on side. Brass trimmings inside desk.

EXTRA FANCY FINISH

Modern Type No. 19

Page Seven

『토머스 쿡 중국 관광 안내서』 1924년 판본에 실린 테일러 상회 가구 광고.

『한국 물건에 관한 소고』에 실린 모던 타입 캐시 박스

Songdo Antique Cash Boxes

Songdo, the capital of the dynasty preceding the last which went out of power at the time of the annexation of this country by the Japanese, developed a style of cash box which is peculiar to this district. Instead of the top half

dropping or opening the entire length of the front, it opens in the center from the sides of two small drawers which are on the top of either side. Usually there is less brass and the lower portion of the chest is not decorated. The wood and color are the same as that in the chests previously described. The brass hinges are usually engraved with the characters for longevity, prosperity, and wealth. These chests can be put to the same use as previously suggested in our description of the Seoul Cash Box.

Antique Type No. 9

Measurements:

Height 38"   Width 36"   Depth 18"

Page Six

『한국 물건에 관한 소고』에 실린 송도 앤티크 타입 반닫이.

당시 테일러 상회에서 판매하던 놋 촛대 역시 키가 큰 것들은 '홀 촛대'라고 이름 지어 복도(홀)에 두는 용도로 추천하기도 했다. 이런 자료로 볼 때 조선의 가구와 소품 등을 서양식 주거 인테리어에 맞춰 변형시켜 판매했던 것을 확인할 수 있다.[77]

_ 전통가구와 화양가구의 양립

딜러들의 출판물에 나타난 사진과 글을 통해 1910~1930년대 서양 고객의 취향에 맞춰 디자인 및 형태를 변형한 '수출용 가구'의 등장을 알 수 있는데, 이러한 수출용 가구가 전통가구나 당시 유입된 외국 가구와는 어떤 차이를 가졌는지, 나아가 가구 디자인의 역사와 흐름 속에 이런 가구들이 어떤 위치와 의미를 지니고 있는지는 좀더 면밀히 살펴볼 필요가 있다.

개화기를 비롯하여 일제강점기의 가구는 일반적으로 품질이 쇠퇴한 것으로 여겨져 이에 대한 연구가 활발하지 않다. 게다가 이종석을 비롯한 이 분야의 학자들은 대부분 이 시기 가구들이 가구의 구조미와 유용성을 넘어 지나치게 외관 장식에만 치중, 전통가구의 본래 특성을 저하시키고 있다고 비판했다.[78]

그러나 한편으로 이런 인식들은, 조선시대는 전통적인 수공업과 연결시키고, 이후 가구의 변천은 일본을 통해 유입된 근대 공구와 기계를 사용했다는 상황만으로 단순하게 이분법을 적용하여 양분시킨 것은 아닐까 돌아볼 필요가 있다. 또한 이 시대를 둘러싼 정치적 상황 역시 가구에 대한 판단에 영향을 미친 부분은 없는지도 생각해볼 부분이 아닐까 한다.

여기에 남아 있는 자료의 미흡함, 이 시기 가구에서 볼 수 있는 조악한 기법과 재료의 질 등으로 인해 수출 가구는 그동안 학계의 주목을 거의 받지 못했으나, 이 가구들을 분석하는 일은 그 당시 서양인들의 한국 전통가구에 대한 수요와 관심을 확인하는 일일 뿐만 아니라 나아가 이 가구들이 젠더와 국경을 넘어 서양으로 향하는 흥미로운 경로를 획득했는지를 파악하는 일이기도 하다.

앞서 말했듯, 서양 여행자들과 거주자들에게 수납용 가구는 가장 인기 있는 품목 중 하나였다. 그러나 이 시기 한국은 사회 전반의 분위기는 물론 생활 방식이 급격히 달라지면서 가구 자체는 물론 이를 둘러싼 상황 역시 급변하고 있다는 사실을 기억해야 한다.

그 가운데 살필 부분이 바로 수입 가구에 대한 것이다. 개항과 함께 일본인들과 서양인들은 앞다퉈 조선으로 이주하기 시작했다. 그러면서 그들에게 필요한 생필품 등도 수입이 되기 시작했는데, 거기에는 가구도 있었다. 『조선해관연보』에도 기록되어 있듯 개항 직후 가구는 주요한 수입 품목 중 하나였다. 이런 가구를 보통 서양식 가구 혹은 화양가구和洋家具[79]로 불렀는데, 일제 시대 공업 통계 및 각종 자료에 등장하는 화양가구는 화和 가구와 양洋 가구의 병칭으로, 엄밀하게는 일본식 가구와 서양식 가구 그리고 그 절충적인 형태의 가구를 총칭해서 부르는 말이었다.

화가구는 단스簞笥와 다나棚를 중심으로 한 수납용 가구가 주류를 이루었고 양가구는 상箱, chest과 장欌, cabinet 같은 수납용 가구와 다양한 의자, 테이블, 책상, 침대 등이 대표적이었다.

1905년 을사늑약 이후 일본인들이 확연하게 증가하고, 각종 근대식 공공 기관 및 기업체들이 등장하면서 이들의 수요에 맞춰 수입 대신 직접 제작하여 판매하는 가구 제작소도 빠르게 늘어났다. 개항과 함께 조선에 진출한 일본 가구 제작업자들은 1890년대 이후 조선 내에서 직접 화양가구를 제작하여 시중에 공급하기 시작했다.

그리하여 이 시기 한국에서 제작되는 가구는 크게 두 줄기, 즉 전통가구와 화양가구로 나뉘게 된다. 이런 추세에 맞춰 1907년부터는 일제 통감부가 운영한 공업전습소 목공과에서 가구를 제작했고, 황성기독교청년회에서도 공업 교육 차원에서 가구를 제작하는 공예과를 운영했다. 모두 일본식 공구와 개량 기계로 화양가구를 제작하여 수입을 하지 않아도 한국 내에서 필요한 수요를 맞출 수 있었다.[80]

이태희는 일제 시대 새로운 주거 공간의 등장과 연결된 가구의 변화에 대해 논의한 바 있는데 그는 특히 1920~30년대 서구와 일본으로부터 새로운 주거 형태가 유입되어 기존의 한옥과 상호 영향 관계 속에 혼재된 시기에 주목했다.[81] 흔히 '문화주택'이라 불리던 근대적 주거 형식은 1922년 일본 평화기념도쿄박람회에서 처음 선보인 후 한국에도 소개되어 한옥 개량을 목적으로 건축가들이 제시한 서양과 일본의 절충된 주택 형식을 통칭한다. 이러한 주거 형식은 1920~30년대 문화주택지라는 대규모의 도시 주거 계획의 한 부분으로 경성을 중심으로 한 중·상류층에 한정되었다.

　문화주택 구조에서는 기존 한옥 구조에서의 안방과 사랑방이 각각 주인실과 응접실 및 서재로 대체되어 가고 있었는데 1930~40년대까지도 주인 침실은 기존의 평좌식平坐式이 유지되어 기존의 안방 가구와 같은 가구, 즉 옷과 이부자리의 수납 가구가 활용되고 있었던 반면 응접실과 서재에서는 새롭게 등장한 의좌식椅坐式 가구가 도입되었다.[82]

　이러한 주거 공간의 변화에 따라 1920년대에는 전통가구의 한 축을 구성했던 문갑·사방탁자·서안 등과 같은 사랑방 가구가 점점 사라지고 대신 의자·책상·테이블·소파 등의 화양가구가 응접실과 서재에서 널리 사용된 반면 주인(침)실은 여전히 전통적인 안방 가구를 선호하였기에 같은 주거 공간 안에서도 두 가지 가구 양식이 공존한 경우가 많았다.

　당시 전통 수납 가구 혹은 안방 가구에 관해 박동진이나 박길룡 등을 비롯한 건축가 혹은 지식인들은 구조나 용도는 도외시한 채 외적 장식에만 주력하고 있다고 강하게 비판하곤 했다.[83] 당시의 가구 유행 풍조에 대해 기능과 우아함의 균형을 이루어 자연스럽게 꾸미지 않은 멋을 지닌 전통가구의 본질을 잃어간다고 여긴 것인데, 실제로 가구를 사용하는 소비자들은 의장 개선에 대해서 문제 제기를 하기보다 오히려 화려한 의장 때문에 화양가구보다 전통가구를 선호하기도 했고,[84] 이처럼 화려해진 의장은 한국인뿐 아니라 서양 소비자들의 구미에도 맞는 전통가구의 중요한 특징으로 부각되었다. 이로 인해 전통가구에 더 많은 금속장식을 달았고, 장식의 크기도 커졌다. 나전장식 역시 판재 전면으로 확장되어 전통가구의 외관은 더 할 수 없이 화려해졌다.

딜러들의 출판물에서 살펴보았듯이, 서양 고객들은 우선적으로 오래된 가구를 선호
했지만, 누군가 사용하던 옛 가구를 공급하는 것에는 한계가 있었다. 이를 극복하기
위해 딜러들과 제작자들이 만들어낸 새로운 장르가 바로 수출 가구다. 이는 간단히
말해 서양인의 필요와 용도에 맞춘 것으로 홀, 서재 등 서양식 주거 공간에 어울리도
록 한 것이다.

수출 가구를 전통가구에서 분리시키는 이유는, 내수용이나 수출용 모두 수납용
가구류가 주를 이루긴 했지만, 가구가 놓이는 위치부터 아예 달랐기 때문이다. 한국에
서 전통가구는 주로 여성들이 혼수로 준비하고, 이후에도 주인 침실, 즉 안방에 두고 사
용한다. 하지만 수출 가구는 남성 혹은 중성적 공간을 염두에 두는 것이 일반적이었다.

또한 안방이나 주인 침실에 들어갈 내수용 가구들의 장식은 여성적 취향에 맞
춰 화초나 길상문이 선호되었지만, 수출 가구는 단순화된 전통 문양을 크게 키우거
나 개수를 늘려 장식 면적을 확대하는 쪽을 선택했다. 게다가 앞서 국립민속박물관
소장 엽서에서 보았듯 내수용 가구들은 공간 활용과 수납 양을 늘리기 위해 두 가지
종류의 수납 가구를 종종 합치기도 하지만, 서양식 주거 공간 속에 놓일 수출 가구는
장식적 목적이 우선시되어, 다른 종류의 수납 가구와 합치기보다 책상처럼 다른 용
도로의 변형이 가능한 형태로 발전했다. 그러면서도 수출 가구는 제작 공정에서 새
로운 도구와 기술을 적극 받아들이긴 하지만 전통적인 장식 패턴을 유지하고, 거울
이나 유리 또는 자수 등 당시 유행하던 재료를 섞어 쓰지는 않았다는 점을 특징으로
들 수 있다.

테일러 상회의 경영자이자 2021년 복원 개관한 딜쿠샤의 주인인 테일러 가족
의 사진첩 속에서 한국의 반닫이를 책상으로 변형하여 의자와 함께 배치한 이른바
수출 가구를 만날 수 있다. 이처럼 반닫이를 라이팅 뷰로로 변형하는 아이디어가 언
제 어디에서 시작했는지는 알 수 없지만, 1920년대 초부터 자주 등장한 관행으로 봐
도 무방할 것이다.

테일러 상회 경영자이자 딜쿠샤의 주인이었던 앨버트 테일러 가족의 사진첩에 실린 가구. 한국의 반닫이를 책상으로 변형하여 의자와 함께 배치한 것으로 당시 유행한 수출 가구의 형태를 짐작할 수 있다. 서울역사박물관.

朝鮮簞笥式デスク

京城 李用淳

1932년 제11회 조선미술전람회에서 입선한 이용순의 〈조선단사식 데스크〉

테일러 상회에서 출간한 『한국 물건에 관한 소고』에 실린 모던 타입 놋 촛대(왼쪽)와 1932년 제11회 조선미술전람회에서 특선한 이남이의 〈진유제 조선촛대식 플로어 스탠드〉(오른쪽).

1933년 제12회 전람회에서 입선한 이남이의 〈조선단사형 라이팅 뷰로〉.

전통가구를 서양식으로 변형한 수출 가구는 거꾸로 한국 가구 디자인과 공예에도 크게 영향을 끼쳤다. 1922~1944년까지 열린 조선미술전람회는 일본 문부성이 주최하는 전람회인 제국미술원전람회를 모방하여 조선총독부 주관으로 1922년 창설된 종합 미술 공모전이다. 이 전람회는 동양화·서양화·조각·서 부문으로 시작했는데, 1932년부터 조각과 서 부문이 폐지되면서 사군자는 동양화부로 편입되고, 대신 공예 부문이 신설되었다. '미술공예' 개념이 이미 자리잡은 일본과 달리 이 시기 한국에서의 공예품은 독립된 작가나 출품작에 대한 개념이 충분히 형성되지 않았다.[85] 때문에 조선미술전람회 초기 공예 부문에는 전통적인 수공예와 산업 공예의 절충안 같은, 과도기적 상황을 반영한 작품이 여럿 등장할 수밖에 없었다.

1932년 공예 부문 첫 해 입선작은 이용순의 〈조선단사[86]식 데스크〉였다. 사진으로 볼 때는 앞면이 닫혀 있지만, 제목을 통해 책상으로 개조할 수 있는 형태라는 걸 알 수 있다. 의좌식 책상으로 사용하기 위해 반닫이의 다리 높이가 높아졌고, 금속 장석은 갖가지 모티브를 섞은 형태로 화려하게 마감했다. 같은 해 특선작은 이남이의 〈진유[87]제 조선촛대식 플로어 스탠드〉였다. 초 대신 전구를 끼울 수 있도록 전통 촛대의 모양을 변형한 스탠드인데, 1930년대 테일러 상회의 『한국 물건에 관한 소고』에 등장한 촛대 디자인과 비교해 보면 테일러 상회의 것은 나비 모양의 반사판을 확대하고 가운데 구멍을 뚫어 전기를 연결할 수 있도록 변형한 모던 타입 촛대[88]였는데, 이남이의 것은 전구 갓과 나비 모양 반사판에 새로운 재료를 더했다.

다음해인 1933년 제12회 조선미술전람회 입선작은 이남이의 〈조선단사형 라이팅 뷰로〉였다. 장 형태의 가구를 라이팅 데스크로 개조하여 책상 위에 펜pen대와 전기 스탠드를 결합하여 구성한 것으로 오늘날 시각으로는 다소 조악해 보일 수 있으나, 한창 전통공예가 산업공예로 발전하기 위한 초기 단계였음을 감안하고 볼 필요가 있다. 하지만 그 다음해인 1934년 제13회 조선미술전람회 이후로 이러한 형태와 스케일의 가구는 거의 사라졌고, 대신 공예 부문은 건칠과 자개옻칠 등의 칠기 제품이나 낮은 소반 등의 소품, 또는 자기 제품이 주류를 이루었다. 이렇게 된 데에는 한국 가구 디자인의 변형과 발전을 가로막은 한계가 있었을 수도 있으나, 당시 수출 가구의 영향으로 인한 한계를 드러내는 면도 있다 할 것이다.

비록 서양 고객의 수요에 맞춰 새롭게 제작되기는 했으나 그럼에도 불구하고, 수출 가구는 전통 방식의 장식 기법과 디자인, 재료 등을 유지하면서 어디까지나 '한국적인 것'으로 남아 있기를 요구받았다. 어쩌면 '진짜' 한국 물건이면서 동시에 서양식 주거 공간 안에서 '이국적이고 흥미로운 인테리어 소품이자 가구로 보이기'까지 해야 하는 딜레마를 출발점부터 품은 채 발전해온 셈이다.

이러한 수출 가구는 이른바 한국의 근대화 과정 속에서 과연 '전통'을 어떻게 정의해야 하는지, 한국만의 고유한 문화란 어떤 것인지에 대한 질문의 답을 찾아가는 과정 중 하나였다. 비록 전통과 근대라는 이질적인 가치의 절충을 꾀하면서 결국 불완전한 결과물을 내놓긴 했으나 주어진 상황과 한계 속에서 서양인들의 기호와 수요에 맞춰 한국 공예 디자인의 변화를 모색했다는 의미는 충분히 부여할 만하다.

제4장

고려청자에서
조선백자로,
취향 변화의
속사정

조선 도자기, 취향과 시장의 변화

_ 하늘 높은 줄 모르고 급등하는 고려청자 값

한국 근대 미술시장 연구에서 1920년대는 대체적으로 일본 중산층의 유입을 통해 새로운 국면을 맞이한 시기로 본다. 직업의 안정과 사업의 성공을 통해 부상하기 시작한 중산층 사이에서 미술품을 감상하고 나아가 이를 수집하려는 이들이 부쩍 늘기 시작했다. 이들은 대부분 교육 기관이나 조선총독부 산하 관공서 등에서 일하는 화이트 칼라 지식인들이거나 의사 변호사 같은 전문직 종사자였다.[01]

하지만 일반 시장에서는 일본인 골동상과 수집가들 사이에 독과점 거래가 이미 형성되어 있어 이제 막 미술품 시장에 진입하려는 중산층 계급에게는 극복할 수 없는 장벽이 존재했고, 게다가 이왕가박물관 설립 이후 박물관의 납품을 거의 일본인 골동상들이 독점하다시피 하면서 고려청자를 비롯한 인기 있는 미술품 가격은 끝없이 치솟아 경제적으로도 쉽게 넘볼 수 없는 상황이었다.

이 당시 거래되는 청자 가격을 특정하기는 어렵지만, 몇 가지 예로 가격 급등이 어느 정도였는지 짐작할 수는 있다. 1908년 1월 이왕가박물관은 일본인 골동상 곤도 사고로로부터 950원에 〈청자 상감 동화 포도 동자 무늬 조롱박모양 주전자와 받침〉을 구입했다.[02] 그뒤 1935년 수장가 간송 전형필은 일본 상인으로부터 2만 원에 구름과 학 문양이 새겨진 〈청자 상감운학문 매병〉을 구입했다고 알려져 있다.[03]

조선 상류층의 삶을 보여주는
주거 공간의 사례. 맨 위는 1920
년대 한 조선 상류층의 거실이
고, 가운데와 아래 사진은 1938
년 『조선과 건축』에 실린 최창학
저택 전경과 응접실이다.

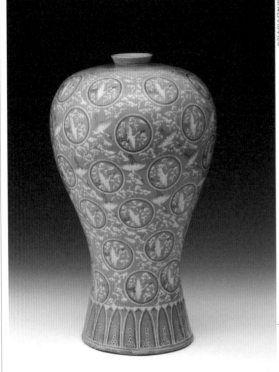

©간송미술문화재단

이왕가박물관이 일본인 골동상 곤도 사고로에게 사들인 고려청자의 명작 〈청자 상감 동화 포도 동자 무늬 조롱박모양 주전자와 받침〉(위, 국립중앙박물관)과 간송 전형필이 일본 골동상에게 사들인 〈청자 상감운학문 매병〉(아래).

1938년 보화각 개관 기념 사진. 왼쪽에서 다섯 번째가 오세창, 여섯 번째가 전형필이다.

1940년 5월 1일자 『동아일보』에 오봉빈이 기고한 기사.

수장가로 유명한 전형필은 종로에서 대부호의 아들로 태어났다. 23세에 서화가이자 독립운동가 위창 오세창과의 만남을 계기로 삼국시대부터 조선 근대에 이르는 우리 문화 유산을 수집하는 데 헌신했고, 자신이 수집한 문화재를 기반으로 1938년 우리나라 최초의 사립미술관 보화각을 설립했다. 1940년에는 경영난에 봉착한 보성고보를 인수한 것으로 유명하다.

그가 청자 하나를 위해 지불한 2만 원은 그 당시 기와집 20여 채를 살 수 있는 금액이었다고 한다. 숫자로만 봐도 1908년에 비해 약 20배 정도 가격이 급등한 것을 알 수 있다. 또한 그는 1937년 도쿄에 거주하던 영국인 법률 고문 존 개스비John Gadsby의 청자 컬렉션 20점을 얻기 위해 약 쌀 1만 석에 해당하는, 32만 원을 썼다고도 한다.[04] 이 가운데는 훗날 국보로 지정된 것이 4점, 보물로 지정한 것이 3점이나 포함되어 있어 그 가치가 뛰어나긴 하지만 가격은 상상하기조차 어렵다.

청자 가격은 하늘 높은 줄 모르고 급등하고, 청자를 원하는 이들은 많으니 시장에서는 새로운 대체품이 등장했다. 그 가운데 조선에 거주하던 일본인들이 만들어낸 청자 모조품이 있었다. 대표적인 인물로 도미타 기사쿠富田儀作, 1858~1930가 있다. 그는 1908년 평안남도 진남포에 삼화고려소, 1911년 서울 묵정동에 한양고려소를 설립하여 신 고려소라 불리는 재현 청자를 생산했다. 이렇게 만든 청자들은 일본으로 수출하거나 관광 기념품으로 판매하여 청자를 사려는 다양한 소비자들의 수요를 만족시켰다.

_ 새로운 대상, 조선백자의 부상

대체품으로 등장한 것이 또 있는데, 바로 조선백자다. 제대로 된 청자를 구하기 어렵게 되면서 일본인 지식인층을 중심으로 조선백자의 가치를 알아보는 이들이 늘어나기 시작했고, 1920년대 무렵부터 미술품 수집에 관심을 보인 중산층 컬렉터들 사이에서 고려청자의 대체품으로 조선백자가 부상했다.[05]

한국인 수장가들이 본격적으로 등장한 것은 1930년대 이후로 볼 수 있다. 의사, 변호사, 사업가를 비롯해 막대한 땅을 소유한 이들이 주축이 되었다. 조선미술관을 경영하던 오봉빈이 1940년 5월 1일 『동아일보』에 기고한 기사에 따르면 오세창, 전형필, 박영철, 김찬영, 손재형, 박창훈은 대수장가로 꼽을 수 있는 한국 인사로, 10년 이내의 기간 동안 열심으로 수집하였다고 했다.[06]

이들 중 전형필과 장택상은 막대한 부를 바탕으로 중간 거래인을 두고 일본인 수장가와 대등한 컬렉션을 축적했는데, 장택상의 중개인으로 활동했던 지순택은 후일 도예가로 활동하기도 했다. 이들은 단지 미술품 그 자체를 수집하는 데 열중하기도 했지만 때로는 한국 문화재의 해외 유출을 막기 위해 노력하기도 했다.

앞장에서 1909년 개최된 '고려소' 전시를 통해 말한 바 있듯 고려청자의 수집과 감상은 식민지 조선의 통치자이자 조선의 전통문화 수호자라는, 일본인 엘리트 그룹의 정체성을 형성하는 데 큰 역할을 했다. 팽창주의를 추구한 일본의 식민 정책은 자국의 기업가와 금융가 들을 위시한 신흥 부르주아 계급들로 하여금 자본 및 경제력은 물론 생산 수단 소유권을 독점하도록 허용했다. 이로 인해 막대한 부를 구축한 신흥 부르주아 계급은 과거의 다도 문화를 20세기 초의 문화적 오락거리로 부활시킬 만큼 영향력을 손에 쥐게 되었는데, 이런 이들 사이에 도자기 수집을 둘러싼 일종의 경쟁이 펼쳐짐으로써 어떤 도자기를 획득했느냐가 곧 부와 권력, 지위를 표현하는 수단으로 작동하기도 했다. 아시아 디자인 사학자 크리스틴 거스Christine Guth는 대표적으로 미쓰이 그룹三井グループ의 수장이었던 마쓰다 다카시益田孝, 1848~1938를 통해 16세기 유행했던 다도 문화의 부활을 설명했다. 이들 사이에 다도 문화는 자신의 수장품을 전시하고 감상하는 엘리트 및 귀족층의 배타적인 사교 모임으로 발전하여, 정치·경제·사회적 권력을 공고히 다져갔다.[07]

이처럼 사회 질서 안에서 자신의 위치를 확립하고 부각시키기 위해 상징적으로 다도를 즐기고 관련 컬렉션을 구축해 나간 것은, 프랑스 유명 사회학자 피에르 부르디외Pierre Bourdieu, 1930~2002의 핵심 개념인 '문화적 자본'cultural capital의 한 단면으로,

특정한 계급 집단을 구분 짓고 유지하는 문화적 재화·취향·관계 등의 총체라 볼 수 있다.[08]

20세기 초 일본 엘리트 집단에서 일어난 다도 문화의 부흥과 고려청자 수집 열기는 그 뒤를 이은 또다른 수장가 집단에 영향을 끼칠 수밖에 없었다. 일제강점기 초등학교 교사이자 조선 도자기 연구가였던 아사카와 노리타카浅川伯教, 1884~1964 역시 이러한 상황을 고백한 바 있다. 미술평론가이자 민예연구가인 야나기 무네요시柳宗悦, 1889~1961에게 조선 도자기에 대한 관심을 처음 촉발시킨 인물로 알려진 아사카와는 이왕가박물관에서 본 고려청자에 매료되었던 다도 애호가였다. 그러나 고려청자는 그의 재정적 상황으로는 감당할 수 없었다. 따라서 그 대체품으로 비교적 저렴하고 구하기 쉬운 조선백자에 관심을 두기 시작했다.[09] 이런 상황은 야나기 무네요시도 다르지 않았다. 야나기 역시 천정부지로 치솟은 고려청자 가격 때문에 조선백자로 눈을 돌렸다고 고백했다.[10]

이렇게 되자 경성과 도쿄에서 활동하던 야나기와 아사카와 노리타카 그리고 그 동생 아사카와 다쿠미浅川巧, 1891~1931를 주축으로 한 조선 도자기에 관심을 둔 무리들이 모여들기 시작했다. 20세기 일본 역사 연구가 킴 브란트Kim Brandt는 이들이 당시 다도 문화를 주도하던, 즉 이 세계에 급부상한 부르주아 계급과 비교하자면 다소 불안정한 위치에 있는 예술가·작가·대학생 또는 교사 신분 등의 중산층 지식인이었다고 설명한다.[11] 이 새로운 그룹은 식민지 조선에서의 자신들의 위치를 충분히 활용하고, 서양미술사조와 지식을 흡수하여 당시 '수집할 만한 미술'의 카테고리를 확장하고 변화시키려고 했다. 자본주의적 사치와 쾌락주의적 생활 양식을 대표하게 된 당시 다도 문화의 권위에 도전하면서 동시에 사치스럽지 않은 소박한 생활 용구와 공예품에 가치를 부여했다.[12]

미술평론가이자 민예연구가 야나기 무네요시로 하여금 조선 도자기에 대한 관심을 갖게 한 아사카와 노리타카, 아사카와 다쿠미 형제는 그들 자신이 고려청자에 매료되었던 다도 애호가이기도 했다. 사진은 그들 가족 사진으로 뒷줄 왼쪽이 아사카와 노리타카, 오른쪽이 아사카와 다쿠미다. 나머지는 그의 부인과 딸들, 그리고 어머니다. 오사카시립동양도자미술관.

이들이 1920~1930년대 유행시킨 도자기의 유형은 그 이전까지 일본 다도 문화에서 사용하던 조선의 옛 사발이나 찻잔과는 다른 것들이었다. 이들은 조선의 유교 의식과 관련된 물건들, 화병, 조선 문인들의 애완품이었던 연적과 필통(붓통) 같은 문방구 종류를 애호했는데, 이런 물건들은 그 이전까지 일본의 다도 문화에서 어떤 자리도 차지하지 못했던 것들이다.[13]

아사카와 형제와 야나기 무네요시가 조선 도자기를 수집하기 시작한 것은 1914년 무렵부터로 알려져 있는데, 이는 골동품 시장에서 이미 조선 도자기가 유통되고 있었음을 말해주기도 한다. 영국 빅토리아 앤드 앨버트 박물관의 와일드나 윌리엄 탭 박사Dr. W. M. Tapp, 1859~1936 역시 이미 1910년대 초 조선을 방문하여 조선백자를 수집해 가기도 했다. 하지만 이런 사실이 당시에는 거의 눈에 띄지 않았는데, 아마도 당시 골동품 시장이 고려청자를 중심으로 투기와 수익이 집중되어 있었기에 조선백자의 수요는 물론 거래 자체에 주목하는 이들이 상대적으로 적었기 때문으로 보인다.

고분에서 출토되는 고려청자와는 달리 조선백자는 가마터에서 발굴하거나 일반 가정집에서 나오는 경우가 많았다. 고분에서 출토되는 경우가 적은 데는 그만한 이유가 있었다. 우선 조선에서는 유교의 이상과 교리의 영향으로『주자가례』와 같은, 왕실과 사대부가 지켜야 할 예법과 의례가 확립되어 있었다. 이전 시대까지 당연시했던, 부장품을 매장하는 관습은 신라와 고려 시대에 비해 절제되었고, 그 수량과 종류도 간소해졌다. 이뿐만 아니라 왜구와 만주족 등의 침략으로 인해 큰 전쟁을 치른 이후로 부장품 풍속은 점차 사라지기 시작했다.

또한 조선시대 고분은, 상대적으로 도굴이 쉬웠던 고려시대 고분 구조와는 그 형태가 달랐다. 고려의 고분 구조는 도굴꾼들이 묵직한 막대기로 바닥을 두들겨서 속이 비어 있는 공간인지 확인하거나 날카로운 쇠꼬챙이로 바닥을 찔러보면 고려의 무덤인지 쉽게 알 수 있다는 증언이 많다.[14] 하지만 고려 고분에 비해 조선 고분은 도굴이 쉽지 않았다.

　이런 까닭으로 고분에서 유물을 꺼내기 쉽지 않은 대신 조선백자는 가마터에 남은 도편陶片의 도굴과 밀매가 성행했다. 한 예로 가마터 유적 발굴은 1920년대 조선총독부의 고적조사위원회에서 종종 시행했는데, 1927년 계룡산 일대의 가마터 발굴로 온전한 분청사기들이 많이 발견되었다. 그러자 일본 골동상인들이 도굴이라도 하듯 도굴꾼들을 불러 발굴한 유물을 일본으로 반출해 나가는 데 급급했다.[15] 이때 발굴된 분청사기는 일찌감치 일본인들이 '미시마'ゐしま, 三島란 이름으로 애완하던 도자기였다. 미시마는 일본에서 이미 1561년부터 분청사기를 지칭할 때 사용한 용어다. 실제로 1927년 계룡산 가마터 발굴과 동시에 경매가 바로 진행되기도 했는데 이때 분청사기를 구입한 일본인들이 꽤 많았다고 한다.[16]

　수장가 수정 박병래의 회상에 따르면 일본인들은 한국인 수장가들을 '수적패'라며 얕잡아 보았다는데, 한국인 수장가들이 수적(연적)이나 필통처럼 크기가 작은 문방구 종류만을 주로 수집한다는 이유였다.[17] 한국인 수장가들이, 고려청자를 독점적으로 유통시키는 데다 막대한 자본을 통해 원하는 물건을 앞다퉈 수집하는 일본인들의 문화적·경제적 자본과 경쟁할 수 없었던 상황을 짐작하게 한다.

　이와는 다른 이야기도 전해진다. 1913년 문을 연 한국 최초의 필방으로 알려진 구하산방九霞山房 대표이자 골동상인 우당 홍기대에 따르면 그 당시 한국인 수장가들은 조선 사대부 양반가 취향의 품목들, 즉 연적이나 물통, 필세筆洗, 붓통 등 백자로 만든 문방구를 선호했으며 접시나 사발처럼 주방에서 쓰던 식기류 수집은 주저했다고 한다.[18] 이에 반해 일본인들은 안방의 '도코노마'床の間를 고운 화분이나 꽃병, 그림, 꽃 등으로 장식하는 풍습이 있어 여기에 둘 만한 높이 30센티미터 미만의 꽃병을 선호했다고 한다. 30센티미터는 도코노마의 낮은 천장을 고려한 높이로, 일본인들은 이를 '사쿠'尺라는 전통 길이 단위로 불렀고, 여기에 들어가는 꽃병은 '사쿠추보'尺壺라고 불렸다. 조선의 백자는 바로 도코노마에 놓을 사쿠추보로 안성맞춤이었다.

　이렇게 보면 한국인 수장가들이 조선백자로 만든 문방구를 더 선호했던 까닭이 단지 경제적·문화적 자본에서 밀려서라기보다 조선 사대부 문화를 선호하고 자신들의 수집 행위를 통해 그들과 동일시하려는 수단으로 여겼기 때문이라고 이해할 수 있다. 또한 여기에서 중요한 것은 이미 1910년대부터 골동 시장에서 다양한 조선의 백자들이 판매되고 있었고, 이 무렵 영국인 수집가들과 일본 중산층 지식인들이 조선백자만의 미학에 관심을 두고 있었다는 점이다. 그리고 뒤이어 등장한 한국인 수장가들은 조선백자의 수집과 수장을 통해 사대부로서의 정체성을 확립해 갔다는 것 또한 눈여겨볼 지점이다. 한국에서 일어나고 있던 이러한 움직임은 또다른 방식으로 영국으로의 확장을 시작하고 있었다.

따로 또 같이 국내외에서 사랑받은 조선의 백자

— 조선민족미술관, 그리고 야나기 무네요시

영국의 스튜디오 포터리에서 조선의 백자에 대해 관심을 가지고 바라보게 된 계기를 말할 때 버나드 리치를 반드시 언급하게 되는데, 이 이야기를 하노라면 역시 또 빠지지 않고 등장하는 인물이 있다. 바로 야나기 무네요시다.

그가 조선의 유물에 관심을 갖게 된 것은 아사카와 노리타카에게서 받은 선물한 점, 바로 오늘날 일본 민예관에서 소장하고 있는 〈백자청화추초문각호〉가 계기가되었다.[19]

야나기 무네요시가 1916년 조선에 처음 여행 왔을 때는 아사카와 노리타카의 동생이자 조선총독부 산림청 산림 기사였던 아사카와 다쿠미를 만났다. 다쿠미는 1929년에는 『조선의 소반』朝鮮の膳을, 1931년에는 『조선도자명고』朝鮮陶磁名考를 쓰기도 할 만큼 조선 문화에 대해 애정을 가지고 독학하는 연구자였다. 야나기는 첫 방문 이후 1941년 스물한 번째 방한에 이르기까지, 약 25년 동안 열정적으로 한국 유물을 수집하고 한국의 미술과 공예에 관한 책과 논설을 집필하는 데 힘을 쏟았다.

그런 그가 한국의 일반 대중에게 알려진 것은 3·1독립운동 직후 『요미우리』에 기고한 '조선인을 생각하다'라는 제목의 글을 통해서다. 그는 이 글에서 조선인에 대한 일본의 폭력과 무단정치를 공개적으로 비판하며 조선에 대한 애정을 드러냈다.

야나기 무네요시가 조선의 유물에 관심을 갖는 계기가 된 〈백자청화추초문각호〉. 아사카와 노리타카에게 선물받은 것으로 알려져 있다.

이듬해부터는 아사카와 형제와 함께 조선인들을 위한 콘서트와 강의 등을 조직했는데 이러한 인도주의적 행동은 조선의 지식인들에게 호감을 느끼게 했다.

그는 조선 미술과 공예품 보호에 대한 사명감으로 조선민족미술관 설립을 제안했는데, 만약 일본인이 나서지 않는다면 한국인들이 자신들의 예술이 얼마나 위대한지 미처 알지 못한 채 무익하게 흩어져 버릴 것이라는 게 그의 입장이었다.[20]

실제로 조선민족미술관의 설립을 위해 야나기와 아사카와 형제는 강의, 세미나, 전시회, 출판물 발행은 물론 야나기의 아내이자 알토 가수였던 가네코의 콘서트 등을 개최하며 건립 기금 마련에 힘썼다. 이들은 1921년 5월 도쿄의 간다 류이쓰소遊逸莊 갤러리에서 '조선민족미술전람회'를 기획하기도 했는데, 회화·자수·금속공예·반닫이 가구 등 약 200여 점의 물품이 나온 이 전시의 상당 부분을 조선백자가 차지했다.[21] 또한 1922년 9월 야나기는 잡지『시라카바』白樺 특별호에 조선 도자기에 관한 논설을 실었고, 1922년 10월에는 약 400여 점의 조선 도자기가 포함된 전시회를 경성의 조선귀족회관에서 개최한 바 있다. 일본은 한일합병에 기여한 대한제국의 고위급 인사에게 귀족 작위를 봉작했는데 그때부터 귀족이라는 명칭이 조선 사회에서 자주 사용되었다.

야나기 무네요시의 이런 움직임은 조선의 예술 및 조선백자에 대한 관심을 환기시켰고, 결국 기금이 마련되어 마침내 1924년 경복궁 집경당에 조선민족미술관이 문을 열었다. 일본에 거주하던 야나기 무네요시를 대신하여 조선민족미술관의 실질적인 운영은 아사카와 다쿠미가 맡았다. 그러나 1931년 급성폐렴으로 일찍 생을 마감했던 아사카와 다쿠미의 죽음으로 미술관 활동은 현격히 줄어들어, 특별한 방문자가 있을 때를 제외하고는 거의 문을 닫아야 했다.

한편 이왕가박물관과 조선총독부박물관이 조선총독부 공식 관광 안내 책자에 자주 소개된 것에 비해 조선민족미술관은 거의 홍보가 이루어지지 못했다. 공공이 아닌 사립미술관이어서 그랬다고 할 수도 있지만 그보다는 앞의 두 곳과의 입장, 의도, 소장품의 내용에서 현격한 차이가 있었기 때문으로 보는 것이 적확할 듯하다.

1921년 5월 도쿄의 간다 류이쓰소 갤러리에서 개최한 '조선민족미술전람회' 전시장에서의 야나기 무네요시. 회화·자수·금속공예·반닫이 가구 등 약 200여 점의 물품이 나온 이 전시의 상당 부분은 조선백자로 채워졌다.

조선미술관 건립을 위한 야나기 무네요시의 부인 가네코의 콘서트 관련 기사.

이왕가박물관과 조선총독부박물관은 고려와 신라 시대를 한국 문화의 정점으로 해석했다. 특히 조선총독부박물관은 신라의 수도 경주에서의 고적조사를 통해 발굴한 불교 미술과 건축 관련 고고학 유물 전시에 초점을 맞췄다. 신라와 고려 시대 번성했던 불교 문화와 과거의 예술적 아름다움에 초점을 맞추고, 문화·과학·기술 및 건축 표본 전시를 통해 그 의미와 가치를 입증하고 부각함으로써 이왕가박물관과 조선총독부박물관은 조선총독부, 나아가 일본 제국주의의 '문명화' 임무의 성공적인 결과물 역할을 수행했다. 이들에게 조선시대는 한국 예술 및 문화의 절정을 지나 문화의 쇠퇴기로 접어든 지 오래인 것으로 치부되었다.

그런데 조선민족미술관에서 취하는 조선시대 미술과 문화에 관한 해석은 조선총독부의 공식 입장과는 정면으로 배치되는 것이었다. 그러니 조선총독부 공식 관광 안내 자료에 조선민속미술관을 수록할 이유가 없었다. 이렇게 되어 결과적으로는 야나기 무네요시가 애써 문을 연 조선민족미술관보다 그의 개인적인 활동이 한국 및 일본 예술계에 큰 영향을 끼치게 되었다.

한국 예술계 안에서 야나기 무네요시의 가시적인 영향은 잡지『폐허』의 동인들 사이에서 처음 드러났다. 1920년 창간된 종합 문예지『폐허』는 염상섭, 오상순, 이광수, 변영로, 남궁벽, 민태원, 나혜석, 김원주 등 12명의 동인이 함께 만들었다. 한국 근대문학의 선구자이자 자연주의 및 사실주의 문학을 이끈 소설가 염상섭을 비롯한 동인들 모두 일본에서 유학하는 동안 일본식으로 번역된 모더니티(근대)를 체험했을 뿐만 아니라 일본의 근대에서 문학 잡지『시라카바』와 동인들의 영향력과 중요성을 이해하고 있던 것이 잡지 창간의 계기가 되었을 것이다.[22]

『시라카바』는 1910~1923년 야나기 무네요시를 포함한 작가, 예술가 및 미술 평론가로 구성된 일본 문예 동인 시라카바파(백화파)에 의해 발행되었다. 이 잡지는 유럽 아방가르드 예술가들의 작품을 소개하고 20세기 초 일본의 국가 주도의 모더니즘에 반대하며 개성과 주관적 표현을 옹호하면서 유럽 모더니즘에 대한 토론의 장을 제공했다.

조선총독부박물관 전경(위, 서울역사박물관)과 본관 제3실(아래, 국립중앙박물관). 조선총독부박물관은 조선총독부가 1915년 경복궁에 건물을 세워 설립한 박물관이다. 고적 조사를 통해 지방 곳곳에서 발굴된 고고학 유물을 전시하며 일제의 문명화를 보여주는 기능을 담당했다. 1926년 이후 경성 외에도 경주, 부여, 공주 및 평양과 개성에도 분관을 세워 해당 지역의 문화재를 전시했다.

『조선 풍경』 엽서에 실린 이왕가미
술관 전경(위, 서울역사박물관)과 미술
관 안의 조선고미술전시관(가운데, 아
래, 국립중앙박물관). 이왕가미술관은
덕수궁 안에 건물을 신축, 창경원에
있던 옛 이왕가박물관에서 불상, 도
자기, 조선회화, 공예품 등 미술품 일
체를 가져와 진열하여 1938년 6월
5일 일반에 공개했다.

1924년 경복궁 집경당에 문을 연 조선민족미술관 전시장 모습. 조선 시대의 미술과 문화에 대한 조선민족미술관의 해석은 고려와 신라 시대를 한국 문화의 정점으로 해석하는 이왕가박물관과 조선총독부박물관과 정면으로 배치되는 것이었다.

廢墟

第 二 號

『폐허』 제2호 표지(왼쪽)와 본문에 실린 오상순(아래
왼쪽) 사진 그리고 〈로마극장의 폐허〉라는 제목의 삽
화(아래 오른쪽). 현담문고.

同 人 吳相淳 君

羅馬劇場의 廢墟 吳 君 作

폐허 동인들은 이후 활동 및 잡지의 방향에 3·1독립운동의 실패로 인한 사회적 실망감과 경제적 파탄, 그리고 서구의 세기말적 사상의 영향을 반영하여 비관적이고 퇴폐적인 당시의 분위기를 반영했고, 문학은 자유주의적이고 낭만적인 성격을 띠며 남녀의 자유로운 관계를 옹호했다. 동인으로 활동했던 시인 오상순은 1935년 버나드 리치의 영상 기록에 등장하기도 한다.

비록 잡지는 1921년 1월 제2호까지 나온 뒤 조선총독부에 의해 발행이 중단되었지만 폐허의 동인들은 시라카바파 및 야나기 무네요시의 예술적, 종교적 이론을 변형하여 자기화한 양상을 보여주었다. 1920년 5월 가네코의 콘서트가 기획되었을 때에도 폐허 동인들은 여러 가지 방법으로 이를 지지했다. 그 가운데 당시『동아일보』기자였던 염상섭은 신문사의 재정적 후원을 조직했고, 야나기의 일본 신문 사설 '조선의 친구에게 보내는 글', '조선인을 생각하다' 등을 번역하여 1920년 4월 12~18일과 19~20일에 걸쳐『동아일보』에 실었다. 콘서트에 앞서 야나기 무네요시와 그의 미술관 건립 노력에 대한 대중의 호감도를 끌어올리려 했던 것으로 보인다.

__ 서로 다른 이유로 사랑한 조선백자

야나기 무네요시의 개인적 활동과 네트워크는 세계적으로 뻗어나갔다. 그의 한국 방문 중 두 번은 버나드 리치와 동행했고, 또 한 번은 20세기 인도의 가장 유명한 스튜디오 도예가 구르차란 싱Gurcharan Singh, 1898~1995과 동행했다. 일본에서 유학하던 싱은 1920년 야나기의 추천으로 한국에 와 약 20여 점의 컬렉션을 수집했다. 그 가운데 절반은 발굴된 부장품, 절반은 조선시대 백자로 야나기 무네요시와의 만남과 교류를 통해 조선백자에 관한 예술적 가치를 공유했음을 보여준다.[23]

1923~1950년 하버드 대학교 부속 포그 미술관Fogg Art Museum의 극동 미술 큐레이터로 재직한 랭던 워너Langdon Warner, 1881~1955 역시 야나기 무네요시와 가까운 관계를 유지했다. 1928년 워너는 아사카와 형제가 주도한 계룡산 일대 가마터 조사

에도 합류하여 당시 발굴한 도편을 미술관에 기증하기도 했다.[24] 이후 야나기는 워너의 초청으로 1929-1930년을 하버드에서 보내면서 일본 미술에 관한 강의와 일본 민속 회화 및 공예품 관련 전시를 두 번이나 기획했다. 당시 약 10여 점의 조선백자를 미술관에 기증한 것으로도 알려져 있다.[25]

1924년 조선민족미술관 설립 이후 야나기 무네요시는 일본 예술과 공예품으로 관심을 돌렸고, 시라카바 동인들과 함께 그로부터 약 2년 후 민예 사상을 주창하기에 이른다. 민예란 민중의 생활 속에서 태어난 실용적인 수공예품을 뜻하는 말로, 야나기 무네요시는 일본의 미래와 이후 세대를 위해 진실함과 아름다움이 깃든 것들을 발견하고 수집해야 한다는 사명감을 가지고 있었다.

그는 일본 미술을 연구하면서 여행을 통해 일본 각 지역의 공예품이 얼마나 다양하고 풍부한가를 깨닫게 되었다. 특히 그의 민예론을 정립하는 계기가 된 것은 무명 작가이자 승려였던 모쿠지키 쇼닌木喰上人, 1718~1810의 소박한 나무 불상木喰仏이었다. 모쿠지키 쇼닌이 순례하는 동안 다양한 자선 활동을 수행하고 방문하는 모든 시골 마을마다 남긴 이 목각불은 무려 1,300여 개나 되는데 이것이 야나기 무네요시의 관심을 불러일으켰다. 그는 이 불상에 '소박하고', '자연스러운', '무심한 마음'無心の心이 배어 있다고 보았다.[26] 이는 곧 야나기가 조선백자에서 찾은 아름다움에 관한 생각이 일본의 지역 공예품으로 옮겨간 것을 의미한다. 그는 이후 '게테모토'下手物라고 이름 지은, 무명의 공예가가 만든 일반적인 가정용 수공예품이 일본 내면의 독창적인 정체성을 드러낸다는 민예 이론을 발전시켜 나갔다.[27] 그리고 마침내 도예가 하마다 쇼지濱田庄司, 1894~1978, 가와이 간지로河井寬次郎, 1890~1966, 도미모토 겐키치富本憲吉, 1886~1963 및 버나드 리치와 함께 '소박한', '장인匠人에 의한', 그리고 무엇보다 진정한 '일본의' 미학을 발견하고 촉진하려는 의도로 민예운동을 주창하게 되었다.[28]

그의 이러한 민예운동은 1936년 도쿄 일본민예관 설립으로 현실화 되었고, 민예 미학은 1972년 야나기 무네요시의 초창기 글을 담은 버나드 리치의 책 『무명의 장인』The Unknown Craftsman: A Japanese Insight into Beauty을 통해 널리 알려지게 되었다.

야나기 무네요시의 미학은 1960~1970년대 최하림을 비롯한 민족주의 학자로부터 식민사관이라는 거친 비판을 받았으나, 1970년대 말 이진희 등을 비롯한 여러 학자는 1930년대 이후 민예의 맥락에서 야나기 미학의 변화, 특히 '비애와 슬픔'에서 '건강한' 특성으로의 변화에 주목하기도 했다.

동아시아의 모더니티와 문화 정체성을 연구하는 미술사학자 기쿠치 유코菊池裕子는 1922년을 계기로 야나기 무네요시의 조선백자에 대한 해석이 눈에 띄게 변했다고 설명한다. 그의 용어 중 오늘날 가장 큰 비판의 대상이 된 '비애의 미'는 1920년 '조선의 친구에게 보내는 글'에 처음 등장했는데 야나기는 여기에서 침략과 착취, 억압의 슬픈 조선의 역사가 예술에 그대로 반영되었다고 주장했고, 이 이론은 1922년 '조선의 예술'에서 더 발전하여 '외로운 한국인'이 남긴 슬픈 궤적을 '실용적이고 강한 중국인'과 '명랑한 일본인'의 예술과 비교하였다.[29]

이 당시 고려청자와 비교하여 조선백자를 재평가하는 데 집중했던 야나기 무네요시는 조선 도자기는 단순하고 강인하며 풍부한 형태에 '남성미'와 '의지의 미'가 있는 반면, 고려의 도자기는 '여성미'와 '섬세함의 미'를 보여준다고 설명했다.[30] 또한 더이상 '비애의 미'를 강조하지 않았고, '의도 없는 자연스러움'이 조선 도자기의 특징이라고 주장했다. 이후 1931년 창간한 민예 운동 기관지 『공예』의 1932년 특집호에서 그의 미학은 '자연성'에서 '익명성', '기능성', '건강성'으로 이동하는 양상을 보이는데 이러한 개념을 바탕으로 조선 도자기의 본질을 새롭게 포착, 이를 일반 가정 공예품에 적용하며 확장시켰다.[31]

한편, 킴 브란트는 자신의 책 『미의 제국』Kingdom of Beauty에서 일본 민예 담론의 기원을 비서구 제국주의의 양가성이라는 역사적·정치적 맥락에서 고찰할 것을 제안한다.[32]

일본은 성장하는 서구 제국주의의 위협을 받으며 그에 대항하기 위해 그들을 '모방'하는 전략을 취했다. 그리하여 1895년에 대만을, 1910년에는 조선을 합병하고 식민지로 삼음으로써 스스로 제국주의 강국이 되려고 했다. 그러나 일본의 '모방'은

승려 모쿠지키 쇼닌이 순례하는 마을마다 남긴 약 1,300여 개의 목각불은 야나기 무네요시의 민예론 정립의 계기가 되었다.

일본민예관 전경과 내부.

1931년 만주 침략 이후 궤도를 벗어난다. 1931년 9월 18일 일본 제국주의는 류타오거우 사건, 즉 남만주 철도 선로 폭파 사건을 조작함으로써 만주 침략을 자행했다. 1929년 일어난 세계대공황으로 인한 사회·경제적 불안을 타개하기 위해 만주 일대를 장악하려 한 명백한 침략 행위였다.

이는 당시 국제연맹 및 조약에 반하는 점령이었고, 이로써 일본은 서구 열강이 확립한 국제법과 기타 관행의 틀을 거부하고 일본의 독점적인 통제 아래 동아시아의 자치自治라는 야심찬 목표를 세우기 시작했다. 이에 따라 서구의 위협에 맞서는 아시아의 연대와 초국가적 협력을 촉구하고 나서기 시작했다. 이른바 판아시아주의 혹은 범아시아주의였다.

그러나 이 판아시아주의는 곧 일본의 국익과 전쟁의 이념을 지지하기 위한 이론으로 바뀌었고, 결국 아시아 연대라는 본질을 훼손할 수밖에 없었다. 일본 사학자 홋타 에리堀田江理는 판아시아주의가 '역설적 초국가적 민족주의 이데올로기'라 비판했다.[33] 결국 판아시아주의는 궁극적으로, 초기에 내세운 초국가적 이익을 달성하지 못하고, 오히려 일본의 수많은 군사적 침략의 배후에 깔린 민족주의적 이데올로기로 전락한다.

하지만 이 무렵 일본은 서양의 오리엔탈리즘 지배를 논박하기 위해 일본의 가치 및 동양적 가치를 강조했고, 이러한 민족주의적 사상은 예술과 디자인 영역에도 등장하기 시작했다. 이런 기조 속에 야나기 무네요시의 민예운동은 일본 토착 전통에 대한 새로운 관심을 제공하는 데 일조하게 되었다. 다시 말해 1930년대 판아시아주의는 일본의 민족주의적 이해와 연결되어 전쟁의 이데올로기로 전락했는데, 이러한 맥락 속에서 일본의 민예운동은 일본인의 '건강'과 '힘'을 강조하기 위해 토착적 스타일과 전통을 추구하게 되었고, 이를 '일본 취향' 혹은 '니혼 슈미'日本趣味라 불렀다.[34]

이런 분위기에 대응하여 한국에서도 '조선 취향'이라는 민족주의에 기반한 개념이 등장, 한국의 전통과 정서 속에서 민족정신을 찾으려는 움직임이 일어나기 시작했다. 특히 『문장』 동인들이 중심이 되어 '동양 문화', '조선 취향' 같은 용어를 자주 사용했는데 이는 1930년대 말의 사회적 상황 속에서 '고결한 인격' 같은 선비정신을 추구하려던 시도였다.[35]

하지만 '조선 취향'은 '조선색'이나 '향토색'으로 불리던 '지방색'local color의 맥락과는 다른 개념이었다. 지방색은 일제가 조선미술전람회 심사위원을 통해 1920~30년대에 적극 권장했던 개념으로, 여기에서의 '지방'이란 한국뿐만 아니라 대만이나 만주 지역을 포함하여 일본의 외부 영토로 간주했던 곳 모두를 일컬었다. 이 개념 속에서 지방, 즉 일본의 외부 영토는 산업화 이전의 낙원이라는 정서로 채워져 있었고 전람회 출품작에는 이러한 향촌의 정서를 담은 풍경과 원주민을 적극적으로 묘사해야 했다. 대표작으로는 김기창의 〈가을〉이나 장우성의 〈귀목〉 등을 예로 들 수 있다. 1935년 제14회 조선미술전람회에서 입선한 두 작품 모두 1920년대 초부터 적극 권장된 지방색 혹은 향토색, 즉 향촌의 경관과 풍물을 민속적, 목가적으로 묘사한 작품으로 평가받는다.

이러한 지방색과는 엄연히 다른, 조선의 취향과 전통에 관한 논의는 화가 근원 김용준과 소설가 상허 이태준이 조선시대의 예술을 재해석하려는 노력에서 주창한 고전주의 혹은 상고주의로부터 본격적으로 시작되었다.

1926~1931년 도쿄미술학교에서 서양화를 배운 김용준은 1939년부터 한국 전통회화 연구를 시작했다. 그는 그림만이 아니라 평론가, 수필가, 교육가이자 책 제본가로도 활약하며 이태준의 수필집과 『문장』 잡지를 포함한 여러 책의 표지화, 삽화 및 책 장정을 맡기도 했다. 또한 이태준은 일제 시대 가장 영향력 있는 작가 중 한 명이었다. 1933년 문학단체 '구인회'를 창단한 그의 단편소설 『달밤』, 『까마귀』 등은 어두운 시대와 현실 속에서 존엄성을 지키며 살아가는, 애처로운 개인의 삶을 묘사하

1935년 제14회 조선미술전람회에 입선한 김기창의 〈가을〉(위)과 장우성의 〈귀목〉(아래). 두 작품 모두 국립현대미술관에 소장되어 있다.

여 높은 평가를 받았다. 구어체에 리얼리즘과 객관성을 높인 문장 이론서『문장 강화』를 비롯해 고미술과 전통 회화 및 서예에 대한 수필을 많이 남겼으나 월북작가라는 이유로 1988년까지 한국 문학사에서 거론되지 못했다.

이들이 주창한 고전주의 운동은 문장 동인들에 의해 문학과 미술 분야에서 발전했는데, 이들은 조선시대 궁중 여인들과 부녀자들이 주로 쓴 한글 중심의 고전 문체인 내간체를 받아들였고, 문인화·풍속화·진경산수화 같은 전통미술을 연구하고 따랐다. 이러한 방식으로 이들은 조선시대와 그 예술을 폄하하던 식민사관에 도전하여 1930년대 사회적 환경 속에서 고결한 인격의 사대부 정신을 이어가기 위해 노력했다.

문장 동인들이 모티브로 삼은 조선시대 전통 예술은 17세기 중반, 임진왜란과 병자호란 이후 국가를 재건하려는 노력의 일환으로 등장한 것이 많았다. 명나라 멸망 이후 조선은 스스로 중화문명의 합법적인 후계자를 자처하며 조선 내부에 집중하여 민족적 자부심과 조선 고유의 문예 부흥기를 이끌었다.

이러한 맥락에 의해 오늘날 주요한 학문적 관심 역시 18세기 영·정조 시대에 집중되어 있으며, 당시 예술 작품들은 진정한 한국 고유의 문화 유산의 상징으로 찬사를 받고 있다. 조선의 백자인 달항아리 역시 이 시기 관심의 산물이기도 하다. 다시 말해 이른바 17세기 중반 무렵 출현한 '소중화'라는 새로운 이데올로기와 당대의 문학, 회화, 도자기 유물에 대한 문장 동인들의 예찬은 침략과 위기를 극복하려던 조선의 모습을 20세기에 재현하려는 의도로 해석된다.

대표적으로 이태준이 보여주는 전통에 대한 관점은, 복고나 향수에 젖은 회귀가 아니라 일본을 통해 들어온 근대 소비 문화의 데카당스에 대한 대안이었다.[36] 고완古翫에 대한 그의 태도는, 아버지의 유일한 유품, 도화 연적에 대해 쓴 그의 수필에서 찾아볼 수 있다. 이 오래된 연적에 대한 그의 애정은 사치스러운 취미나 천박한 수집욕이 아니라 오히려 정반대의 생각을 드러내고 있다.

"완상이나 소장욕에 그치지 않고, 미술품으로, 공예품으로 정당한 현대적 해석을 발견해서 고물 그것의 주검이 먼지를 털고 새로운 미와 새로운 생명의 불사조가 되게 해주어야 할 것이다."[37]

이러한 이태준의 전통에 대한 추구와 해석은, 당시의 '향토색'이나 골동 취미와도 결을 달리할 뿐만 아니라 조선 문인들의 오랜 전통에 대한 감상과 재해석을 통해 우리의 고전과 전통 속에서 앞으로 나아갈 새로운 지표를 발견하려는 시도다.

조선 문인들의 완상 문화를 본받고 선비 정신을 되살리려는 이태준의 태도처럼, 1930년대 이루어진 문화 유산 수집은 일제에 맞선 민족주의적 의도와 얽혀 있었다. 1937년『조선일보』자매지『조광』3월호에는 '진품수집가비장실역방기'珍品蒐集家秘藏室歷訪記라는 제목의 특집 기사가 실렸다. 당시 고미술품 컬렉터로 저명한 수집가 한상억·장택상·이병직·이한복·황오 등 5명의 집을 방문, 이들을 인터뷰한 내용이었다.

그 가운데 장택상의 인터뷰에는 수집가로서의 자부심과 문화재에 무지한 한국인을 비판하는 내용이 담겨 있다. 이를테면 한국 사람들이 훌륭한 도자기를 일본인 거주지 본정통에 가져가 싼값에 팔아넘긴 탓에 본인이 도자기를 구입할 때 오히려 일본인들에게 '역수입'해야 한다는 한탄 섞인 내용이었다. 그는 세계적 국보라 할 수 있는 조선 도자기들이 결국 일본에 의해 외국 박물관에 팔렸다고 주장했고, 글쓴이는 일본인으로부터 한국의 문화재를 지켜준 수집가들에게 감사하는 마음을 담아 마무리했다.[38] 당시 많은 문학 잡지들이 조선시대의 문화와 전통을 되찾고 감상하는 법을 계몽하고 교육하려는 경향이 강했다는 것, 일본인들의 수집 활동으로부터 한국 문화유산을 보호해야 할 필요성을 절실히 주장했다는 것을 알 수 있는 대목이다.

한편 1930년대 많은 작가와 화가 들은 고미술품 수집을 조선 사대부 문인들의 교양 함양과 동일시하고 있었고, 그 수집의 대상 역시 조선 문인들의 일상과 관련된 회화와 서예, 조선 도자기가 대부분이었다. 또한 이들은 자신들이 수집한 대상을 관찰함으로 포착한 주제와 모티브를 통해 자신만의 미학을 구체화하는 방식을 모색하기도 했는데, 한국 추상화의 선구자 수화 김환기의 조선백자와의 깊은 인연은 널리 알려져 있기도 하다.

1933~1936년 일본대학교 미술학부에서 수학한 후 이듬해 대학원을 졸업한 김환기는 도고 세이지東郷青児, 1897~1978, 후지타 쓰구지藤田嗣治, 1886~1968, 무라이 마사나리村井正誠, 1905~1999 등 프랑스 유학을 마친 서양화가들에게 미술을 배웠다. 이 당시, 그러니까 1934년은 야나기 무네요시가 같은 대학 일본 미술사 학장을 지내고 있을 때였고, 김환기가 야나기 무네요시와 같은 해 같은 대학에 있었다는 사실은 김환기의 사상과 작업에 야나기 무네요시가 간접적으로나마 영향을 미쳤을 수 있음을 시사한다.[39]

김환기는 대학 시절 한국 전통 예술의 미학에 대한 애정과 열정이 시작되었다고 설명하기도 했고,[40] 야나기의 글에 나타난 한국적 미학과 조선 도자기에 대한 감상이 김환기의 글에 오버랩되는 부분이 눈에 띄기도 한다. 1935년 무렵 점차 한국 미술계에서도 유명해지기 시작한 김환기는 화가이자 수필가로서 미술계와 문학계에 걸쳐 전방위로 활동하기 시작했고, 1936년부터는 김용준·이태준을 비롯한 다양한 분야의 예술인과 교류했다. 자신이 직접 조선 도자기를 수집하기도 했고, 백자대호에 '달항아리'란 이름을 지어준 것 역시 그로 알려져 있기도 하다. 종로의 필방이자 고미술품 가게 구하산방의 우당 홍기대는 아래와 같이 회고했다.

"수화 김환기는 해방 후에 도천을 통해서 알게 됐다. 성북동에 그의 집이 있었는데 그곳에 이태준 등 문화 예술계 사람들이 살기도 했다. 수화가 도자기를 사기 시작한 것은 해방 이후로, 내게서 찌그러진 달항아리를 하나 사간 적도 있다. 그는 특별히 비싼 것을 찾지도 소장하지도 않았으나 찌그러진 것을 좋아하는 그만의 취향이 있었다. 백자 항아리 중 일제 때 둥글다고 해서 마루쓰보圓壺라고 불렀던 한 항아리를 특히 좋아해 그가 달항아리라고 이름 붙였다."[41]

그의 회고에서 등장하는 도천陶泉은 서양화가 도상봉을 말한다. 서양화 제1세대에 속하는 작가로 한국적 정서를 사실주의 회화로 확립한 화가다. 그의 호는 '도자기의 샘'이라는 뜻으로, 1920년대 도쿄미술학교에서 서양화를 공부하면서 도자기에 관심을 갖기 시작한 그에게 도자기 특히, 백자 항아리는 한국적 정취를 담고 있는 작품 세계의 중요한 소재다.

김환기가 백자 항아리와 달의 형상을 연결시킨 정확한 시점을 확인하긴 어렵지만, 1945~1949년 사이에 그는 '하얗고', '크고 둥근 형태'의 달의 이미지를 백자 항아리와 연결시켜 '달항아리'란 새로운 미학을 확립해 갔다.[42] 그의 작품 속 달항아리 이미지는 백자가 밤의 달을 대신하고 있는 것으로 1949년 〈백자와 꽃〉에 처음 등장한다. 1952년에는 달과 항아리가 병치되어 〈호월〉壺月, 즉 항아리와 달이라는 제목처럼 두 대상을 개념적으로 통합했다. 1956년에는 '우리 민족의 진정한 얼(예술)은 결국 항아리에서 멎었다'며 한국인의 정신과 아름다움은 백자 항아리로 대표할 수 있다고 믿었다.[43]

1930년대 한국의 사회 문화적 맥락의 이해는 조선백자가 당시 한국 지식인, 수집가, 예술가 들에게 어떻게 수용되고 해석되었는지를 파악하는 데 매우 중요하다. 야나기 무네요시와 아사카와 형제의 조선 미학의 부흥, 그 뒤를 이은 폐허 동인을 포함한 한국 예술계의 홍보, 일본인이 강요한 '향토색'의 미학, 문장 동인을 중심으로 한국의 전통과 국가적 상징을 복원하기 위해 했던 민족주의적 노력, 조선 취향의 추구 등이 어우러져 한국 고유의 문화적 프레임을 구축하는 방향으로 발전해 나갔고, 그 중심에 조선백자가 존재했다.

이처럼 일본인과 한국인이 각자 다른 이유로 사랑했던 조선백자는 바다 건너 영국이라는 새로운 땅으로 건너가 버나드 리치와 스튜디오 포터리 운동을 통해 새로운 국면을 맞이하게 된다.

영국인의 조선백자 컬렉션

_ 일찌감치 시작한 조선백자 수집

영국에서의 조선백자의 수집과 평가는 뜻밖에도 한국과 일본보다 조금 앞선 1910년 대 초반부터 눈에 띈다. 조선백자는 '현재'의 한국과 조선의 예술을 대표할 만한 것을 찾으려던 영국의 수요를 충족시켰다.

빅토리아 앤드 앨버트 박물관의 와일드가 1911~1912년에 한국에서 수집해 간 물품 내역에는 고려청자보다 더 많은 조선백자가 포함되어 있었다. 1900년대 초부터 런던의 동양 미술 딜러들은 고려청자 위주로 박물관에 제공하고 있었다.[44] 1909~1911년 사이 박물관에서 인수한 고려청자는 대부분 오들리S.T. Audley, 존 스파 크스John Sparks 및 야마나카 상회 같은, 런던에 기반을 둔 동양 미술 딜러들이 공급했 다. 처음 구입한 고려청자 5점은 오들리에게 샀는데 그 가운데 버드나무와 모란, 국 화를 상감한 〈청자상감유압문정병〉은 25파운드를 준 것으로 나와 있다. 또한 이듬 해 존 스파크스에게서 동자와 꽃이 상감된 〈청자상감동자화문합〉을 6파운드에 구입 했고, 1911년에는 야마나카상회로부터 15파운드에 모란과 국화, 버드나무가 상감으 로 시문된 〈청자상감모란국화유문동채장경병〉을 구입했다. 이처럼 한국 컬렉션은 고려청자 위주로 채워져, 와일드는 자신의 여행이 박물관 소장품의 '틈을 메우기 위 한' 의도였다고 분명히 밝히고 있다.[45]

와일드는 1911~1912년 한국 여행에 대해 '당시 한국 시장에서는 청자를 너무 높은 가격에 팔고 있었고, 박물관의 정해진 예산 때문에 청자 구입을 꺼렸다. 일례로 청자 주자(찻주전자)는 60파운드를 요구했는데 영국에서는 16파운드 정도면 구할 수 있는 것이었다.'[46]고 기록했다.

앞에서 언급한 대로, 1909~1911년 사이 박물관에서 런던 골동상을 통해 구입한 고려청자는 대개 6~25파운드 정도였다. 즉 같은 시기 영국과 한국 시장에서 이렇게 가격 차이가 심했다는 기록을 통해, 한국 시장에서 고려청자의 가격 인플레이션이 심각한 문제였음을 알 수 있다.

와일드가 한국에서 조선백자를 구입한 이래 영국 현지에서도 조선백자 수요가 점차 늘어났다. 1913년 빅토리아 앤드 앨버트 박물관은 7점의 조선백자와 고려 초기의 백자 등을 구입했다. 고려시대에도 백자는 적지 않게 생산되었으나, 소성 온도가 높지 않아, 조선백자보다는 갈색, 담녹색의 빛깔을 띠는데 당시 영국에서는 이러한 도자기도 구입한 사례가 눈에 띈다.

구입 가격은 예를 들어 〈백자청화운룡문병〉과 비슷한 형태에 다양한 청화 무늬가 새겨진 도자기가 2~3파운드에, 붉은색 동화로 연꽃이 그려진 백자호 〈백자동화연화문호〉는 10파운드에 거래되었다.[47] 물론 형태와 제작 시기, 크기에 따라 다르기는 했지만 대개 청자는 6~25파운드, 백자는 2~10파운드의 가격대를 형성하고 있던 것으로 보아 영국 시장에서도 고려청자가 조선백자보다 높은 값으로 거래되고 있었음을 추정할 수 있다. 조선백자의 구입은 당시 도자부장이었던 버나드 래컴이 적극 추천했다.

와일드뿐만 아니라 윌리엄 탭 박사도 여러 종류의 조선백자를 수집했고, 그의 컬렉션은 1910년대부터 빅토리아 앤드 앨버트 박물관, 영국박물관, 케임브리지 대학교 피츠윌리엄 박물관 등 주요 영국 박물관에 소장되기 시작했다. 영국박물관에서는 1913년, 빅토리아 앤드 앨버트 박물관에서는 1919년, 1927년, 1930년에, 피츠윌리엄 박물관에서는 1920~1934년 사이에 탭 박사의 컬렉션을 구입했는데, 피츠윌리

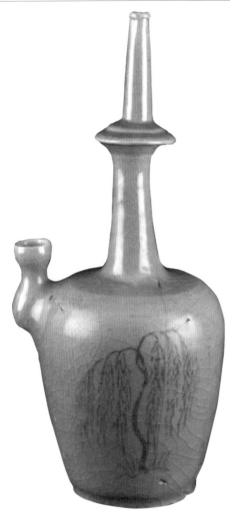

〈청자상감모란국화유문동채장경병〉

〈청자상감유압문정병〉　　　　　　　　　　〈청자상감동자화문합〉

1909~1911년 빅토리아 앤드 앨버트 박물관이 입수한 최초의 고려청자라 할 수 있다. 런던의 동양 미술 딜러들을 통해 주로 구입한 것으로 버드나무와 모란, 국화 등의 문양을 상감한 병과 주전자가 인기가 있었던 것으로 보인다. 모두 빅토리아 앤드 앨버트 박물관 소장품이다. ⓒVictoria and Albert Museum

1913년 빅토리아 앤드 앨버트 박물관에서 구매한 7점의 조선 백자 중 일부로, 왼쪽의 〈백자청화운룡문병〉과 비슷한 종류는 2~3파운드에 구입할 수 있었고 오른쪽 〈백자동화연화문호〉 는 10파운드에 구입한 것으로 알려져 있다.
이 무렵 영국 시장에서도 조선백자는 고려청자보다는 낮은 가격에 구매할 수 있었음을 알 수 있다. ©Victoria and Albert Museum

윌리엄 탭 박사의 컬렉션은 영국의 여러 박물관에 소장 되어 있는데, 1919년 빅토리아 앤드 앨버트 박물관에는 〈백자청화운룡문대호〉(왼쪽)와 〈백자동화청화도형연적〉 을 포함하여 모두 5점의 조선백자가 자리를 잡았다. 모 두 1912~1913년 그가 한국에서 직접 구입한 것으로 알려 져 있다. ©Victoria and Albert Museum

엄 박물관의 경우 이것이 첫번째 한국 컬렉션이기도 했다. 이 가운데 1919년 빅토리아 앤드 앨버트 박물관이 구입한 조선백자는 총 5점으로 은행알처럼 옆으로 풍만한 대호에 여의주를 집어삼키는 운룡문이 시문되어 있는 〈백자청화운룡문대호〉를 비롯해 회화적 산수 풍경이 그려진 장신의 호 〈백자청화산수문동채호〉, 복숭아 모양의 몸체에 가지와 잎이 부착된 〈백자동화청화도형연적〉 등이 여기에 포함되어 있다.

"한국 백자는 기증자로 당신의 이름을 써넣은 라벨과 함께 전시될 것입니다."

와일드 후임으로 박물관 도자부장을 역임한 버나드 래컴은 탭 박사에게 이렇게 전했다.[48] 이로 보아 탭 박사의 컬렉션 구입 직후 곧장 전시했을 것으로 보인다.

탭 박사는 케임브리지 대학교 졸업생으로 변호사로 일하다 1904년 은퇴하고 수자원공사와 같은 사업체The Woodbridge Water Company에서 고문 역할을 맡았고, 런던 고미술품 협회The Society of Antiquaries, 지질학 협회The Geological Society of London의 특별 회원이자 에식스, 서퍽 및 서머싯 지역 고고학회The Archaeological Society of Essex, of Suffolk and of Somerset의 회원으로도 등록되어 있었다.

1912~1913년 그의 한국 방문은 '과학적 이유'Scientific reason라고 명시되어 있는데[49] 영국의 광산 기술자 출신으로 일본 고고학 발굴에 선구자적 역할을 한 윌리엄 가울랜드와 비슷하게 고고학·지질학·골동 관련 일을 한 게 아닌가 짐작한다. 참고로 1884년 고고학 발굴 조사를 했던 윌리엄 가울랜드가 수집한 삼국시대 토기는 오늘날 영국박물관에 소장되어 있기도 하다.

18~19세기 청화백자류가 주를 이룬 탭 박사의 수집품으로 볼 때 비교적 이른 시기 조선백자를 수집한 그의 구입 동기와 과정을 더 자세히 알 수 있다면 1900~1910년대 조선백자의 진가를 알아본 수집가들의 존재에 대한 유의미한 조사가 이루어질 수도 있겠지만, 아쉽게도 그와 한국의 도자기가 어떻게 만나게 되었고, 수집에 이를 수 있었는지에 대해서는 알려진 바가 거의 없다.

한편, 영국박물관의 한국 도자기 컬렉션은 1910년 이전에 토머스 워터스Thomas Watters, 1840~1901, 윌리엄 애스턴, 윌리엄 반스William George Kynaston Barnes, 1859~? 및 윌리엄 가울랜드 등 한국 혹은 주변 국가에서 일하거나 여행한 외교관·여행가·선교사 들의 수집품으로부터 채워지기 시작했다.[50] 이외에도 1910년 일영박람회 이후 오기타 에스조荻田悅造가 〈백자청화투각 운룡문 필통〉, 〈백자청화불수감문호〉, 〈백자청화수복자문발〉, 〈백자사각묵호〉 등 19세기 말~20세기 초에 제작된 조선백자 4점을 기증했다.

이 무렵 영국박물관의 한국 도자기 컬렉션은 작은 소품 위주로 예술적 가치보다는 민족지학적 흥미를 끄는 것들이 대부분이었다. 변화가 생긴 것은 1911년이었다. 런던의 대수장가 조지 유모포플러스George Eumorfopoulos가 주요 중국 컬렉션과 더불어 고려청자 36점을 한꺼번에 기증한 것이다. 그는 런던의 동양 도자기 딜러들로부터 중국 도자기와 함께 고려청자를 구입했던 것으로 보인다. 이후 1913년 탭 박사는 빅토리아 앤드 앨버트 박물관에 기증한 것과 비슷한 18세기 조선백자 항아리 3점과 연적 1점을 영국박물관에 기증했다. 이로써 1910년대로 접어들면서 영국박물관의 한국 도자기 컬렉션은 점차 다양해지고 있었다.

유모포플러스와 탭 박사의 기증품을 영국박물관에서 어떻게 전시했는지에 대해서는 구체적으로 전해지는 기록이 없다. 대신 1921~1933년, 이 짧은 기간 동안 존재했던 도자 및 민족지학부Department of Ceramics and Ethnography에서 출간한 1923년 『영국 도자 가이드』A Guide to English Pottery and Porcelain와 1924년 『극동 도자 가이드』A Guide to the Pottery and Porcelain of the Far East 등을 통해 기증품들이 관리, 전시된 것은 확인할 수 있었다.

특히 1924년 『극동 도자 가이드』에서는 새롭게 지은 킹 에드워드 빌딩에 전시된 중국, 한국, 시암(태국) 및 일본 도자기에 대해 설명하고 있는데 이에 따르면 한국 도자기는 남쪽 V열에, D, E, F 전시관 및 창가 쪽 전시관에 배치되었다.[51] 윌리엄 가

the hegemony of Corea. This began the Koryu or Korai dynasty (918–1392), the most flourishing period of Corean art. The pottery of this period is known from the contents of tombs excavated around Song-do, the capital at this time, and much of it is very beautiful. It was, indeed, good enough to receive favorable notice from a Chinese writer in the twelfth century, who compares it with the celebrated but mysterious *pi* of ware of Yüeh chou, the Ju ware, and the Ting. The Corean tomb wares in the Collection include : (1) white stoneware or porcelain with creamy glaze of Ting type ; (2) a transparent porcelain of *ping ch'ing* type (see p. 17) ; (3) a grey porcellanous ware

Fig. 160.—Fresh-stand from a tomb at Ponto ; Silla period. H. 9·2 in.

with celadon green or bluish green glaze ; and (4) a coarse brownish-grey ware with thin greyish glaze tending to brown and much affected by the colour of the body beneath it. Specimens of the first two types are always liable to be claimed as Chinese, and there is every likelihood that Chinese pottery was freely traded in Corea ; and even the third type will in some cases be very difficult to distinguish from the Northern Chinese celadons. But there are especially Corean shapes and decorations which differentiate the wares in many cases ; and the Corean finish of the foot-rims is generally distinct from that of the Chinese, the hollow part of the base being very shallow and often slightly convex, covered with glaze, and showing the marks

*See Window-case of Bay IV.

of ' spurs ' or ' piles of sand ' on which the vessels rested in the kiln. For the rest the Corean celadon glaze is usually more opaque and bluer than the Chinese, and the potting of the wares is less accurate.

The decoration includes incised, carved, and moulded designs closely following the Chinese Ting wares, and delicate inlaid designs in white and black clays which are essentially Corean. This last is called by the Japanese *mishima* decoration, because

Fig. 161.—Vase. H. 9·6 in.   Fig. 172.—Mishima bowl.
Fig. 162.—Typical Corean vase ; Koryu period.

one favourite pattern recalled the lines of ideographs on the almanacs compiled at Mishima in Japan. The typical *mishima* pattern with radiating lines and bands of small rosettes (fig. 171) in white is commonly seen on the fourth of the types described above, and this ware was freely imitated in Japan. Ware of this coarse greyish type, as well as some of the better kind, is sometimes painted in brown. This is the *e-gorai* (painted Corean) of the Japanese. Typical designs on the Koryu celadons are floral scrolls, boys holding branches (a Buddhistic motive), ducks and waves (figs. 173, 174), lotus petals, &c., engraved or impressed in Ting

style ; and among the inlaid (*mishima*) patterns we frequently see medallions with a stork in clouds, scrolls of vine or of dairy.

Fig. 173.—Bowl with legs and foliage in moulded relief. H. 4·9 in.

Fig. 174.—Corean bowl with incised ducks, &c. D. 8·2 in.

like flowers (fig. 175), and small floral sprays, in addition to the characteristic ' corduroy ' patterns.

The Koryu dynasty was followed by the dynasty of Yi, which lasted from 1392 to 1910. The capital was now removed to Seoul, the name of the kingdom was changed to Choson, and

Buddhism was replaced by Confucianism. At the end of the sixteenth century the Japanese invasion under Hideyoshi ruined what prosperity was left to Corea ; and after this time the country was virtually closed to the outside world, becoming in fact the Hermit Kingdom.

The pottery of the Yi period has none of the distinction of the Koryu ware ; and it would seem that when the capital was moved from Song-do, the potting industry there was left to decay. The Yi wares are best known to us by the Japanese imitations.

Fig. 175.—Vase with black and white surface inlay. H. 13·5 in.

among which we recognise a pottery with red or brownish-grey body and translucent glaze varying from brown to light grey tinged with pink : brown-painted wares ; coarse *mishima* ware ; a coarse ware with creamy-buff glaze minutely crackled (the forerunner of the Satsuma faience) ; and a grey ware with opaque milk-white glaze, thin, and resembling a wash of paint ; both these last types are known as *hom-pi* (white Corean).

The later Corean wares in the Collection, made from the seventeenth century onwards, include a fine white and *flambé* glaze, a crackled grey or buff porcelain of coarse texture with or without sketchy designs in dull underglaze blue ; porcelain painted in

*See Bay VII, Case F, bottom, and elsewhere.

underglaze blue and red (fig. 177), and white porcelain with reliefs and sometimes openwork.

The Corean Collection is exhibited in Cases D, E, F, and the Window-case of Bay V.

Fig. 176.—Cup-stand with incised ornament. D. 5 in.

Fig. 177.—Vase with underglaze blue and red design ; about 1800. H. 13·4 in.

In Case D will be seen a series of dishes which clearly belong to one family. Their provenance is disputed and they have been provisionally placed in the Corean section, though a Corean origin is only one of the suggested alternatives. Their common features are a coarse porcelain body which bears reddish brown

in the unglazed parts of the base, a greyish-white glaze sometimes crackled, and large scratches of sand and grit by the foot-rim—the remains of the material on which they were supported in the kiln. They are decorated in a free and perfunctory style by a variety of methods : with incised designs beneath a plain white glaze, with underglaze blue, with green, red, and turquoise-green enamels in late *Ming* style (fig. 178), and with white slip on grounds of celadon, brown, or blue glaze. Evidently made

Fig. 178.—Dish with red and green enamels : export ware, about 1600. D. 12·3 in.

for the export trade, they are found in the East Indies, India, and Persia, and the date of their manufacture appears to be the latter part of the sixteenth and the seventeenth centuries. Where they were made is by no means certain. Some Southern Chinese pottery may have been responsible for them ; but, on the other hand, the suggested Corean origin is supported by comparison of the wares on the rough lines with that of some of the crackled grey Corean ware in Case E, top.

*The collection of dishes in the Diez Museum at Amsterdam, which belonged to an Armenian merchant prior to Shah, included a specimen of this ware ; and fragments of it were found on the site of Bijapur which was destroyed in 1686.

1924년 『극동 도자 가이드』의 한국 도자기 관련 부분.

©Victoria and Albert Museum

1936년 빅토리아 앤드 알버트 박물관에서
전시된 유모포플러스 한국 도자기 컬렉션.

울랜드가 수집한 신라 고분 토기 한두 점은 E 전시관에 배치되어 있었고, 고려는 한국 예술이 가장 번성했던 시기로 소개되었다. 또한 '고려청자는 수도 송도(개성) 일대에서 출토된 고분의 부장품이었으며, 북송 및 월주요 청자와 유사하지만 구체적인 특징으로 구별할 수 있다'고도 했다. 분청사기와 그 제작 기술은 일본인이 사용하던 '에고라이'絵高麗나 '미시마' 용어로 설명하고 있는데 이를 통해 이 도자기들이 고려시대 것이라 믿었던 당시 추정을 그대로 반영하고 있음을 알 수 있다.[52]

참고로 에고라이는 그림이 그려진 고려자기라는 뜻으로, 조선시대 분청사기 중에 산화철로 그림이나 문양을 그린 종류를 일컫는 것으로 보이고, 미시마는 인화문 분청사기를 일컫는 것으로 태토로 형태를 잡은 후 도장을 찍어, 그 홈에 백토를 발라 넣고 굽는 방식을 뜻한다. 미시마란 이름은 이 인화문 도장이 미시마 신사에서 펴내는 달력 문양과 비슷하다고 해서 유래했다는 설이 있다. 분청사기 제작 연대에 관해서는 1922년 아사카와 노리타카가 경희궁 가마터를 조사함으로써 고려에서 조선 초(15~16세기)로 정정되었고, '분장회청사기', 혹은 '분청사기'란 이름도 회청(회흑색)에 백토로 마무리(분장)한 사기란 뜻으로, 1935년 미술사학자 고유섭에 의해 명명되었다.

『극동 도자 가이드』의 조선 도자기에 대한 설명을 더 찾아보면 16세기 이후 조선의 도자기는 '거친' 질감의 자기 위에 '흐릿한' 청색의 '단순한' 밑그림 디자인이라고 나와 있다.[53] 조선백자에 대한 이러한 (부정적인) 평가는 프랭크스와 그리피스의 1878년, 1882년 입장과 비슷하다.

이러한 평가가 나오는 것은 아무래도 박물관 소장품의 좁은 범주 때문일 것으로 여겨진다. 그럼에도 이러한 평가는 그 자체로 한국 미술에 대한 전반적인 지식과 이해의 부족을 반영할 뿐 아니라, 한국 미술에 대한 고정관념과 편견을 심어주기도 했다. 또한 이 도록의 사진 자료에는 6점의 고려청자가 포함된 반면 탭 박사의 컬렉션 가운데는 항아리 한 점만 실려 있는데, 이것으로 미루어볼 때 1920년대 전시된 한국 도자기가 유모포플러스가 기증한 고려청자에 초점이 맞춰져 있음을 확인할 수 있다.

— 한국, 일본과는 조금 달랐던 영국의 컬렉터들

이러한 몇 가지 사례를 통해 당시 영국의 주요 박물관의 한국 관련 소장품에 조선의 백자가 포함되고, 그 컬렉션이 확장될 수 있었던 것은 한국 시장의 변화에 직접적인 영향을 받았다기보다, 박물관 쪽에서 한국 미술과 역사에 대해 조금 더 촘촘하게 접근하려고 했기 때문임을 짐작할 수 있다. 당시 한국에 있던 일본인 및 한국인 컬렉터들은 높은 가격대를 형성한 고려청자에 대한 대체품으로 조선백자를 선택하는 경우가 많았지만, 영국의 컬렉터들에게는 그런 제약이 거의 없었다. 고려청자의 가격이 더 높아졌더라도 영국 컬렉터들에게는 가격 때문에 그것을 포기하는 일은 적었을 것이고, 오히려 그로 인해 선택할 수 있는 유물이 더 늘었을 것이다. 1928년 유모포플러스 컬렉션에 포함된 한국 도자기 62점 가운데 3분의 2가 고려청자였으며,[54] 빅토리아 앤드 앨버트 박물관은 1935~1936년 그로부터 6점의 고려청자, 1점의 조선백자와 8점의 청동류를 받았다. 유모포플러스는 1920~1930년대에 꾸준히 고려청자를 중심으로 한 컬렉션을 구축한 것으로 보이는데, 이는 한국 시장 상황에 영향을 받았다기보다 영국 시장의 형편과 수집가 개인의 개성과 취향에 맞추어 수집을 이어갔던 경향을 잘 보여주는 사례라고 볼 수 있다.

— 버나드 리치, 스튜디오 포터리, 조선백자를 사랑받게 한 유용한 촉매자

1910년대부터 작지만 충실하게 형성된 조선백자 컬렉션은 버나드 리치를 중심으로 한 영국 스튜디오 포터리의 등장과 유행으로 새로운 평가를 받기 시작했다.

영국의 스튜디오 포터리는 버나드 리치, 레지널드 웰스Reginald Wells, 윌리엄 머레이William Staite Murrey가 실천적으로 확립해 가기 이전에 그 이론적 배경은 모더니스트인 로저 프라이Roger Fry, 1866~1934와 클라이브 벨Clive Bell, 허버트 리드Herbert Read, 프랭크 루터Frank Rutter 등에 의해 먼저 형성되었다.

18세기 영국의 산업혁명과 대량생산에 의한 수공예의 위기를 극복하려던 미술

공예 운동이 건축 및 가구 디자인 분야에는 뜨거운 반향을 일으켰지만 도예 분야에 서는 큰 변화의 조짐이 두드러지지 않았다. 그 이후 1913년 예술 평론가이자 작가, 큐레이터로 활동하던 로저 프라이가 오메가 워크숍Omega Workshop을 통해 새로운 스튜디오 도자기에 대한 개념을 확립함으로써 변화의 물꼬를 열었다. 요약하자면 도자기의 추상화된 형태, 오리엔탈리즘의 재해석, 영국 고장 고유의 부흥, 자율적인 작가적 독립체 등을 강조함으로써 영국의 도예가 가야 할 길을 제시했다. 프라이는 내용보다는 형태와 형식을 강조하는 모더니스트였고, 이에 따라 도예는 추상미술의 하나로 인식되었다. 이런 분위기와 맞물려 중국 도자기는 스튜디오 포터리에서 새로운 모티브로 각광받기 시작했다.

20세기 초에 접어들면서 마침, 19세기 중후반에 반짝 피어났던 자포니즘의 유행이 사그라들고, 중국 미술이 다시금 관심의 대상으로 부활하고 있었다. 그 가운데 특히 중국의 정치적 격변과 근대화 개발로 인해 새롭게 발굴된 송과 당 시대의 도자기가 주목을 받게 되었다. 1910년 벌링턴 파인 아트 클럽에서 열린 '중국의 초기 도자기'Early Chinese Pottery and Porcelain 전시를 본 프라이는 리뷰를 통해, '송나라 시대 도자기가 섬세하면서도 원시적이고 거칠면서 형태의 단순함을 가지고 있다'며 도예의 전형으로 칭송했다. 이렇듯 다시 이루어진 중국 도자기에 관한 뜨거운 관심은 곧 영국의 초기 도자기에 대한 관심으로 이어져 영국 지방 가마의 슬립웨어slipware, 즉 진흙의 화장토인 슬립Slip을 묽게 하여 표면에 발라 구워낸 도자기를 부활시키는 것으로까지 이어졌다. 1913년 벌링턴 파인 아트 클럽은 다시 한번 '영국의 초기 도기'Early English Earthenware 전시를 선보였는데, 이를 통해 유럽 대륙의 영향을 뿌리치고 가장 영국적인 것을 찾으려는 노력이 스튜디오 포터리에서 꽃필 수 있었다.[55] 참고로 이후 중국 미술에 대한 관심과 유행은 1935년 로열 아카데미에서 열린 '중국 미술 국제 전시' 및 1939년 빅토리아 앤드 앨버트 박물관에서 열린 '중국 미술'Chinese Art 전시로 만개했다.

1920년 버나드 리치는 일본에서 영국으로 돌아와, 하마다 쇼지와 함께 세인트

아이브스St.Ives에 도예 공방을 차렸다. 그는 이곳에서 한국·중국·일본의 도자기에서 얻은 영감에 영국의 흙을 사용한, 이른바 '동과 서'를 조합한 도예 작품을 선보이기 시작했다. 이로써 이론적으로 형성되었던 스튜디오 포터리가 영국에서 메인 스트림으로 자리잡도록 끌어올린 버나드 리치는 이후 한국의 고대 가마 형태와 도공의 자유로운 움직임 등을 도자기 형태의 원천으로 여겼고, 이러한 결과물인 조선시대 도자기를 영국에 적극적으로 소개하기 시작했다.

그 이전에 이루어진 중국의 송나라와 원나라 시대 도자기에 대한 재발견이 수많은 학술적 연구를 낳았던 것처럼, 버나드 리치와 스튜디오 포터리의 노력은 이후 1940년대 한국 도자기에 대한 학술적 연구로 이어졌다. 빅토리아 앤드 앨버트 박물관의 도예부장, 윌리엄 허니William B. Honey가 동양도자학회Oriental Ceramics Society 학회지에 발표한 '이조 시대 한국 도자기'Corean Wares of the Yi Dynasty와 '고려시대 한국 도자기'Corean Wares of the Koryu Period는 각각 단행본 출판으로 이어졌고, 곰퍼츠G. St. G. M. Gompertz, 1904~1992와 국립중앙박물관장이었던 김재원 박사의 선구적인 연구를 중심으로 학계와 큐레이터들의 연구가 급격히 증가했다. 또한 여러 해외 전시를 기획한 국립중앙박물관의 다양한 노력이 이어졌다. 특히 미국에 이은 박물관의 두 번째 해외 전시인 '한국 국보전'National Art Treasures of Korea이 1961년 런던 빅토리아 앤드 앨버트 박물관을 비롯한 유럽 주요 도시 박물관에서 개최되었던 것을 들 수 있는데, 이 전시에 달항아리를 비롯한 조선백자 작품이 여러 점 포함되어 있었다. 그 이후에는 국립중앙박물관 최순우 선생이 1973년에 기획한 '한국 미술 이천년' 전시가 개정 증보되어 '한국 미술 오천년'이라는 제목으로 1976년 일본 교토, 도쿄, 후쿠오카를 순회했고, 1979~1981년에 걸쳐 미국 8개 도시에서, 1984~1985년에 걸쳐 런던 영국박물관을 포함한 유럽 3개 도시 박물관에서 전시되었다.

다시 말해 영국에서 조선백자가 사랑받게 된 배경에는 조선의 도자기를 예술적 영감으로 수용하고 재평가한 영국 스튜디오 포터리라는 매우 유용한 촉매자의 역할이 깊숙이 자리하고 있다.

제5장

백 년 전
바다를 건넌
달항아리 한 점

반달이에 실려 영국에 도착한 장아찌 항아리

_ 버나드 리치, 조선을 만나다

1887년 홍콩에서 태어난 버나드 리치는 1909년 4월, 에칭 판화를 가르치기 위해 그의 아내 뮤리엘과 함께 일본에 도착했다. 당시 일본은 한국을 합병하기 직전이었을 뿐만 아니라 광범위한 식민지 정책과 서구화 정책을 채택하며 빠르게 변화하고 있을 때였다. 리치는 성공적으로 에칭 스튜디오를 열게 되었고, 그곳에서 야나기 무네요시를 만났다.[01] 이러한 일련의 궤적은 한국 예술에 대한 그의 영국적 관점이 식민지 홍콩과 일본 모더니즘의 영향 아래 있음을 말해준다.

1918년 리치는 오랫동안 꿈꿔온 한국 여행을 하게 된다. 야나기 무네요시와 동행한 첫 번째 한국 여행에서 그는 한국의 예술과 건축에 감탄했고, 도자기에 관해 높은 식견을 갖춘 아사카와 형제를 만나 많은 걸 배웠다. 리치는 자신의 책『동과 서를 넘어서』*Beyond East and West*에서 두 번의 한국 방문에 대해 기록했는데 고대 화강암 언덕의 풍경, 건물의 지붕, 모자, 신발, 여성들의 목덜미에 내려앉은 검은 머리카락, 도자기에서 찾을 수 있는 '선'의 미학이야말로 이 나라의 특징이라고 했다.[02] 이런 리치의 묘사는 석굴암 여행 이후 찾은 한국의 아름다움이 '선'에 있다는 야나기 무네요시의 설명과 일맥상통한다.[03] 리치의 묘사에는 때로는 이국적이고 에로틱한 시선이 담겨 있고, 한국의 풍경을 원시의 고대 낙원으로 표현하며 향토색, 지방색의 시각을 드러내기도 한다. 이는 그의 시각이 일본 및 야나기 무네요시의 영향 아래 있었다는 사실을 반영한다.

1920년 영국으로 귀국한 리치의 두 번째 방한은 1935년 서울에서 열린 그의 전시를 계기로 이루어졌다. 그의 전시는 야나기 무네요시의 초청으로 조선민족미술관에서 개최되었다. 그는 전시 부속 강연에서 일상의 오브제들이 아름다움을 잃어가는 안타까운 점을 지적하며 아름다운 민속품들은 필히 보존되어야 한다고 주장했다.[04] 가장 한국적인 아름다움이 민속품 혹은 민예품에 있다는 그의 관점은 당시 영국에서 일어나고 있던 미술공예운동과 스튜디오 포터리, 그리고 야나기 무네요시의 민예론과 맥락을 같이 한다 볼 수 있다.

두 번째 한국 여행에 대한 리치의 기억은 1918년의 기억과 다소 흡사하다. 그는 중국 미술의 특징이 형태에 있다면, 한국 미술의 특징은 선의 아름다움에 있다는 야나기 무네요시의 주장을 일관되게 따르고 있었다. 버나드 리치는 이 선의 미학이 한국인의 고독과 슬픔을 전달하고 있고, 한국의 풍경을 비롯하여 모자와 신발 그리고 도자기에 이어 시 문학에까지 연결된다고 보았다.

그러나 이 당시 야나기 무네요시는 이미 '비애의 미'에서 벗어나 '자연스러움', '익명성', '기능성'과 '건강함' 등을 골자로 하는 민예론을 전개해 나가고 있었다. 따라서 한국에 대한 두 사람의 입장에는 미묘한 균열이 일어나고 있었음을 주목할 필요가 있다. 일제의 한반도 지배를 바라보는 야나기 무네요시의 복합적이고 정치적인 입장에 비해 버나드 리치는 일정한 거리를 유지하는 조심스러운 입장을 취했다.[05] 야나기 무네요시는 한국과 일본, 중국의 미술을 구분하던 이전의 입장에서 동양 혹은 판아시아주의적 보편성을 찾는 민예론으로 나아갔고, 한국 미술과 공예품은 자국 일본을 위한 민예론 정의의 기준이 되었다. 이에 비해 버나드 리치는 야나기 무네요시의 민예론 역시 윌리엄 모리스의 미술공예운동에 등장하는 농민 혹은 민중 예술folk art의 개념을 일본 버전으로 번역한 것이라고 소개하기도 했다.[06] 이런 미묘한 균열은 버나드 리치가 영국인으로서 가졌던 오리엔탈리즘적 시각과 영국 스튜디오 도예가로서 그 나름의 미학을 확립하는 가운데 이루어지고, 확장되었을 가능성이 있다.

버나드 리치가 책에 기록한 두 번째 한국 여행 일정은 주로 서울과 금강산을 중심으로 하고 있는데 당시 그가 카메라에 담은 12분짜리 짧은 영상이 2016년 한국영상자료원에 입수되었고, 이듬해부터 조회가 가능해졌다. 울산, 경주, 서울, 금강산 방문 여정을 중심으로 시인이자 폐허 동인이었던 오상순, 야나기 무네요시를 비롯한 한국과 일본의 여러 친구와 함께 다닌 여정을 담은 이 영상에는 제목 대신 'A Travelogue Shot by Mr. Bernard Leach during a Trip to Korea in 1935'(버나드 리치의 1935년 한국 여행 트래블로그)라는 부제가 붙었다. 오상순은 일본에서 유학할 때 야나기 무네요시를 만났고, 1920년대부터 우정을 이어오고 있어 이 여정에 동행할 수 있었던 듯하다.

영상 속에는 울산의 활기찬 시장 풍경도 눈에 띄는데, 다양한 형태의 모자를 쓴 사람들, 지게나 머리 위로 가구나 옹기를 높이 이고 다니는 사람들 모습이 담겼다. 리치는 '경주의 유적지에서는 지붕·처마·단청의 '선'에 집중했고, 산맥의 능선에서도 한국의 아름다움을 찾았다'고 글에 밝히기도 했다.[07] 불교 조각품은 클로즈업을 통해 조각상의 곡선과 볼륨감을 강조하기도 했다. 금강산 부분에서는 한국인 인력거꾼 옆에 느긋이 포즈를 취한 버나드 리치의 모습도 찾아볼 수 있고, 경복궁에 수학여행을 온 한국과 일본 여학생들의 모습도 담았다. 리치가 촬영한 서울, 경주, 금강산, 경복궁은 모두 조선총독부에 의해 관광지로 개발되어 온 곳이다.

영상 초반에 울산 시장 풍경을 꽤 긴 시간에 걸쳐 할애했는데, 이는 버나드 리치와 동행한 야나기 무네요시의 관심이 민예론, 즉 일본인들의 일상생활을 풍요롭게 하는 지역 수공예품에 집중되어 있었음을 반영한다. 분주한 사람들로 붐비는 시장 풍경은 구슬프거나 향수를 불러 일으킨다기보다 활발한 생명력으로 넘쳤다. 앞서 논의한 대로, 1930년대 민예론에서 한국의 수공예품은 더이상 비애의 미를 표상하지 않았고, 자연스러움·생명력·건강함과 무심함 등의 특성으로 대표되고 있음을 보여준다.

민예 운동에 앞장섰던 다른 컬렉터들과 마찬가지로, 버나드 리치 또한 처음에는 이왕가박물관과 조선총독부박물관에서 본 12~13세기 고려청자 작품에 매료되었다. 그러나 조선시대 백자의 형태나 청화백자 안료의 푸른색에 한국의 아름다움이 가장 잘 담겨 있다고 주장하며 백자나 청화백자에 더 관심을 두었다.[08] 그의 전기에는 따로 언급되어 있지 않아 그가 1909년 일본에 머물 때 도쿄에서 열린 '고려소' 전시를 알았는지 확실치는 않다. 다만 일본 도예가 도미모토 겐키치富本憲吉, 1886~1963와 교류하며 그에게서 고대 중국 도자기에 대해 소개받았고, 우에노 공원에서 열린 전람회에 방문하여 라쿠 도자기를 접한 경험은 기록해 두었다.[09]

여기에서 언급한 도미모토 겐키치는 20세기 일본의 중요한 도예가로 국가 무형문화재로 등록되어 있다. 도쿄예술대학에 다니다 1908년 런던으로 유학, 윌리엄 모리스와 휘슬러 등의 작품을 접한 그는 1910년 일본으로 돌아온 뒤 마침 일본에 머물던 버나드 리치와 가깝게 교류했다. 버나드 리치는 뛰어난 색상 감각과 패턴 디자인을 도예에 접목한 그와 함께 한 도예 장식 과정을 통해 도예가가 되려는 생각을 갖게 되었고, 1911년 도예 수업을 받을 때 도미모토가 통역을 해주기도 했다. 또한 버나드 리치가 당시 접한 라쿠 도자기 혹은 라쿠 다완은 명나라 혹은 조선 도공의 후손이라 여겨지는 다나카 조지로1515?~1592에 의해 처음 일본에서 생산되었다. 라쿠 기법은 급랭과 급열 과정을 거쳐 우연히 만들어지는 색감과 균열 효과가 주는 다양한 장식성을 돋보이게 한다. 검은색 혹은 붉은색 유약의 모노크롬 라쿠 자기는 모모야마시대1573~1615의 다인 센노 리큐가 애용한 것으로도 유명하다.

버나드 리치는 금강산으로 떠나기 바로 전날, 야나기 무네요시를 비롯한 한국·일본인 친구들과 함께 서울의 골동품 가게를 찾았다고 기록했다. 순백자 혹은 청화백자 조선 도자기에 대한 동경이 커지면서 조선시대 도자기를 사는 데 더 관심이 있었다고 했는데, 그는 긴츠기金継ぎ, 즉 금칠로 수리한 작은 고려청자 잔과 함께 항아리 한 점을 구입했다. 긴츠기는 깨진 도자기를 옻(송진)으로 이어 붙인 뒤 금가루나 은가

루로 땜하여 수리하는 일본의 전통기법을 뜻한다. 고려청자 가운데 상당수가 19세기 말~20세기 이 기법으로 수리되어, 일본인 수리공과 중개자의 손을 거쳐 수집가에게 전해졌음을 짐작케 한다. 버나드 리치는 당시 구입한 항아리에 대해 아래와 같이 회상했다.

> "내가 구입한 것 중에는 아주 큰 장아찌 항아리very large pickle jar가 있었다. 골동 가구점에서 산, 멋진 금붙이가 달린 궤는 포장한 항아리가 다 들어가고도 남을 만큼 컸다. 이것은 무사히 도착했고, 내 방에 두어 지금까지도 나는 이곳 앞에 앉아 이 글을 쓰고 있다."[10]

이 짧은 문장으로 몇 가지 사실을 확인할 수 있다. 비록 당시에는 달항아리라 불리지 않았지만, 그가 말한 '아주 큰 장아찌 항아리'는 달항아리를 가리킨다. 이는 곧 당시에는 이름이 없던 백자 달항아리가 부엌에서 음식을 담는 용도로 쓰인 걸 그가 이미 알고 있었음을 뜻한다.

또한 그가 골동 가구점에서 산 궤, 즉 반닫이는 넓은 공간적 특성으로 물건을 담아 운반할 때 큰 장점으로 작용하는데 당시 골동품 딜러들이 도자기를 반닫이 안에 넣어 운송하던 관습을 그 역시 따랐음을 알 수 있다. 그가 골동 가구점에서 산 궤는, 1998년 9월 16일 본함스 경매 도록을 통해, 장석 전면을 섬세하게 투각한 숭숭이 반닫이, 즉 평안북도 박천 지방에서 제작한 박천 반닫이임을 확인할 수 있었다.

마지막으로 이곳 앞에 앉아 글을 쓰고 있다고 한 것으로 보아 반닫이를 영국으로 가져간 뒤 형태와 쓰임새를 바꿔 책상으로 썼음을 짐작할 수 있다.

버나드 리치의 사례에서 알 수 있듯 영국인들의 한국 유물 수집은 당시 문화적·사회적·역사적 맥락을 통해 접근해야만 그동안 못 보고 지나친 부분을 마저 파악할 수 있다. 그동안 많은 학자들은 조선 도자기의 감상과 수집에 있어 야나기 무네요시를 비롯한 민예운동가들의 역할을 전적으로 우선시해 왔다. 하지만 그것 말고도

1998년 9월 16일 본함스 경매 도록에 수록된 쇠붙이장식의 반닫이(위)와 평안북도 박천 지방에서 제작된 실제 박천 반닫이(아래, 국립민속박물관).

더 많은 요소들이 이 시기 수집가들의 세계에 존재하고 있었다.

다시 말해 조선 도자기는 이 무렵 더이상 작은 틈새 시장에 머물러 있지 않았다. 이미 영국, 일본, 한국 수집가 들의 요구와 선호도에 따라 그 수요가 늘어나고 있었고 시장 역시 성장하고 있었다.

와일드와 탭을 비롯한 여러 서양의 수집가들이 기증한 조선백자는 1920년대에 이미 영국의 여러 박물관 전시장에 등장하기 시작했고, 영국의 스튜디오 포터리 세계에서도 이를 주목하는 시선들이 점차 늘어나고 있었다. 이는 곧 1935년 영국에 도착한 달항아리를, 이미 이들의 세계에서는 기꺼이 받아들일 준비를 하고 있었다는 의미이기도 하다.

장아찌 항아리, 달항아리로

― 영국에 도착한 그후, 루시 리에게로

1935년 버나드 리치가 한국에서 사들인 장아찌 항아리는 골동상에서 함께 산 반닫이 안에서 안전하게 영국에 도착했다. 그러나 영국에 도착한 그 항아리는 한동안 세상에 등장하지 않았다. 이 항아리가 다시 등장한 것은 1943년 버나드 리치가 오스트리아 비엔나 출신 도예가 루시 리에게 보낸 편지에서였다.

> "할 수 있다면, 나를 위해 부탁을 하나 들어주겠소? 켄싱턴의 내 친구 집에 아주 큰 항아리 두 개가 있는데, 목수들이 집에 온다고 해서 치워야 하니, 택시를 타고 가서 가지고 와줄 수 있겠소? 그 가운데 하나는 2피트[60센티미터] 높이의 하얀 한국 항아리라오. 내 친구 이름은 진 밀른Jean Milne, 1875~1953으로, 그녀는 최고의 카펫 장인이라오."[11]

버나드 리치의 회고에 따르면 달항아리는 반닫이와 함께 서울에서 잉글랜드 남서부 데본의 항구 도시 플리머스Plymouth로 운송된 것으로 나와 있다. 하지만 버나드 리치 생전에 달항아리가 잉글랜드 콘월 주의 세인트아이브스에 있던 그의 스튜디오에 가 있었는지는 확실치 않다. 공예사가이자 영국 스튜디오 도예 전문가인 사이먼

the film in a few days & I shall get five days with Laurie at Easter.

I began to learn a fresh lesson in life over this affair — a lesson of later life. I wish I could learn it deeply — can you see or guess the pattern of it? I had a strange experience, I woke from sleep & saw my own indirect responsibility as a cause of conflicts over a long perspective of time — a life pattern which hitherto I refused to accept — the back of one's head in the mirror fear! For the first time I began to accept it & the relief was immediate.

Saturday. The days pass with so little achieved. This one has brought your parcel of maize meal — you are a dear — thank you. There has been a little sickness in our party — two out of five so the work has naturally been whole time. We are trying to fire before Easter.

Lucie will you do something for me? — If you can.
I have two v. large pots at a friend's house in Kensington & she must have them removed almost at once because builders are coming in. Would you take a Taxi & collect & keep them for me? One is a bellarmine & the other a white Corean jar 2 ft. high. My friend's name is Jean Milne (Miss) 25 Earl's Walk W.8. telephone, WES. 6062. She is the best weaver of carpets in these islands & a quiet sincere artist & craftswoman whom I would like you to meet if possible. Her studio house is in a narrow lane or passage about 300 yds. South West of the Kensington Cinema. I am writing to tell her to be prepared for a 'phone call. I must stop.

Your friend Bernard

올딩Simon Olding 교수가 달항아리의 출처에 대해 연구할 때 버나드 리치의 딸 재스민 켄들Jessamine Kendall, 손자 존 리치John Leach 등에게 물었지만 그들 모두 버나드 리치의 집이나 리치 포터리The Leach Pottery 등에서 달항아리를 본 적은 없다고 했다.[12]

지금까지 확인할 수 있는 바로는, 달항아리의 첫번째 도착지는 런던 켄싱턴 진 밀른의 집이다. 조각가이자 금속공예가, 카펫 장인으로 1904~1909년 활발히 활동한 그녀는 리치가 만든 도자기 작품도 몇 점 소유하고 있다가 이후 수집가이자 런던의 리틀 갤러리 소장이었던 뮤리엘 로즈Murial Rose, 1897~1896에게 주기도 했다.

진 밀른, 뮤리엘 로즈, 그리고 버나드 리치 모두 영국의 20세기 공예 운동에 앞장선 이들로, 파트너로 활동하면서 친분을 쌓은 것으로 보인다. 1943년 진 밀른의 집에서 갑자기 옮겨야 했던 이유를 두고 제2차 세계대전을 치르는 중이었으니 전쟁 때문이라는 추측도 많았지만, 공개된 편지에서는 집 공사로 인해 목수들이 오기 전 항아리를 옮겨야 한다고 밝히고 있다.

달항아리를 런던 밖으로 옮기기보다 잘 아는 친구에게 부탁한 버나드 리치의 편지로 인해, 1935년 한국에서 건너간 달항아리는 1943년 세상에 다시 등장한 뒤 런던 앨비언 뮤즈로 옮겨졌고, 그 이후로 50여 년 동안 그곳에 자리를 잡았다.

그렇다면 뜻밖에 이 달항아리를 맡게 된 루시 리는 누구일까. 그녀가 태어날 무렵 오스트리아 비엔나는 분리파가 이끄는 모더니즘의 영향이 지속되고 있었다. 1890년대 후반, 즉 세기말의 아방가르드 동맹에서 비롯한 분리파는 아카데미즘이나 관 주도의 예술 및 복고주의 스타일을 거부하고, 기존 화단과의 단절을 추구하면서 인상주의와 아르누보를 받아들이고, 회화에 응용미술을 포함하는 등 이전과 다른 예술을 추구했다.

이런 분위기 속에서 비엔나 미술공예학교Kunstgewerbeschule Wien를 졸업한 루시 리는 모더니스트 도예가로 승승장구했지만 1938년 나치 정권의 오스트리아 합병을 피해 영국으로 이민을 온다. 그 당시 영국 도예계는 기계의 대량생산에 반대하는 공예로서의 도예, 개개인의 작가적 창조를 추구하는 스튜디오 포터리가 대세를 이루고 있었다. 이를 주도한 인물 중 하나가 바로 버나드 리치였다.

그런 한편으로 영국 사회 역시 전쟁의 피해로부터 자유롭지는 못했다. 유럽 본토에서는 각광을 받던 도예가였지만, 루시 리가 새로운 곳에서 도예가로 수입을 창출하는 것은 녹록치 않았다. 그녀는 같은 오스트리아 출신 프리츠 람플Fritz Lampl, 1892~1955의 유리공예 스튜디오에 취직, 유리 단추를 만드는 일을 배웠고 그 기술을 응용해 세라믹 단추를 만드는 워크숍을 꾸렸다. 이 단추 워크숍은 꽤 유명해져 생계를 책임지는 수단이 되었다.

하지만 도자기를 포기할 수 없던 그녀는 아주 섬세하고 수준 높은 기교의 도자기를 만들기 시작했다. 더 단단하고 기능적인 도자기를 선호하던, 버나드 리치가 주도하던 영국 도예계와는 방향이 맞지 않는 선택이었다. 부정적인 반응이 이어졌지만 루시 리는 꾸준히 본인의 작업을 이어나갔다. 그리고 1946년 오스트리아 망명자 출신 한스 코퍼Hans Coper, 1920~1981를 만나 함께 만들기 시작한 모던한 디자인의 식기류 생활 도자기가 런던과 뉴욕의 고급 백화점에서 판매될 정도로 성공을 거두게 된다. 섬세하고 얇은 형태에, 외벽의 표면을 얇게 긁어내 바탕색이 드러나게 하는 장식 기법인 스그라피토sgraffito 기법을 적용한 작품은 루시 리의 시그니처가 되었다. 1970년대 이후로 접어들면서 다양한 유약 실험을 통해 여러 가지 색상을 만들어내면서 그녀의 작품은 생동감 넘치는 색, 새로운 기형, 정교한 디테일, 회화적인 디자인, 기능과 아름다움의 균형을 유지한다는 평가를 받았고, 루시 리는 20세기 현대 도예의 선구자로 자리매김했다.

_루시 리의 스튜디오에 머문 달항아리

그렇다면 버나드 리치는 왜 그렇게 오랜 시간 루시 리의 스튜디오에 이 달항아리를 그대로 두었을까. 버나드 리치가 루시 리의 스튜디오에 종종 들르기도 했으니 달항아리를 찾아올 기회가 아예 없던 것은 아니었다. 그러나 두 사람 모두 달항아리에 대해 직접적으로 언급한 자료가 거의 없어 이 부분은 수수께끼로 남아 있었다. 하지만 그간 공개되지 않았던 자료가 비교적 최근에 발견이 되었는데, 미국인 미술사학자이자 수장가였던 존 드리스컬John P. Driscoll 박사의 아카이브에 보관되어 있던, 두 사람이 1947년경에 주고 받은 편지에는 이들 사이에 오고 간 매우 개인적인 감정들이 언급되어 있었다.

"우리가 친구로 남아 있고, 연인 관계로 발전되지 않았다는 사실이 L에게는 그리 중요하지 않다."

1947년 2월의 편지로 여기에 등장하는 L은 버나드 리치의 두 번째 부인 로리 쿡스Laurie Cookes를 가리킨다. 그리고 같은 해 9월 버나드 리치는 다시 아래와 같은 편지를 보낸다.

"배신감과 몸 둘 바 모를 수치심이 앞서지만, 그래도 당신과의 관계를 완전히 끊어야 한다. 이것이 맞는 것 같다."

이 편지의 마지막 부분에는 아래와 같은 추신을 남겼다.

"우리의 추억을 담아 한국 항아리를 간직해 달라."[13]

버나드 리치는 첫 번째 부인 뮤리엘과의 결혼 생활을 1935년경에 끝내면서 리치 포터리의 점원이자 비서로 일하던 로리 쿡스와 함께 지내다 1937년 영국 다팅턴Dartington에 정착했다. 루시 리가 영국에서 도예가로 자리잡기 시작할 무렵 영국 도예계는 버나드 리치를 선두로 한 스튜디오 포터리가 대세를 이루고 있었고, 작품 성향은 정반대로 달랐지만, 나이가 많았던 버나드 리치는 루시 리에게 조언자 역할을

1960년대 이후 달항아리가 자리잡은 루시 리의 스튜디오 모습. 크래프트 스터디 센터 제공.

버나드 리치가 1937년부터 정착한 영국 다팅턴을 찾은 야나기 무네요시(왼쪽)와 하마다 쇼지(오른쪽). 크래프트 스터디 센터 제공.

해주곤 했다.

이런 관계를 전제로 1947년 편지 내용을 본다면 아마도 두 사람 사이에 연정의 마음이 자라고 있었음을 짐작할 수 있고, 달항아리는 두 사람의 우정과 애정의 마음과 추억을 연결하는 상징적 의미를 지녔다고도 짐작할 수 있다.[14] 그렇게 보자면 루시 리의 스튜디오 안에서 그녀의 작품들과 함께 놓인 달항아리는 리치 본인을 대신한 존재로 여겨졌을 법도 하다.

루시 리는 밀른의 집에서 달항아리를 옮겨온 뒤 스튜디오 안에 줄곧 전시를 해두었던 듯하다. 당시를 기록한 사진이나 자료는 없지만, 1960년대 이후로 추정하는 몇 점의 사진 속에는 달항아리가 등장한다.

사진 속 달항아리는 스튜디오 창가 코너에 놓여 있는데, 그녀의 작은 도자기 시리즈가 만들어낸 리드미컬한 변주의 끝에 자리하여 시선을 이끈다. 또한 다른 흑백의 도자기들과도 조화를 이루고 있어 마치 루시 리의 작품 일부 같기도 하다.

도예가 잭 도허티Jack Doherty 역시 1960년대 도예과 대학생이던 시절 루시 리의 스튜디오에 갔을 때 처음 달항아리를 보았다고 했다. 그는 달항아리를 처음 보았을 때 그 특별한 존재감뿐만 아니라 만질 수 있을 만큼 가까운 거리감에 놀랐다고 회상하며, 2013년 주영한국문화원에서 기획한 달항아리 전시에 출품한 도자 시리즈 작품 역시 자신의 경험과 인상, 달항아리의 존재감에서 영감을 받았다고 했다. 그가 달항아리를 두 번째로 본 것은 2000년대 이후 영국박물관에서였다. 달항아리는 이제 라벨과 함께 유리 전시관 안에 놓여 있었다. 유리로 가로막혀 더 이상 가까이 다가갈 수 없었던 두 번째 만남을 떠올리자 첫 번째 기억은 더 선명하고 생생해졌다. 그는 그 순간을 다음과 같이 기억했다.

"내가 앨비언 뮤즈에 있는 루시 리의 스튜디오를 방문한 것은 1968년이었어요. 그때는 겨울, 2월쯤이었던 것 같아요. 나는 런던에 있는 박물관과 갤러리를 방문하는 벨파스트 출신 도예과 학생 그룹에 속해 있었지요. 루시 리의 제자였던 교수님이 투어를 주관해 주셨어요. 루시는 매우 친절했고, 그녀의 스튜디오를 우리에게 보여주었죠. 나중에 자신의 아파트먼트에서 차를 마시자고 우리를 초대해 주었는데, 거기에는 한스 코퍼, 하마다 쇼지, 버나드 리치의 도자기가 있었어요. 갤러리의 유리 전시관 밖에서 이런 작품을 본 것은 처음이었어요. 50년이란 시간의 안개 속에서 그때의 기억을 떠올리자면 달항아리는 이전에 본 적이 없던 그런 항아리였어요. 그 존재감이 대단했죠. 항아리가 모더니스트적인 공간을 지배하고 있었어요. 초보적인 물레 기술을 열심히 배우고 있던, 우리 같은 유럽인 초심자의 시각에서는 울퉁불퉁하고 불규칙한 형태가 서툴게 제작된 것처럼도 보였어요. 두 개의 그릇(반구)이 딱 맞아떨어지지 않았어요. 그때가 처음이었어요. 어떤 의미에서는 잘못된 형태인데, 또 한편으로는 확신에 찬 온전한 형태의 항아리를 마주했던 것이. 나는 그때 한국 문화에서 달항아리가 얼마나 중요한 의미가 있는지 잘 몰랐지만, 얼마 지나지 않아 이 달항아리의 역사에 대해 알게 되었죠. 다시 말하자면, 루시는 그 항아리를 아주 경건한 자세로 다루었어요. 그녀는 말을 많이 하지는 않았지만, 그녀의 행동에서, 항아리를 향한 경외심을 엿볼 수 있었죠. 본인의 작품은 그 항아리와 비교했을 때 초라할 뿐이라는 그런 태도였어요."[15]

도허티와 직접 나눈 이 인터뷰는 루시 리의 스튜디오에 한국에서 건너온 달항아리의 존재가 이미 1960년대 영국 스튜디오 도예가들 사이에 익히 알려졌다는 점을 말해준다.

한국에서 실용적 용도로 만들어진 가정용 항아리, 달항아리가 영국 도예가의 공방에 놓이고, 그것을 대하는 당대 유명한 도예가 루시 리의 경외심 가득한 태도는 달항아리가 낯선 영국 땅에서 신성한 대상으로 만들어지는 과정의 단면이라 할 수 있다. 그리고 2000년대에 들어 영국박물관의 유리 전시관 안에 들어가게 된 것은 달항아리의 가치와 위상을 한 단계 더 높이는 흐름으로 이어지게 된다.

— 한 장의 사진, 달항아리를 세계의 관심 속으로

하지만 영국의 대중들, 나아가 세계적으로 이 달항아리의 존재를 알리는 결정적인 계기는 따로 있었다. 1989년 영국의 사진작가이자 디자이너인 스노든 경Lord Snowdon, 1930~2017은 루시 리의 사진을 촬영했다. 본명이 안소니 암스트롱-존스Anthony Armstrong-Jones인 그는 1952년 스튜디오를 연 뒤 연극·패션 전반의 사진을 촬영하며 명성을 쌓았고 영국의 공식 왕실 사진가로도 활동했다. 1960년 여왕 엘리자베스 2세의 동생 마가렛 공주와의 결혼으로 스노든 백작 칭호를 받은 그가 촬영한 사

1989년 스노든이 촬영한 루시 리와 달항아리.

진 속에서 루시 리는 달항아리 옆에 앉아 있다.

이 사진을 의뢰한 것은 일본에서 루시 리의 데뷔전을 기획한 유명 패션 디자이너 이세이 미야케Issey Miyake, 1938~ 였다. 동양과 서양, 테크놀로지와 일본 전통의 조화를 디자인의 근본으로 삼아 신기술과 신소재를 패션에 도입한 이세이 미야케는 일본 전통 등과 오리가미 등에서 차용한 플리츠pleats 주름으로 전 세계적인 인기를 얻은 디자이너이기도 하다. 1984년 런던의 거리를 걷다가 우연히 서점에서 루시 리의 책을 보게 된 이세이 미야케는, 그 순간을 '아름다운 조우'A beautiful encounter라고 추억했다. 이세이 미야케가 해석한 루시 리의 작품 세계는 이렇게 요약할 수 있다.

'그녀의 캐릭터를 보여주는 아주 정확한 자화상으로 그녀의 영혼은 그녀의 도자기 속에 있다. 흙의 온기를 담은 그녀의 작품과 작가의 공통점이란 매우 겸손하고, 매우 인간적이며, 무엇보다도 정이 넘친다.'[6]

달항아리가 처음 버나드 리치에게서 루시 리에게로 간 것이 뜻밖의 우연이 만들어낸 일이라면 루시 리가 이세이 미야케의 의뢰로 촬영한 스노든 경의 사진 속에, 다름 아닌 달항아리와 함께 나란히 있는 것 또한 우연이 만들어낸 일이라 할 수 있다.

스노든 경의 작업은 루시 리가 가진 '겸손하고 인간적인' 성격을 사진에 담고 싶어 한 기획자, 이세이 미야케의 의도를 충분히 충족시킨 것 같다. 영국『선데이 타임즈 매거진』Sunday Times Magazine 1989년 5월호에는 흙으로 덮인 루시 리의 손을 클로즈업한 사진이 실렸다. 역시 스노든 경의 작품으로, 흙의 온기와 동일시된 그녀의 성품과 헌신적인 작업 태도를 잘 드러내고 있다. 이후로도 이세이 미야케는 루시 리와 깊은 연대를 만들어나갔고, 이세이 미야케의 1989년 가을 겨울 컬렉션은 제2차 세계대전 무렵 루시 리가 만든 단추를 활용하기도 했다. 이런 점으로 보아 이세이 미야케에게 루시 리는 뮤즈와도 같은 존재였던 것 같다. 같은 해 도쿄에서 열린 루시 리의 도예 전시에는 이세이 미야케의 컬렉션도 함께 등장했고, 그로부터 약 20년 후인

2009년 이세이 미야케의 기획으로 도쿄 '21_21 디자인 사이트'에서 열린 '우츠와器:う
つわ' 전시에도 루시 리의 단추들이 전시되었다. 이세이 미야케는 루시 리에 대해 또한
이렇게 이야기했다.

> "모든 것은 그녀의 몸으로부터 나옵니다. 그녀는 작은 세상을 넓은 우주로
> 바꿉니다. 나는 그녀 같은 사람을 본 적이 없어요. 아름다운 성품, 강인한 의지와
> 존엄성이 그녀가 도자기를 만들도록 하는 힘입니다."[17]

개인전 도록에 싣기 위해 촬영한 스노든 경의 사진 속에 루시 리와 달항아리를
함께 등장시킨 이유에 대한 답을 찾을 수는 없지만, 아마도 이세이 미야케는 루시 리
의 작은 체구와 대비되는, 따뜻하고 착한 성품과 강하고 존귀한 내면의 에너지를 강
조하고 싶었던 것은 아닐까. 사진을 가만히 보고 있노라면 달항아리는 루시 리의 성
품과 영혼을 대변해 주는 것처럼도 느껴진다.

1995년 세상을 떠난 루시 리의 유언에 따라 달항아리는 버나드 리치의 세 번째
부인이었던 자넷 리치Janet Leach, 1918~1997에게 증여되었고, 그뒤로 1997년까지 그녀
와 함께였다. 미국 출신 스튜디오 도예가인 자넷 리치는 일본 최초의 여성 외국인 도
예과 학생이기도 했다. 하마다 쇼지의 사사를 받은 그녀는 1955년 버나드 리치와 결
혼, 영국으로 건너와 버나드 리치와 리치 포터리를 함께 운영했다.

1995~1997년까지, 약 2년 간의 짧다면 짧은 기간 동안 자넷의 방에 머물렀던
달항아리에 대해서는 많이 알려지지 않았고 역사적으로나 학술적으로도 이 시기는
그리 주목받지 못했다. 그러나 버나드 리치에서 루시 리로, 그리고 다시 자넷 리치로
이어지는 달항아리의 궤적을 통해 영국에서 한국 도자기의 의미가 어떻게 달라졌는
지, 나아가 수집과 소장의 궤적에 얼마나 많은 우연과 뜻밖의 요소들이 개입하는지
를 살필 수 있다.

_ 루시 리, 그녀가 떠난 뒤 달항아리는

1988년부터 자넷 리치의 스튜디오 보조로 일해온 조안나 웨이슨Joanna Wason과의 인터뷰를 직접 진행한 까닭도 바로 그러한 달항아리의 궤적을 좀더 자세히 알고 싶어서였다. 조안나 웨이슨은 1997년 자넷 리치가 세상을 떠난 이후에도 그리고 2005년 리치 포터리의 도예가 스튜디오가 문을 닫을 때까지 남아 있던 마지막 스태프 중 한 명이다. 말하자면 자넷 리치와 리치 포터리 그리고 달항아리의 사정에 대해 잘 아는 사람 중 하나라 할 수 있다. 참고로 리치 포터리는 1920년 버나드 리치와 하마다 쇼지가 세운 곳으로 동서양 교류와 스튜디오 포터리 '공방 도예'의 구심적 기능을 담당해 왔다. 2005년 지역 사업가에게 넘어가면서 갤러리와 공예 숍 위주로 운영하며 그 명맥을 이어오다 현재는 예술가 레지던시 프로그램, 교육 프로그램, 전시 등 다양한 연구와 활동을 진행하고 있다. 조안나 웨이슨과 나눈 인터뷰 내용 중 일부를 옮기면 다음과 같다.

나 : 자기 소개와 자넷 리치와 어떤 사이인지 함께 얘기해 주세요.

웨이슨 : 1988년 리치 포터리 안에 있던 자넷의 스튜디오 보조로 일을 시작한 뒤 그녀의 마지막 9년 동안 함께 있었습니다. 1997년 자넷은 메리 부츠 레드그레이브Mary 'Boots' Redgrave에게 모든 재산을 넘겼는데, 그뒤 메리 부츠는 저와 트레버 콜서Trever Corser, 1938~2015를 리치 포터리 공방에서 계속 일할 수 있게 했어요. 그래서 2005년 리치 포터리가 팔릴 때까지 8년을 거기서 더 일했네요. 트레버 콜서는 1966년부터 포장과 일반 업무를 보조하는 어시스턴트로 리치 포터리에서 일을 시작했는데, 얼마 뒤부터 버나드 리치와 윌리엄 마셜에게 도예 수업을 받았어요. 그뒤로 리치 포터리에서 약 40여 년 동안 도자기를 만든 사람이죠.

저는 여전히 도자기를 만들고 있어요. 지금은 카라반에서 만들고 있지만, 판매는 리치 포터리에서 하고 있어요. 자넷은 가족이 없었고 제가 언젠가 그녀에 대해 쓰고 싶다고 말했기 때문에 그녀는 일본에서 쓰고 찍은 모든 노트북, 일기, 편지, 사진을 제게 주었습니다. 이것들이 그녀에 관한 내 책의 기초 자료인데, 그 안에는 달항아리도 들어 있네요!

나 : 자넷은 달항아리를 어떻게 생각했을까요? 그리고 당신이 그녀의 집에서 마주친 달항아리는 어떤 인상이었나요?

웨이슨 : 루시 리는 유언에 달항아리를 자넷에게 주라고 명시해 두었어요. 그 둘은 좋은 친구였고, 루시는 자넷이 얼마나 그 백자를 좋아했는지 알고 있었죠. 달항아리는 1995년 리치 포터리에 도착했고, 자넷은 그것을 자신의 거실에 둘 수 있게 되어 얼마나 흥분했는지 모릅니다. 자넷은 그 달항아리를 진심으로 사랑했고, 달항아리는 그녀를 매우 행복하게 해줬어요. 자넷은 달항아리를 한국 가구 반닫이 위에 두었는데, 그게 원래 이 달항아리를 영국에 실어온 가구였죠. 거실뿐만 아니라 침실에서도 보이는 위치에 두었어요. 나는 그 유명한 스노든 경의 사진을 통해 달항아리의 존재에 대해 이미 알고 있었어요.

나이가 들어 거동이 불편한 자넷의 편지를 대필해 주기도 했는데 그럴 때면 나는 하마다 쇼지, 버나드 리치, 루시 리, 마리아 마티네즈의 도예 작품뿐만 아니라, 일본의 단바丹波 도자기, 달항아리 등에 둘러싸인 거실에 앉아 있었죠.

달항아리는 단연 그 방에서 가장 컸고, 자넷이 단바에서 가지고 온 큰 도자기보다도 더 아름다웠답니다. 방 안의 모든 도자기는 서로 잘 어우러졌어요. 자넷이 달항아리를 받았을 때는 약간 검은 흠집이 있었는데, 지금은 더 깨끗해진 것 같아요. 제가 영국박물관의 달항아리를 가까이에서 확인한 것은 아니지만 말이죠. 달항아리는 언제나 '달항아리'로 알려져 있었어요.

자넷이 세상을 떠나고 며칠 후에 메리는 나에게 그 달항아리를 주었어요. 그런데 그 다음날, 상속세를 낼 돈을 마련해야 해서 달항아리를 팔아야 하더라고요.

그래서 저는 딱 24시간 동안 달항아리의 주인이 되었죠. 유언 검인을 위해 달항아리와 단바 도자기를 찍은 사진이 있어요. 하지만 늘 있던 자리는 아니고, 빛을 위해 창가에 놓고 찍은 거랍니다.[18]

단바 도자기는 옛 단바 지역에서 만들어진 도자기를 일컫는 말이다. 오늘날 교토현 중부와 효고현 동부에 걸쳐 있는 이 지역에서는 1100년대 후반, 즉 헤이안 시대 말부터 도자기를 만들었는데, 대부분 항아리·절구·술병 등 실용적인 그릇 위주였다. 철분이 풍부한 점토의 적갈색과 소성 과정에서 유리화되는 재 성분의 녹갈색 유약을 특징으로 꼽는다.

인터뷰를 하는 동안 웨이슨 역시 스노든 경이 찍은 루시 리의 사진을 보고 달항아리의 존재와 이름에 대해 이미 알고 있었음을 확인해 주었다. 그 사진 한 장이 영국의 대중들에게 달항아리의 존재에 대해 각인시켰으며, 버나드 리치가 큰 장아찌 항아리라고 부르던 백자가 '달항아리'란 이름으로 알려지게 되었다는 것도.

달항아리가 한국에서 영국으로 건너올 때 함께 왔던 반닫이와 다시 만난 것은 무척 흥미롭다. 자넷 리치의 방에 놓여 있던 그 반닫이가 바로 1935년 달항아리와 함께 건너온 그것이다. 이를 알 수 있는 것은 이 반닫이가 1998년 경매에 나왔을 때, 반닫이 뒷면에 남아 있는 문구 덕분이다.

> '이 반쪽은 B.L의 작업이 아님.' This half not B.L's work.
> '이 한국 반닫이는 자넷 리치의 것임.' This Korean chest belongs to Mrs. Janet Leach.
> '이 반쪽은 B.L 의 작업임.' This half B.L's work.[19]

이를 통해 버나드 리치가 스스로 보수 작업을 하며 가구를 애용해 왔고, 또한 이 반닫이가 버나드 리치와 자넷 리치가 함께 사용하던 물건임을 알 수 있게 되었다. 버나드 리치와의 추억이 깃든 반닫이, 그리고 그 위에 놓인 달항아리는 어쩌면 자넷 리치에게는 세상을 먼저 떠난 남편을 상징하는 메타포였을지도 모른다.

1997년 자넷 리치가 세상을 떠난 뒤 그녀의 사업 파트너 메리 부츠 레드 그레이브는 웨이슨에게 달항아리를 준다고 했다가 바로 다음날 상속세를 치르기 위해 다시 가져갔다고 하니, 웨이슨에게는 찰나와도 같은 반짝 기쁨이자 영광으로 끝나버린 셈이다. 그로부터 1년 후인 1998년 9월 달항아리는 자넷 리치의 다른 유품들과 함께 경매 시장에 나왔다. 당시 최종 낙찰자였던 익명의 한국계 미국인이 뜻밖에 값을 치를 수 없게 되면서 달항아리는 오도 가도 못하는 상황에 처했다. 경매회사에서 다시 새 주인을 찾고 있던 때에 2000년 한국관Korea Foundation Gallery 개관을 앞두고 있던 영국박물관에서 화정 한광호 박사1927~2014의 기금을 통해 구입,[20] 영국박물관의 소장품이 될 수 있었다. 한국관의 개관 당시 달항아리는 새롭게 문을 연 전시장의 센터 피스로 화려하게 데뷔함으로써 전 세계에 그 자태를 드러내게 되었다. 역시 우연과 뜻밖의 순간들이 첩첩이 쌓여 만들어낸 결과라 할 수 있다.

__ 그리고 마침내, 21세기 한국 미술의 아이콘이 되다

오늘날 가장 높은 국제적 위상과 인지도를 지닌 한국 미술품을 꼽자면 단연 달항아리가 첫 손에 들 것이다. 지난 2019~2020년에만 해도 영국에서는 세 번의 달항아리 관련 전시회가 열렸다.

- '한국 도예'Korean Ceramics
  -메줌스 런던Messums' London 갤러리
  -2020년 2월 19일~2020년 3월 14일.
  -디자인사학자 폴 그린할Paul Greenhalgh 큐레이팅, 달항아리를 주제로 한 이수종과 이헌정의 작품 출품.

- '달항아리: 현대 한국 장인들'Moon Jars: Contemporary Korean Masters

  -트리스타 호어 갤러리Tristan Hoare Gallery

  -2019년 11월 7일~2019년 12월 4일.

  -15점의 현대 달항아리와 구본창의 달항아리 사진 2점 등 출품.

- '미셸 프랑수아와 서영기 2인전: 콘월에서 한국으로'Michel François and Young Gi Seo: Cornwall To Korea

  -리치 포터리

  -2019년 8월 17일~2019년 10월 27일.

  -버나드 리치와 함께 영국으로 온 달항아리 주제로 한 작품 출품.

이렇듯 최근 영국에서는 달항아리를 향해 수많은 스포트라이트가 비춰지는 분위기다. 이러한 유행과 바람을 만든 것은 과연 무엇일까. 오늘날 7점의 달항아리가 문화재청에 의해 한국의 국보나 보물로 지정되어 있다. 1991년 국보 제262호로 지정된 용인대학교 우학문화재단 소장품을 시작으로, 2004년 삼성미술관 리움 소장품인 달항아리가 보물 제1424호로 지정된 뒤 3년 후 국보 제309호가 되었다. 2005년 8월에는 5점의 달항아리가 추가로 국보(제1437~제1441호) 지정되었다.

또한 예전 조선총독부박물관 건물 자리에 들어선 국립 고궁박물관의 첫 개관전은 '백자 달항아리' 전시였다. 2005년 8월 15일 광복절에 해방 60주년을 기념하여 열린 이 전시는 일제로부터의 문화적 독립을 강력하게 공표하는 자리이기도 했다. 이 특별전에 국보 또는 보물로 지정된 국내 소장품 7점과 일본 오사카시립동양도자미술관 및 영국박물관의 달항아리가 함께 전시되었다. 이는 곧 달항아리의 역사적이고 문화적인 가치와 그 의미에 대한 대중의 인식을 넓히는 데 중추적인 역할을 했다. 당시 전시 도록의 서문에는 한국미의 정점을 달항아리로 정의한 선언문이 포함되어 있기도 했다.[21]

1998년 본함스 경매에 나왔던 달항아리를 영국박물관이 구입한 뒤 2000년 영국박물관 한국관 개관 전시에 등장한 달항아리는 단연 화제의 중심이었다. 박물관 측에서 제작 배포한 다양한 홍보 자료의 대표 이미지 역시 달항아리였다. 그 당시 달항아리는 독립된 유리 전시관 안에 자리를 잡았고, 그 옆에 나란히 놓인 다른 유리 전시관 안에는 옥스포드 애슈몰린 박물관에서 빌려온 백자 한 점이 놓여 있었다.

애슈몰린 백자 역시 달항아리와 마찬가지로 18세기 전반에 제작되었고, 두 개의 반구를 위아래로 이어 만든 둥근 호의 형태에서는 살짝 찌그러진 접합부를 관찰할 수 있다. 또한 청화와 철화로 포도송이가 달린 포도넝쿨을 그려 넣었는데, 몸통 전면에 대담하게 그려진 포도의 나뭇잎과 넝쿨은 철화 안료로, 포도송이는 청화 안료로 표현했다. 포도 무늬는 다복과 풍요의 상징으로 조선시대 백자에 자주 등장하는 모티브 중 하나였다. 순백의 달항아리가 절제되고 우아한 인상이라면, 애슈몰린 백자는 안료의 농담을 이용하여 대담한 회화적 표현이 돋보이는 것이 특징이기도 하다.

이 백자는 또다른 백자 항아리를 떠올리게 하는데 바로 야나기 무네요시의 수집품이자 현재 도쿄 일본민예관에 소장되어 있는 작품, 〈백자청화철사 포도 다람쥐 무늬 항아리〉로, 백자 위에 철사 안료로 포도잎을, 청화로는 동그란 포도송이와 포도 알 하나를 따먹는 다람쥐 한 마리를 그려 넣었다. 여기에서 다람쥐는 풍요와 재복을 상징한다. 듬직한 크기와 어깨에서 발치로 유려하게 흐르는 선은 소탈하면서도 당당하고, 담대하게 붓을 놀려 포도와 다람쥐를 시문한 화가의 솜씨도 매우 유려하다.

애슈몰린 백자와 달항아리의 병렬적 배치는 야나기 무네요시와 버나드 리치를 대변하는 것으로 해석할 수도 있다. 영국에서 달항아리가 줄곧 주목받게 된 데에는 두 사람의 지대한 영향을 간과할 수 없기 때문이다.

그렇지만 영국과 일본 사이에 존재한 여러 얽힌 관계는 19세기 후반 이후 한국 유물에 대한 미학적 가치와 감상에 영향을 미쳤고, 그로 인해 형성된 한국 유물에 대한 인식과 접근의 방식은 오랜 기간 동안 지속되었다.

여기에 더해 지금까지 살펴온 대로 19세기 중후반 영국에서의 중국 문화에 대

한국의 국보, 달항아리. 위에서부터 용인대학교 우학문화재단(국보 제262호), 삼성 리움미술관(국보 제309호), 국립고궁박물관(국보 제310호) 소장품이다. ©문화재청 국가문화유산포털.

한국의 보물, 달항아리. 위에서부터 국립중앙박물관(보물 제1437호, 국립중앙박물관), 개인(보물 제1438호, 제1439호), 아모레퍼시픽 미술관(보물 제1441호) 소장품이다. © 문화재청 국가문화유산포털.

영국박물관 소장품인 달항아리(왼쪽)는 버나드 리치에 의해 영국으로 건너와 루시 리의 각별한 사랑을 받은 뒤 영국박물관 유리 전시관에 자리를 잡고 조선백자에 대한 세계인의 관심을 견인하고 있다. 2000년 한국관 개관전에서는 옥스포드 애슈몰린 박물관 소장품 〈백자청화철화 포도문 항아리〉(오른쪽)와 함께 놓여, 달항아리의 깊은 매력을 더불어 세상에 내보였다.

두 개의 달항아리가 나란히 놓여 있는 그 장면은 야나기 무네요시의 대표적인 소장품 〈백자청화철사포도다람쥐 무늬 항아리〉
를 연상케 했다. 아마 그것은 〈백자청화철화 포도문 항아리〉와 닮아 있기 때문일 것이다. 그것은 마치 마치 야나기 무네요시와
버나드 리치가 조우라도 한 것처럼 보였다.

한 새로운 수용과 국면들, 1930년대 한국의 지식인을 비롯한 예술가와 수집가의 역할이 밑바탕에 축적되어 왔다는 점, 그리고 최근 들어 눈에 띄는 한국 문화재청과 박물관 차원의 노력이 수면 위로 올라오기 시작했다는 점 역시 주목할 만하다. 이렇게 오랜 시간 켜켜이 쌓인 한국 유물의 수집에 얽힌 다양한 원동력과 사회적·문화적·역사적 배경이 맞물려 작동하면서 이제 달항아리를 비롯한 한국의 유물들은 영국인들에게 새로운 관점에서 읽히기 시작했다.

오늘날 수많은 한국과 영국의 공예가들과 미술가들이 조선시대 달항아리를 소재로 삼아 다양한 작업을 끝없이 확장해 나가고 있다. 유백색 달항아리의 순수함과 살짝 일그러졌지만 대담하고 자연스러운 조형성에 매료된 이들이 많다는 건 결코 과장이 아니다. 여기에 궤도를 따라 움직이며 모양을 달리 하는 '달'이라는 이름이 주는 시적 상상력과 재해석의 다양한 여지는 달항아리에 매료되는 데 크게 일조한다. 달항아리로부터 예술가들이 받고 있는 영감과 영향의 무게감은 최고조에 이르렀고, 이러한 추세는 한동안 시들지 않을 것으로 보인다.

백여 년 전, 반닫이에 실려 조선으로부터 영국에 온 달항아리 한 점은 20세기 한국과 영국 그리고 일본의 문화적 접점을 만들고 나아가 새로운 흐름을 이끌고 다양한 문화의 역동성과 가치를 이루어내면서 동시에 그 시대를 지금 우리에게 이야기한다. 그렇게 보자면 과연 지금 우리 주변의 무엇이 어떤 접점과 문화의 흐름을 이끌어내고 있을까. 그리고 나아가 몇십 년이 흐른 뒤 그러한 변화는 지금 우리의 시대를 어떻게 돌아보게 할까.

달항아리에서 시작한 여정을 달항아리로 매듭 짓는다. 사진 속 아담한 체구의 루시 리 옆에 무심하게 놓인, 그녀와 쏙 닮은 그 항아리는 하얗게 센 그녀의 머리카락과 닮았다. 이 한 장의 사진이 사진작가 구본창의 마음을 흔들었다는 이야기를 전해 들었을 때 나도 그랬다고 말하고 싶었다. 달항아리는 지극히 단순하고 '겸손'해 보이지만, 이를 둘러싼 이야기는 나에게 신화Myth였다. 그러다 뜻밖의 인연으로 달항아리와 잠깐 조우할 수 있었다. 영국박물관의 유리 전시관 안으로 들어가기 직전, 살짝 손을 대 만진 그 순간, 달항아리는 실체를 가진 존재로 내 마음에 들어왔다.

달항아리로 시작한 백여 년 전의 이야기들도 그랬다. 오래전 먼 일이 아닌 오늘처럼 여겨졌다. 공부하면서 마주한 수많은 영국인들의 일기와 그들의 엽서, 낡은 인쇄물을 펼칠 때마다 반복해서 등장하는 이름들은 어느덧 낯익은 존재가 되었다. 나는 마치 탐정이라도 된 것처럼 이들의 관계를 이렇게 저렇게 그려보곤 했다.

선배 연구자이신 김상엽 선생이 언젠가 건네준 한 골동상의 명함 속에 있던 이름 '신송'을 영국인 큐레이터의 오래전 기행문 속에서 발견했을 때의 반가움, 토머스 쿡 여행 책자에서 놓칠 뻔한 그의 얼굴을 알아봤을 때의 기쁨을 어느 누가 짐작할 수 있을까. 내가 아니면 아무도 모를 비밀 하나를 마음에 품은 것 같았다.

언젠가 근현대 유물 수집가 이돈수 선생은 이것저것 묻는 나에게 공부를 하다 보면 미처 생각하지 못한 이야기들이 "고구마 줄기처럼" 줄줄이 이어 나올 거라고 하셨다. 시간이 지나니 그게 무슨 의미인지 알 수 있었다.

공부를 하다 보니 백여 년 전 골동품 딜러들의 카탈로그에서 '낯선' 한국의 가구들을 보는 일이 제법 익숙해진 것은 물론이고, 1920~30년대 가족들과 서울에 살았다는, 그때 그곳에서 쓰던 가구를 지금도 쓰고 있는 백 살 가까운 영국 할머니를 만나는 일도 일어났다. 흑백사진에서만 보던 낯설도록 화려한 장식과 변형을 거친 반닫이와 책상 등을 직접 열어보는 일도, 어린 소녀에게 무섭고 엄격했다는 테일러 상회 주인 앨버트 테일러의 이야기를 듣는 일도 내가 만난 '고구마 줄기'의 한 부분이다.

백여 년 전, 지금은 상상하기 어려울 만큼 척박했던 한국에서 '이곳' 사람들이 보냈던 시간, 그보다 훨씬 더 받아들여지기 어려웠던 '이곳'에서 그 존재를 드러내야 했던 한국의 모든 순간들. 다시는 오지 않을 방식으로 서로를 탐색하던 그 시간들은 한류라는 이름으로 절정으로 화려하게 꽃핀 오늘날과는 격세지감이라고 할 수밖에 없을 만큼 강렬한 대조를 보인다.

근대와 일제강점기, 망국과 지배의 역사를 다시 읽는 일은, 우리라면 누구나 그러하듯 널을 뛰는 심정을 동반하게 마련이다. 하지만 평생 한 번도 가본 적 없는 한국의 달항아리 한 점을 분신처럼 아끼던 루시 리의 모습, 어린 시절 한국에서 쓰던 낡은 가구를 일본과 캐나다를 거쳐 어렵지만 끝까지 포기하지 않고 영국으로 가지고 온 백인 할머니의 여정은 널 뛰는 마음에 큰 위로가 되었다.

수집과 수장의 미시적 역사micro-history를 들여다 보는 건 미처 몰랐던, 수집품의 '오늘'을 만들어낸 수많은 행위자들actors과 그것을 가능케 한 무수한 요소를 다시 마주하는 일임을 이 책을 쓰며 생각했다.

19세기 말부터 영국을 지배한 오리엔탈리즘과 제국주의적 시선에 가려져 대부분 무심히 지나쳐버린 영국 컬렉터들의 역할과 그들의 수집 관행, 골동상의 활약, 수출 가구, 한국 지식인과 수집가의 역할을 다양한 방식으로 살펴보았다. 이런 과정을 거쳐 우선 나부터도 그동안 나를 에워싼 식민지적 담론 밖으로 한 걸음 걸어나올 수 있었다.

이 책이 나오기까지 많은 분들이 도와주셨다. 무엇보다도 우여곡절이 많았던 박사 과정과 학위 논문을 지도해 주신, 사라 챙Sarah Cheang 교수님과 V&A 로잘리 킴Rosalie Kim 큐레이터에게 감사 드린다. 논문을 심사해 준 베스 멕킬롭Beth McKillop과 스테이시 피어슨Stacey Pierson 교수의 꼼꼼한 리뷰가 큰 도움이 되었음은 물론이다. 공부와 육아를 옆에서 도와주고 함께 기도해 준 많은 친구들이 없었다면 이 일은 불가능했다. 책이 세상에 나올 수 있게 도와주신 김상엽 선생님과 출간을 선뜻 맡아주신 혜화1117 이현화 대표님께 감사 드린다.

늘 물심양면으로 지원해 주시는 부모님과 가족, 누구보다 지루한 시간을 견뎌준 남편과 아들에게 고마움을 전한다.

부록

주
참고문헌
찾아보기

제1장 19세기 말 영국, 조선을 만나다

01 Sarah Cheang, 'Women, Pets, and Imperialism: The British Pekingese Dog and Nostalgia for Old China'. *Journal of British Studies* 45, no. 2(2006): 361.

02 위의 글, 371.

03 Isabella Bishop, *Korea and Her Neighbours*(London: John Murray, 1898), 11.

04 Joseph H. Longford, *The Story of Korea, With 33 Illustrations and Three Maps*(London; Leipzig: T. Fisher Unwin, 1911), v.

05 Ernest Satow, 'Korean Potters in Satsuma', *Transactions of the Asiatic Society of Japan* 6, no. 2(1878): 193~203.

06 William E. Griffis, 'The Corean Origin of Japanese Art', *Century Illustrated Magazine* XXV, no. 2(Dec 1882): 224.

07 위의 글, 224~226.

08 위의 글, 227~229.

09 Stefan Tanaka, *Japan's Orient: Rendering Pasts into History*(Berkeley, CA: University of California Press, 1993)

10 Angus Hamilton, *Korea*(London: William Heinemann, 1904), 225.

11 Ernst Oppert, *A Forbidden Land: Voyages to the Corea*(New York: G. P. Putnam's Sons, 1880), 167~168.

12 https://oldkoreanlegation. org/

13 Hamilton, *Korea*, 274.

14 손영옥, 「개항기 서양인이 미술시장에 끼친 영향 연구」, 『미술이론과 현장』, 20호(2015): 247~248.

15 Oppert, *A Forbidden Land*, 172~173.

16 William Griffis and Hamel Hendrik, *Corea, Without and Within: Chapters on Corean History, Manners and Religion*(Philadelphia, PA: Presbyterian Board of Publication, 1885), 235.

17 'Appendix II. Report of the Foreign Trade of Corea for the year 1890',*China Imperial Maritime Customs, Returns of Trade and Trade Reports*(Shanghai: Imperial Maritime Customs Press, 1891), 624.

18 최선주, 「동아시아 호랑이 인식과 표현」, 『동아시아의 호랑이 미술』[전시 도록], (서울: 국립중앙박물관, 2018), 16~19.

19 Bishop, *Korea and Her Neighbours*, 173~174.

20 Daniel J. Wyatt, 'Creatures of Myth and Modernity: Meiji-Era Representations of Shōjō [Orangutans] as Exotic Animals', *New Voices in Japanese Studies* 9(2017): 71.

21 위의 글, 72~75.

22 P. A. Morris and M. J. Morris, 'Evidence of the Former Abundance of Tigers(*Panthera tigris*) and Leopards(*Panthera pardus*) from the Taxidermy Ledgers of Van Ingen & Van Ingen, Mysore', *Archives of Natural History* 36, no. 1(2009): 59~60.

23 신진숙, 「호랑이 사냥을 통해 본 식민지 경관의 생산방식 고찰: 야마모토 다다사부로 『정호기』와 『매일신보』 기사를 중심으로」, 『동아시아 문화연구』 69호(2017): 94.

24 Joseph Seeley and Aaron Skabelund, 'Tigers-Real and Imagined-in Korea's Physical and Cultural Landscape', *Environmental History* 20, no. 3(2015): 489.

25 목수현, 「국토의 시각적 표상과 애국 계몽의 지리학-최남선의 논의를 중심으로」, 『동아시아문화연구』 57호(2014): 13~39.

26 Joseph Sramek, '"Face Him Like a Briton": Tiger Hunting, Imperialism, and British Masculinity in Colonial India, 1800~1875', *Victorian Studies* 48, no. 4(2006): 659; John M. MacKenzie, *The Empire of Nature: Hunting, Conservation and British Imperialism*(Manchester: Manchester University Press, 1988), 22.

27 Joseph Seeley and Aaron Skabelund, 'Tigers-Real and Imagined-in Korea's Physical and Cultural Landscape', *Environmental History* 20, no. 3(2015): 486; 'Puck to Mr. Roosevelt', 『東京パック』 11, 28호 (1910. 10. 1.), 147에서 인용.

28 위의 글, 487.

29 *Catalogue of Franks Collection of Oriental Porcelain and Pottery, lent for exhibition by A. W. Franks, Esq., F. R. S., F. S. A.*, 2nd edition(London: Science and Art Department of the Committee of Council on Education, 1878), 144.

30 위의 글, 141.

31 'Korean ware', *The Magazine of Art*(1887): 264~270.

32 위의 글, 270.

33 *Catalogue of Chinese and Japanese Porcelain, and Bronzes, Corean Ware*(London: Christie Manson & Wood, 1883)

34 *Catalogue of a Valuable Collection of Antique Korean and Japanese Works of Art, Apr. 25-26, 1911*(London: Messrs. Glendining and Co. Ltd.), 4.

35 위의 글, 4.

36 위의 글, 5~23.

37 원문은 다음과 같다. "⋯ I have given to the museum my extensive collection of oriental pottery, in which are a few piece which I believe to be Corean[Korean]. I should like to make the collection more complete, and I should be willing to expand a sum not exceeding £40 for the purpose out of my own pocket. I should which of course to obtain very good and old specimen, the Corean origin of which in undoubted. England has been deluged with some dreadful modern Japanese pottery which is sold as Corean, but seems to have been imported there[Korea] to supply the demand.

My friend Mr. Coulbourne Baker has shown me two pieces which he believes to be Corean, but one of which seems to me of Chinese work, and the other Japanese. Perhaps you will kindly let me know if you can assist me in this matter."

38 Outletter Books Vol. 2, 'A. W. Franks to H. B. Hulbert, Seoul, Korea 31. 7. 1887', Ref: f. 95, British Museum Department of Medieval and Later Antiquities. 영국박물관 아카이브.

39 최경화, 「18, 19세기 일본 자기의 유입과 전개 양상」, 『미술사 논단』, 29호(2009): 210~211.

40 허보윤, 『권순형과 한국 현대 도예』(서울: 미진사, 2009), 23; 최곤, 「대한제국시대의 도자기」, 『오얏꽃, 황실생활유물』(서울: 궁중유물전시관, 1997), 57~59.

41 George W. Gilmore, *Korea from its Capital: With a Chapter on Missions*(Philadelphia, PA: Presbyterian Board of Publication and Sabbath School Work, 1892), 218.

42 *China Imperial Maritime Customs, Returns of Trade and Trade Reports*(Shanghai: Imperial Maritime Customs Press, 1887), 520.

43 William R. Carles, *Life in Corea*(London: Macmillan and Co.,1888), 139.

44 Bernard Rackham, *Catalogue of the Le Blond Collection of Corean Pottery* (London: V&A Ceramics Department, 1918), 27.

45 William Gowland, 'Notes on the Dolmens and Other Antiquities of Korea', *The Journal of the Anthropological Institute of Great Britain and Ireland* 24(1895): 322.

46 장남원, 「고려청자에 대한 사회적 기억의 형성 과정으로 본 조선 후기의 정황」, 『미술사 논단』, 29호 (2009): 147~170.

47 박정민, 「고려청자 연구에 있어서 『선화봉사고려도경』의 활용 양상과 가치」, 『미술사학 연구』, 304호 (2019): 47~72.

48 장남원, 「고려청자에 대한 사회적 기억」, 158~159.

49 위의 글, 153~160.

50 박소현, 「고려자기는 어떻게 미술이 되었나, 식민지 시대 고려자기 열광과 이왕가박물관의 정치학」, 『사회연구』11(2006) : 14.

51 위의 글, 14.

52 위의 글, 14~15; Charlotte Horlyck, 'Desirable Commodities-Unearthing and Collecting Koryŏ Celadon Ceramics in the Late Nineteenth and Early Twentieth Centuries', *Bulletin of the School of Oriental and African Studies* 76, no. 3(2013): 474 ; 원문은 藤田亮策, '歐美の博物館と朝鮮(下)', 『朝鮮』164(1929): 21~22, 28에서 인용.

53 Stacey Pierson, *Collectors, Collections and Museums: the Field of Chinese Ceramics in Britain 1560-1960*(New York and Vienna: Peter Lang, 2007), 97.

제2장 조선과 영국, 그리고 일본의 삼각 관계

01 Paul Greenhalgh, *Ephemeral Vistas: the Expositions Universelles, Great Exhibitions and World's Fairs, 1851-1939*(Manchester: Manchester University Press, 2000); John M. MacKenzie, *Imperialism and Popular Culture*(Manchester: Manchester University Press, 1986); Anna Jackson, *Expos: International*

Expositions 1851~2010(London: V&A Publications, 2008).

02 Jackson, *Expos*, 10~14; Jeffrey Auerbach, 'Empire Under Glass: The British Empire and the Crystal Palace, 1851~1911' in *Exhibiting the Empire: Cultures of Display and the British Empire*, ed. John McAleer and John M. MacKenzie(Manchester: Manchester University Press, 2015), 111.

03 Etienne Tornier, 'True or False: Japanism and the Historiography of Modern Design', *Journal of Japanism* 2(2017): 117~122.

04 Sarah Cheang, 'Selling China: Class, Gender and Orientalism at the Department Store', *Journal of Design History* 20, no. 1(2007): 2.

05 John Hennessy, 'Moving Up in the World: Japan's Manipulation of Colonial Imagery at the 1910 Japan-British Exhibition', *Museum History Journal* 11, no. 1(2018): 24~25.

06 Jung-Taek Lee, 'Korean Artefacts Donated to the British Museum by Ogita Etsuzo in 1910', *Orientations* 41, no. 8(2010): 78.

07 Ayako Hotta-Lister, *The Japan-British Exhibition of 1910, Gateway to the Island Empire of the East* (Richmond: Japan Library, 1999), 123.

08 Hennessey, 'Moving Up in the World', 31~38.

09 Kirsten L. Ziomek, 'The 1903 Human Pavilion: Colonial Realities and Subaltern Subjectivities in Twentieth Century Japan'. *The Journal of Asian Studies* 73, no. 2(2014): 506~508.

10 권행가, 「근대적 시각 체제의 형성 과정:청일전쟁 전후 일본인 사진사의 사진 활동을 중심으로」, 『한국근현대미술사학』, 26호(2013): 194~228.

11 *Japan-British Exhibition, 1910: Shepherd's Bush, London : Official Guide*(Derby: Bemrose and Sons, 1910), 47.

12 *Japan-British Exhibition, 1910: Shepherd's Bush, London : Official Catalogue*, 3rd edition(Derby: Bemrose and Sons, 1910), 237.

13 '식민관출품'(植民館出品), 『황성신문』(1909. 6. 26), 2면.

14 '일영박람회 출품건'(日英博覽會 出品件), 『황성신문』(1909. 9. 11), 3면.

15. '박람출품'(博覽出品), 『황성신문』(1909. 11. 20), 2면

16 小宮三保松, 'Preface', 『李王家博物館所藏品寫眞帖』(李王職, 1912)

17 'Preface', 『李王家博物館所藏品寫眞帖』(李王職, 1918)

18 곤도 시로스케, 『대한제국 황실 비사』(서울: 조선신문사, 1926), 번역 이연숙(서울: 이마고, 2007), 54~55.

19 박계리, 「20세기 한국 회화에서의 전통론」(이화여자대학교 박사논문, 2006), 84~86.

20 *Guide to Keijyo*(Chosen: Japan Tourist Bureau, 1917), 10.

21 박계리, 「20세기 한국 회화에서의 전통론」, 84~86.

22 *Japan-British Exhibition 1910: Shepherd's Bush, London: Official Catalogue*, 59~61.

23 사사키 초지, 「조선고미술업계 20년의 회고-경성미술구락부 창업20년 기념지」, 『한국근대미술시장사자료집』제6권. 김상엽 엮음(서울: 경인문화사 2015), 36.

24 박소현, 「고려자기는 어떻게 미술이 되었나, 식민지 시대 고려자기 열광과 이왕가박물관의 정치학」, 『사

회연구』11 (2006).

25 『高麗燒』(東京: 伊藤彌三郎, 西村庄太郎, 明治 43), 9~15.

26 위의 글, 8.

27 위의 글, 18~19.

28 위의 글, 20. (필자 번역)

29 안성희, 「아유카이 후사노신을 통해 본 근대기 고려자기의 이해와 수집의 한 형태」, 『도예연구』 24(2015), 99; 원문은 鮎貝房之進, 「高麗の華(高麗燒)」, 『朝鮮』第一卷·一號(日韓書房, 1908); 鮎貝房之進, 「高麗の花(高麗燒)」, 『朝鮮及滿洲之研究』第一輯(朝鮮雜誌社, 1914)에서 인용.

30 Christine Guth, *Art, Tea and Industry: Masuda Takashi and the Mitsui Circle* (Princeton, NJ: Princeton University Press, 1993), 129.

제3장 직접 가자, 바다 건너 '코리아'로

01 *Cook's Handbook for Tourists to Peking, Tientsin, Shan-hai-kwan, Mukden, Dalny, Port Arthur and Seoul* (London: T. Cook & Son, 1910), 7.

02 Erik Cohen, 'Who is a Tourist: a Conceptual Clarification', *Sociological Review* 22, no. 4(1974): 529~533; Dean MacCannell, *The Tourist: a New Theory of The Leisure Class*(New York: Schocken Books, 1989), 589~590.

03 『조선총독부 통계 연보』를 데이터 베이스화 한 통계청의 국가 통계 포털(kosis. kr)을 활용했다. 손영옥, 「한국 근대미술 시장사 연구」 (서울대학교 박사학위논문, 2015), 221.

04 Rev. A. H. Sayce, *Reminiscences*(London: Macmillan, 1923), 382~384.

05 위의 글, 384~390.

06 위의 글, 391~404; Mrs. Aubrey Le Blond, *Day In, Day Out*(London: J. Lane; The Bodley Head, 1928), 156.

07 Le Blond, *Day In, Day Out*, 162.

08 Margaret Thomas Gardiner, ed., *Diary of Margaret Thomas-Around the World in 1912 and 1913*(Boston MA: Privately printed, 1961), 60. 가드너는 카바노프 상점을 Kavanaugh's 가 아닌 Cavanaugh's라 기록했으나, 동일 인물/상점으로 봐도 무방하다.

09 위의 글, 61~62.

10 V&A Registry, 'Purchase by Offices on Visits Abroad, 1902~1954', part 4(MA/2/P7/5), 빅토리아 앤드 앨버트 박물관 아카이브.

11 'Report on a Collecting Trip in Japan, Korea, China and India, Volume 1 of 2, 9/1913~3/1914', Culin Archival Collection at Brooklyn Museum Archive, Brooklyn, New York. 브루클린 박물관 아카이브.

12 Thomas Philip Terry, *Terry's Japanese Empire: Including Korea and Formosa. With Chapters on Manchuria, the Trans-Siberian Railway and the Chief Ocean route to Japan, A Guide Book for Travellers* (Boston, MA: Houghton and Mifflin, 1914).

13 위의 글, 733.

14 George W. Gilmore, *Korea from its Capital: With a Chapter on Missions*(Philadelphia, PA: Presbyterian Board of Publication and Sabbath School Work, 1892), 215~216.

15 이태희, 「일제시대 가구 활용을 통해 본 주거 실내공간의 변화-경성 도시 주거를 중심으로」, 『민속학연구』 10호(2002): 37.

16 강혜영, 「한국 근대 가구에 관한 연구: 1880~1960년의 의류수납가구를 중심으로」 (홍익대학교 석사논문, 2002), 21~22.

17 Terry, *Terry's Japanese Empire*, 734.

18 'Report on a Collecting Trip', Culin Archival Collection, 61~62.

19 위의 글, 62a.

20 존 카바노프의 일대기는 워싱턴 주 역사회의 카바노프 컬렉션 소개 'John Kavanaugh Papers'에서 발췌했다. http://www. washingtonhistory. org/collections/item. aspx?irn=142105

21 워싱턴 주 역사회(Washington State History Society)에서 카바노프 편지의 디지털 카피를, 편지의 필사본은 로버트 네프(Robert Neff)가 제공해줬다.

22 John Kavanaugh to his mother and sister(1908. 10. 09), Kavanaugh Collection, 워싱턴 주 역사회.

23 John Kavanaugh to his mother and sister(1908. 12. 03)

24 John Kavanaugh to his mother and sister(1909. 05. 07; 1909. 10. 22)

25 고려야끼(Koraiyaki)의 다른 표기라 생각된다.

26 John Kavanaugh to his mother and sister(1909. 10. 22)

27 John Kavanaugh to his mother and sister(1911. 08. 05)

28 V&A Registry, 'Purchase by Offices on Visits Abroad, 1902~1954'(MA/2/P7/5), 빅토리아 앤드 앨버트 박물관 아카이브.

29 Terry, *Terry's Japanese Empire*, 746.

30 올리버 P. 에콜스(Oliver P. Echols) 장관에게 보낸 앨버트 테일러의 편지(1946. 07. 15), 서울역사박물관.

31 거트루드 워너의 테일러 상회 영수증, 미국 오레곤 주립대학 도서관 스페셜 컬렉션 및 대학 아카이브.

32 올리버 P. 에콜스(Oliver P. Echols) 장관에게 보낸 앨버트 테일러의 편지(1946. 07. 15), 서울역사박물관.

33 위의 글.

34 Mary L. Taylor, *Chain of Amber*(Lewes: Book Guild, 1992), 90; 193~196.

35 『대한뉴스』119호(1957. 06. 24.). 6월 21일 테일러 상회에서 개막한, 수출용 도자기 전시 풍경이 방영되었다. 영상을 통해 병풍과 놋쇠장식을 한 가구(장)이 디스플레이용으로 도자기 전시 배경에 사용된 것을 볼 수 있다. 전체 비디오 클립은 다음 링크에서 찾아볼 수 있다. https://www. youtube. com/watch?v=7mPna61-6W0

36 'Report on a Collecting Trip', Culin Archival Collection, 67.

37 Alys Eve Weinbaum, et al. *The Modern Girl Around the World Consumption, Modernity, and Globalization* (Durham, NC: Duke University Press, 2008); Youngna Kim, 'Being Modern: Representing the 'New Woman' and 'Modern Girl' in Korean Art', *Zeitschrift für Deutschsprachige*

*Kultur&Literaturen*12 (2003): 217~219.

38 Gregory Henderson, 'A History of the Chŏng Dong Area and the American Embassy Residence Compound', *Transactions of the Korea Branch of the Royal Asiatic Society* 35(1959): 1~32.

39 김상엽, 「경성의 미술시장과 일본 수장가」, 『한국근현대미술사학』 27호(2014): 157.

40 山本庫太郎, 『最新朝鮮移住案内』(東京: 民友社, 名治37[1904]), 62.

41 김상엽, 「경성의 미술시장과 일본 수장가」, 158.

42 김상엽, 『미술품 컬렉터들, 한국의 근대 수장가와 수집의 문화사』(파주: 돌베개, 2015), 51~52.

43 위의 글, 58~59.

44 Le Blond, *Day In, Day Out*, 164.

45 위의 글, 163~164.

46 박병래, 『도자여적』(서울: 중앙일보사, 1974), 44.

47 *Spring Tour to Japan and China*(1909), 14. 레스터서 기록보관소 토머스 쿡 아카이브 (Records Office for Leicestershire, Leicester and Rutland (Thomas Cook Archive DE10000)).

48 *Cook's Handbook for Tourists to Peking, Tientsin, Shan-Hai-Kwan, Mukden, Dairen Port Arthur and Keijyo(Seoul)*(London: Thos Cook & Son, 1913), 94.

49 Malek Alloula, *The Colonial Harem*(Minneapolis, MN: University of Minnesota Press, 1986), 3~4.

50 권행가, 「일제시대 우편엽서에 나타난 기생 이미지」, 『미술사 논단』 12호(2001): 83~103.

51 위의 글, 97~99.

52 Christopher Breward, 'Unpacking the Wardrobe: the Grammar of Male Clothing', in *The Hidden Consumer: Masculinities, Fashion and City Life 1860~1914* (Manchester: Manchester University Press, 1999), 24~53.

53 *The Lure of the Far East, 1921 Spring Tours to Honolulu, Japan, Korea, Manchuria, North China, Hongkong and South China and The Philippines*, 16. 레스터서 기록보관소 토머스 쿡 아카이브.

54 Susan House Wade, 'Representing Colonial Korea in Print and in Visual Imagery in England 1910~1939'(PhD thesis, University of Brighton, 2009), 26~27.

55 Sarah Cheang, 'Selling China: Class, Gender and Orientalism at the Department Store', *Journal of Design History* 20, no. 1(2007): 1~4.

56 Sarah Cheang, 'Women, Pets, and Imperialism: The British Pekingese Dog and Nostalgia for Old China', *Journal of British Studies* 45, no. 2(2006): 373~374.

57 Cheang, 'Selling China', 1~16.

58 자세한 논의는 Younjung Oh, 'Oriental Taste in Imperial Japan: The Exhibition and Sale of Asian Art and Artifacts by Japanese Department Stores from the 1920s through the Early 1940s', *The Journal of Asian Studies* 78, No. 1(2019): 45~74.

59 Gilmore, *Korea from Its Capital*, 215~216.

60 Terry, *Terry's Japanese Empire*, 733.

61 위의 글, 733.

62 *Korea: Compliments of Kavanaugh & Co.*(Yokohama: Box of Curios Press, n. d.), 28~29.

63 위의 글, 29.

64 위의 글, 30.

65 위의 글, 31.

66 위의 글, 32~36.

67 위의 글, 43.

68 위의 글, 43~44.

69 위의 글. 44.

70 Terry, *Terry's Japanese Empire*, 733.

71 *Korea: Compliments Ye Old Curio Shop*(Seoul: YMCA Seoul Press, 1921), 28.

72 *Chats on Things Korean*(Seoul: W. W. Taylor & Co. 's, Ye Olde Curio Shoppe, n. d.), 1.

73 위의 글, 1.

74 위의 글, 2.

75 위의 글, 4.

76 위의 글, 4.

77 위의 글, 12.

78 이종석, 『한국의 목공예』(서울: 열화당, 1986; 2001), 285.

79 이태희, 「일제시대 가구 활용을 통해 본 주거 실내공간의 변화: 경성 도시 주거를 중심으로」, 『민속학 연구』, 10호(2002): 33~81.

80 최공호, 「관립 공업전습소 연구」, 『한국근현대미술사학』 8(2000): 172~173.

81 이태희, '일제시대 가구 활용」, 34.

82 위의 글, 56~57.

83 위의 글, 34; 원문은 박동진, '우리주택에 대하야(10)', 『동아일보』(1931. 03. 28); 박길룡, '도시생활에 전원미를 가하는 방법-주가형식을 고치자' 『신가정』(1935. 05) 인용.

84 이태희, 「일제시대 가구 활용」, 43~44.

85 노유니아, 「조선미술전람회 공예부 개설과정에 대한 고찰」, 『미술사 논단』 38 (2014): 99~102.

86 조선 단스, 서랍장.

87. 놋쇠.

88 *Chats on Things Korean*, 12.

제4장 고려청자에서 조선백자로, 취향 변화의 속사정

01 손영옥, 「한국 근대 미술시장 형성사 연구」 (서울대학교 박사논문, 2015), 100.

02 『한국 박물관 개관 100주년 기념 특별전』(서울: 국립중앙박물관, 2009), 31~33.

03 간송문화재단 http://kansong. org/collection/chungjawonhakmun/

04 『대한콜렉숀: 대한의 미래를 위한 컬렉션』(서울: 간송미술문화재단, 2019).

05 손영옥, 「한국 근대 미술시장 형성사 연구」, 103.

06 오봉빈, '書畵骨董(서화골동)의 收藏家(수장가) —朴昌薰氏所藏品賣却(박창훈씨소장품매각)을 機(기)로, 『동아일보』(1940. 05. 01), 석간3면.

07 Kim Brandt, *Kingdom of Beauty: Mingei and the Politics of Folk Art in Imperial Japan*(Durham, NC: Duke University Press, 2007), 14; Christine Guth, *Art, Tea, and Industry: Masuda Takashi and the Mitsui Circle* (Princeton, N. J: Princeton University Press, 1993), 129~160.

08 Pierre Bourdieu, 'The Forms of Capital', in *Handbook of Theory and Research for the Sociology of Education*, ed. J. G. Richardson(New York: Greenwood Press, 1986), 241~258.

09 Kim Brandt, *Kingdom of Beauty: Mingei and the Politics of Folk Art in Imperial Japan*(Durham, NC: Duke University Press, 2007), 15.

10 Bernard Leach, 'Towards a Standard of Beauty', in *The Unknown Craftsman: A Japanese Insight into Beauty*, Yanagi Sōetsu and Bernard Leach(Tokyo: Kodansha International, 1973), 101.

11 Brandt, *Kingdom of Beauty*, 11.

12 위의 글, 11.

13 위의 글, 12.

14 John Platt, 'Ancient Korean tomb wares', *The Burlington Magazine for Connoisseurs* 20, no. 106(1912): 229.

15 김정기, 『미의 나라 조선: 야나기, 아사카와 형제, 핸더슨의 도자 이야기』(파주: 한울 아카데미, 2011), 246~247; 송재선, 『우리나라 도자기와 가마터』(서울: 동문선, 2003), 152~153.

16 엄승희, 「고적조사위원회의 계룡산록 도요지군 발굴이력과 조사의 본질」, 『한국도자학연구』 15, 2호 (2018): 158.

17 박병래, 『도자여적』(서울: 중앙일보사, 1974), 44.

18 홍기대, 『우당 홍기대: 조선백자와 80년』(파주: 컬처북스, 2014), 41.

19 Yuko Kikuchi, 'Yanagi Sōetsu and Korean Crafts within the Mingei Movement', *Papers of the British Association for Korean Studies*, no. 5(1994): 24.

20 柳宗悦, 「彼の朝鮮行」, 『改造』(1920. 10); 「李朝陶瓷器の特質」, 『白樺』(1922. 09).

21 박계리, 「20세기 한국회화에서의 전통론」(이화여자대학교 박사논문, 2006), 117; 柳宗悦, , 「朝鮮民族美術展覧會に就て」, 『白樺』(1921. 05).

22 조윤정, 「폐허 동인과 야나기 무네요시」, 『한국문화』 43호(2008): 370~371.

23 Takuya Kida, *Insights from Gurcharan Singh's Pottery Collection: Ceramic Art in Japan around 1920 as seen by an Indian Student*(New Delhi: The Japan Foundation, 2019), 14~19.

24 약 16점의 견본을 하버드 미술관 소장품 웹사이트에서 찾을 수 있다. https://www. harvardartmuseums. org/collections?q=Mount+Kyeryong

25 김정기, 『미의 나라 조선』, 197~198; 원문은 柳宗悦, 『蒐集物語』(東京: 中央公論社, 1989)에서 인용.

26 Yuko Kikuchi, *Japanese Modernisation and Mingei Theory: Cultural Nationalism and Oriental Orientalism*(London: Routledge Curzon, 2004), 44.

27 위의 글, 50.

28 Brandt, *Kingdom of Beauty*, 6~7.

29 Kikuchi, *Japanese Modernisation and Mingei Theory*, 128~135.

30 위의 글, 135~136.

31 위의 글, 136.

32 Brandt, *Kingdom of Beauty*, 3.

33 Eri Hotta, *Pan-Asianism and Japan's War 1931~1945*(New York: Palgrave Macmillan, 2007), 2.

34 Brandt, *Kingdom of Beauty*, 125.

35 박영택, 「김환기의 백자항아리 그림과 『문장』지의 상고주의」, 『우리문화연구』 30 (2010): 325~327.

36 위의 글, 328~332.

37 이태준, 『무서록』(파주: 범우사, 2014), 132.

38 '조선색, 조선질을 자랑하는 도자기 수집의 권위, 장택상씨', 『조광』 3호(1937): 32~33.

39 김영나, 「김환기: 동양적 서정을 탐구한 화가」, 『20세기 한국 미술』(서울: 예경, 1998), 349.

40 오광수, 『김환기』(서울: 열화당, 1998), 22.

41 홍기대, 『우당 홍기대』, 82.

42 김규림, 「조선 17~18세기 백자대호 연구」 (이화여자대학교 석사논문, 2017), 8~10.

43 김환기, '표지의 말', 『현대문학』(1956. 05).

44 V&A Registry, Nominal files, 'John S. T. Audley', 'John Sparks', 'S. M. Franck & Co', 'Yamanaka & Company', 빅토리아 앤드 앨버트 박물관 아카이브.

45 V&A Registry, 'Purchases by Officers on Visits Abroad, 1902~1954'(archive ref. MA/2/P7/5), part 4, 빅토리아 앤드 앨버트 박물관 아카이브.

46 위의 글, 21.

47 V&A Registry, Nominal file, 'S. M. Franck & Co.' 빅토리아 앤드 앨버트 박물관 아카이브.

48 'Bernard Rackham, Letter to Tapp, 21 January 1919', V&A Registry Nominal file, 'W. M. Tapp', 빅토리아 앤드 앨버트 박물관 아카이브.

49 V&A Registry Nominal file, 'W. M. Tapp', 빅토리아 앤드 앨버트 박물관 아카이브 및 피츠윌리엄 박물관 아카이브.

50 김윤정, 「근대 영국의 한국 도자 컬렉션의 형성과 그 의미」, 『문화재』 52, 4호(2019): 107~111.

51 British Museum, *A Guide to the Pottery and Porcelain of the Far East, in the Department of Ceramics and Ethnography* (London: Trustees of the British Museum, 1924), 113.

52 위의 글, 115.

53 위의 글, 117~118.

54 R. L. Hobson, *The George Eumorfopoulos Collection Catalogue of the Chinese, Corean and Persian Pottery and Porcelain Vol. VI*(London, 1928).

55 Julian Stair, 'From Precepts to Praxis: The Origin of British Studio Pottery', in *Things of Beauty Growing: British Studio Pottery*, ed. Glenn Adamson, Martina Droth, and Simon Olding(New Haven, CT: Yale University Press, 2017), 29~36.

제5장 백 년 전 바다를 건넌 달항아리 한 점

01 Emmanuel Cooper, *Bernard Leach: Life and Work*(London: The Paul Mellon Centre for Studies in British Art: 2003), 42~60.

02 Bernard Leach, *Beyond East and West: Memoirs, Portraits and Essays* (London; Boston: Faber and Faber, 1978), 200.

03 야나기 무네요시, 「석불사의 조각에 대하여」, 『조선과 그 예술』, 번역 이길진(서울: 신구, 2006), 104~141.

04 Leach, *Beyond East and West*, 200.

05 Cooper, *Bernard Leach*, 126~128.

06 Yanagi Soetsu and Bernard Leach, *The Unknown Craftsman: A Japanese Insight into Beauty*(Tokyo: Kodansha International, 1973), 94.

07 Leach, *Beyond East and West*, 200~201.

08 위의 글, 201.

09 위의 글, 54~66.

10 위의 글, 203.

11 Simon Olding, 'The Pot That Was Not There', in *Encompassing: Research*, ed. Lesley Millar and Simon Olding(Farnham: University for the Creative Arts, 2019), 145.

12 위의 글, 144.

13 사이먼 올딩과의 인터뷰(2019. 08. 07); Glenn Adamson, 'Moon Jar', in *Things of Beauty Growing: British Studio Pottery*, ed. Glenn Adamson, Martina Droth, and Simon Olding(New Haven, CT: Yale University Press, 2017), 169~173.

14 사이먼 올딩과의 인터뷰 및 위의 글.

15 잭 도허티와의 인터뷰(2019. 08. 05)

16 Issey Miyake, 'A Beautiful Encounter', *Issey Miyake Meets Lucie Rie*(Tokyo: Miyake Design Studio, 1989) [전시 도록], 11.

17 Emmanuel Cooper, *Lucie Rie: Modernist Potter*(New Haven, CT; London: Yale University Press, 2012), 251. 엠마누엘 쿠퍼는 영국 이스트-앵글리아 대학의 세인즈버리 센터, 루시 리 아카이브(Lucie Rie Archive, Sainsbury Centre, University of East Anglia)에 있던, 날짜가 남아 있지 않은 『에라』*AERA* 잡지 스크랩에서 참고한 내용이다.

18 조안나 웨이슨과의 인터뷰(2019. 08. 14)

19 *The Art & Influence of Asia, including the Janet Leach Collection, Wednesday 16 September 1998*[경매 도록] (Bonhams Knightsbridge, London), 24.

20 경매의 낙찰에서부터, 영국박물관이 구매하기까지의 과정이 담긴 팩스 및 편지 자료는 파넘, 크라프트 스터디 센터에 있는 루시 리의 아카이브(Lucie Rie Archive, Crafts Study Centre, Farnham)에서 참고했다.

21 유홍준, 「서문」, 국립고궁박물관, 『백자 달항아리』 [전시 도록](서울: 눌와, 2005), 4.

참고문헌

단행본

곤도 시로스케, 『대한제국 황실비사』, 서울: 조선신문사, 1926, 번역 이연숙, 서울: 이마고, 2007.

국사편찬위원회 편, 『근대와 만난 미술과 도시』, 서울: 두산동아, 2008.

김상엽, 『미술품 컬렉터들, 한국의 근대 수장가와 수집의 문화사』, 파주: 돌베개, 2015.

김영나, 『20세기 한국 미술』, 서울: 예경, 1998.

김정기, 『미의 나라 조선: 야나기, 아사카와 형제, 핸더슨의 도자 이야기』, 파주: 한울 아카데미, 2011.

김진송, 『서울에 딴스홀을 허하라: 현대성의 형성』, 서울: 열화당, 1999.

박병래, 『도자여적』, 서울: 중앙일보사, 1974.

박은숙, 『시장으로 나간 조선백자: 분원과 사기장의 마지막 이야기』, 고양: 역사비평사, 2016.

방병선, 『조선후기 백자 연구』, 서울: 일지사, 2000.

송재선, 『우리나라 도자기와 가마터』, 서울: 동문선, 2003.

신명직, 『모던보이 경성을 거닐다』, 서울: 현실문화연구, 2002.

오광수, 『김환기』, 서울: 열화당, 1998.

윤용이, 『우리 옛 도자의 아름다움』, 파주: 돌베개: 2007.

이구열, 『한국문화재 수난사』, 파주: 돌베개, 1996.

이종석, 『한국의 목공예』, 서울: 열화당, 1986.; 2001.

이태준, 『무서록』, 파주: 범우사, 2014.

_____, 『문장강화』, 서울: 필맥, 2008.

정규홍, 『우리 문화재 수난사』, 서울: 학연문화사, 2005.

정영목, 『조선을 찾은 서양의 세 여인』, 서울: 서울대학교 출판문화원, 2013.

최공호, 『산업과 예술의 기로에서』, 서울: 미술문화, 2008.

최지혜, 『딜쿠샤, 경성 살던 서양인의 옛집』, 서울: 혜화1117, 2021.

허보윤, 『권순형과 한국 현대 도예』, 서울: 미진사, 2009.

홍기대, 『우당 홍기대: 조선백자와 80년』, 파주: 컬처북스, 2014.

Adamson, Glenn, Giorgio Riello and Sarah Teasley, eds., *Global Design History*, New York: Routledge, 2011.

Adamson, Glenn, Martina Droth and Simon Olding, eds., *Things of Beauty Growing: British Studio Pottery*, New Haven, CT: Yale University Press, 2017.

Allan, Horence, *Things Korean: A Collection of Sketches and Anecdotes Missionary and Diplomatic*, London and New York: Fleming H. Revell company, 1908.

Alloula, Malek, *The Colonial Harem*, Minneapolis, MN : University of Minnesota Press, 1986.

Appadurai, Arjun, ed., *The Social Life of Things: Commodities in Cultural Perspective*, Cambridge: Cambridge University Press, 2016.

Barlow, Tani, ed., *Formations of Colonial Modernity in East Asia*. Durham, NC: Duke University Press, 1997.

Bishop, Isabella L., *Korea and her Neighbours: a Narrative of Travel, with an Account of the Recent Vicissitudes and Present Position of the Country*, London: John Murray, 1898.

Bourdieu, Pierre, *Distinction: A Social Critique of the Judgement of Taste*, Translated by Richard Nice. London: Routledge & Kegan Paul, 1986.

Brandt, Kim, *Kingdom of Beauty: Mingei and the Politics of Folk Art in Imperial Japan*, Durham, NC: Duke University Press, 2007.

Carles, William R., *Life in Corea*, London: MacMillian and Co., 1888.

Cavendish, Alfred E. J. and Henry E. F. Goold-Adams, *Korea and the Sacred White Mountain: Being a Brief Account of a Journey in Korea in 1891*, Liverpool: G. Philip & Son, 1894.

Courant, Maurice, *Souvenir de Séoul, Corée*, Paris: Impr. de la Photo-couleur, 1900.

Cooper, Emmanuel, *Bernard Leach: Life and Work*, London: The Paul Mellon Centre for Studies in British Art, 2003.

_____, *Lucie Rie: Modernist Potter*, New Haven, CT; London: Yale University Press, 2012.

Dudden, Alexis, *Japan's Colonization of Korea: Discourse and Power*, Honolulu: University of Hawaii Press, 2004.

Gardiner, Margaret Thomas., ed., *Diary of Margaret Thomas-Around the world in 1912 and 1913*, Boston, MA: Privately Printed., 1961.

Gilmore, George W., *Korea from Its Capital: With a Chapter on Missions*, Philadelphia, PA: Presbyterian Board of Publication and Sabbath School Work, 1892.

Gompertz, Godfrey St. G. M. and Chewon Kim, *The Ceramic Art of Korea*, London: Faber&Faber, 1961.

Greenhalgh, Paul, *Ephemeral Vistas: The Expositions Universelles, Great Exhibitions and World's Fairs, 1851-1939*, Manchester: Manchester University Press, 2000.

Griffis, William E., *Corea: The Hermit Nation*, London: W.H. Allen, 1882.

Griffis, William E. and Hendrik Hamel, *Corea, Without and Within: Chapters on Corean History, Manners and Religion*, Philadelphia, PA: Presbyterian Board of Publication, 1885.

Guth, Christine, *Art, Tea and Industry: Masuda Takashi and the Mitsui Circle*, Princeton NJ: Princeton University Press, 1993.

Hamilton, Angus, *Korea*, London : William Heinemann, 1904.

Hobson, Robert L., *The George Eumorfopoulos Collection Catalogue of the Chinese, Corean and Persian Pottery and Porcelain Vol.VI*, London, 1928.

_____, *British Museum Handbook of the Pottery & Porcelain of the Far East in the Department of Oriental Antiquities and of Ethnography*, 2nd edition, London: Trustees of the British Museum, 1937.

Hobson, R. L. and Edward Sylvester Morse, *Chinese, Corean and Japanese Potteries: Descriptive Catalogue of Loan Exhibition of Selected Examples: The Chinese and Corean Authenticated by R.L. Hobson : And the Japanese by Edward S. Morse*, New York: Japan Society, 1914.

Hobson, R. L. and George Eumorfopoulos, *The George Eumorfopoulos Collection, Catalogue of the Chinese, Corean and Persian Pottery and Porcelain*, London, 1925-1928.

Honey, William B., *The Ceramic Art of China and other Countries of the Far East*, London: Faber & Faber, 1945.

_____, *Corean Pottery*, London: Faber & Faber, 1947.

Hotta, Eri, *Pan-Asianism and Japan's War 1931-1945*, New York: Palgrave Macmillan, 2007.

Hotta-Lister, Ayako, *The Japan-British Exhibition of 1910, Gateway to the Island Empire of the East*, Richmond: Japan Library, 1999.

Hough, Walter, *The Bernadou, Allen, and Jouy Corean Collections in the United States National Museum*, Washington, DC: Government Printing Office, 1892.

Hulbert, Homer B., *The History of Korea*, Seoul: Methodist Publishing House, 1905.

_____, *The Passing of Korea*, New York: Doubleday, Page & Company, 1906.

Jackson, Anna, *Expos: International Expositions 1851-2010*, London: V&A Publications, 2008.

Kida, Takuya, *Insights from Gurcharan Singh's Pottery Collection: Ceramic Art in Japan around 1920 as seen by an Indian Student*, New Delhi: The Japan Foundation, 2019.

Kikuchi, Yuko, *Japanese Modernisation and Mingei Theory: Cultural Nationalism and Oriental Orientalism*, London: Routledge Curzon, 2004.

Le Blond, Mrs. Aubrey, *Day In, Day Out*, London: J. Lane: the Bodley Head, 1928.

Leach, Bernard, *A Potter's Book*, London: Faber & Faber, 1945.

_____, *Beyond East and West: Memoirs, Portraits and Essays*, London; Boston: Faber and Faber, 1978.

Longford, Joseph H., *The Story of Korea, With 33 Illustrations and Three Maps*, London; Leipsic: T. Fisher Unwin, 1911.

MacCannell, Dean, *The Tourist: a New Theory of the Leisure Class*, New York: Schocken Books, 1989.

MacKenzie, John M, *Imperialism and Popular Culture*, Manchester: Manchester University Press, 1986.

_____, *The Empire of Nature: Hunting, Conservation and British Imperialism*, Manchester: Manchester University Press, 1988.

Miln, Louise Jordan, *Quaint Korea*, London: Osgood, McIlyaine & Co., 1895.

Mutsu, Hirokichi, ed., *The British Press and the Japan-British Exhibition*, Melbourne: Melbourne Institute of Asian Languages and Societies, The University of Melbourne, 2001.

Oppenheim, Robert, *An Asian Frontier: American Anthropology and Korea, 1882-1945*, Lincoln, NB:

University of Nebraska Press, 2016.

Oppert, Ernst, *A Forbidden Land: Voyages to the Corea*, New York: G. P. Putnam's Sons, 1880.

Park, J. P., *New Middle Kingdom: Painting and Cultural Politics in Late Chosŏn Korea(1700-1850)* , Seattle, WA: University of Washington Press, 2018.

Pierson, Stacey, *Collectors, Collections and Museums, The Field of Chinese Ceramics in Britain 1560-1960*, New York and Vienna: Peter Lang, 2007.

Ross, John, *History of Corea, Ancient and Modern. With Description of Manners and Customs, Language and Geography. Maps and Illustrations*, Paisley, Scotland: J.&R. Parlane, 1879; London: E. Stock, 1891.

Rossetti, Carlo, *Corea e Coreani: Impressioni e Ricerche Sull'impero del Gran Han*, Bergamo: Istituto Italiano d'Arti Grafiche, 1904-5.

Saaler, Sven and Christopher W.A. Szpilman, eds., *Routledge Handbook of Modern Japanese History*, London: Routledge, 2018.

Said, Edward W., *Orientalism*, New York: Vintage Books, 1979.

_____, *Culture and Imperialism*, London: Vintage Books, 1994.

Sayce, Rev. A. H., *Reminiscences*, London: Macmillan, 1923.

Shin, Gi-Wook and Michael Robinson, eds., *Colonial Modernity in Korea*, Cambridge, MA: Harvard University Asia Center, 1999.

Shoveneld, Erin, *Shirabaka and Japanese Modernism: Art Magazines, Artistic Collectives, and the Early Avant-Garde*, Brill Japanese Culture 18. Boston, MA: BRILL, 2018.

Tanaka, Stefan, *Japan's Orient: Rendering Pasts Into History*, Berkeley, CA: University of California Press, 1993.

Taylor, Mary Linley, *Chain of Amber*, Lewes: Book Guild, 1992.

Terry, Thomas Phillip, *Terry's Japanese Empire including Korea and Formosa. With Chapters on Manchuria, the Trans-Siberian Railway, and the Chief Ocean route to Japan, A Guidebook for Travellers*, Boston, MA: Houghton and Mifflin, 1914.

Weinbaum, Alys Eve, and Modern Girl Around the World Research Group, *The Modern Girl around the World Consumption, Modernity, and Globalization*, Durham, NC: Duke University Press, 2008.

Yanagi, Sōetsu and Bernard Leach, *The Unknown Craftsman: A Japanese Insight into Beauty*, Tokyo: Kodansha International, 1972.

山本庫太郎,『最新朝鮮移住案内』東京: 民友社, 名治37[1904].

山本唯三郎,『征虎記』東京: 吉浦竜太郎, 大正7[1918].

柳宗悦,『蒐集物語』東京: 中央公論新社, 1989.

학술 논문

강혜영,「한국 근대 가구에 관한 연구: 1880-1960년의 의류수납가구를 중심으로」, 홍익대학교 석사논문,

2002.

권행가, 「근대적 시각 체제의 형성 과정: 청일전쟁 전후 일본인 사진사의 사진 활동을 중심으로」, 『한국근현대미술사학』 26호 (2013): 194-228.

_____, 「일제시대 우편엽서에 나타난 기생 이미지」, 『미술사 논단』 12호 (2001): 83-103.

김규림, 「조선 17-18세기 백자대호 연구」, 이화여자대학교 석사논문, 2017.

김상엽, 「경성의 미술시장과 일본 수장가」, 『한국근현대미술사학』 27호 (2014): 155-175.

_____, 「일제 강점기의 고미술품 유통과 거래」, 『근대 미술 연구』 151~172, 서울: 국립현대미술관, 2006.

김윤정, 「근대영국의 한국도자 컬렉션의 형성과 그 의미」, 『문화재』 52, 4호 (2019): 104-123.

_____, 「근대 미국의 고려청자 컬렉션 형성과 연구 성과의 의미」, 『석단논총』 66호 (2016): 1-44.

김혜란, 홍나영, 「조선시대 모피 갈개에 관한 연구」, 『한복문화학회』 19, 1호(2016): 149-162.

노기욱, 「일제 화양가구 유입과 조선가구의 대응」, 『남도민속연구』 23 (2011): 113-147.

노유니아, 「1910년 일영박람회 동양관의 한국 전시」, 『한국근현대미술사학』 28 (2014): 179-210.

_____, 「조선미술전람회 공예부의 개설 과정에 대한 고찰」, 『미술사논단』 38 (2014): 93-123.

목수현, 「국토의 시각적 표상과 애국 계몽의 지리학- 최남선의 논의를 중심으로」, 『동아시아문화연구』 57호 (2014): 13-39.

_____, 「일제하 이왕가 박물관의 식민지적 성격」, 『미술사학연구』, 227호 (2000): 81-104.

_____, 「조선미술전람회와 문명화의 선전」, 『사회와 역사』 89호 (2011): 85-115.

박계리, 「20세기 한국 회화에서의 전통론」, 이화여자대학교 박사논문, 2006.

박소현, 「고려자기는 어떻게 미술이 되었나, 식민지시대 고려자기 열광과 이왕가박물관의 정치학」, 『사회연구』 11 (2006): 143-169.

박영택, 「김환기의 백자항아리 그림과 『문장』지의 상고주의」, 『우리문화연구』 30 (2010): 315-45.

박정민, 「고려청자 연구에 있어서 『선화봉사고려도경』의 활용양상과 가치」, 『미술사학연구』 304호(2019): 47-72.

사사키 초지, 「조선고미술업계 20년의 회고- 경성미술구락부 창업20년 기념지」, 『한국현대미술시장사자료집』 제6권, 김상엽 엮음, 서울: 경인문화사, 2015.

손영옥, 「한국 근대미술 시장사 연구」, 서울대학교 박사학위논문, 2015.

신진숙, 「호랑이 사냥을 통해 본 식민지 경관의 생산 방식 고찰 - 야마모토 다다사부로『정호기』와 『매일신보』기사를 중심으로」, 『동아시아 문화연구』 69 (2017): 91-123.

안성희, 「아유카이 후사노신 점패방지진(鮎貝房之進)을 통해 본 근대기 고려자기의 이해와 수집의 한 형태」, 『도자연구』 24 (2015): 92-119.

엄승희, 「고적조사위원회의 계룡산록 도요지군 발굴이력과 조사의 본질」, 『한국도자학연구』 15, 2호 (2018): 145-64.

오유형, 「근원 김용준의 『문장』 표지화」, 『한국예술연구』 18호 (2017): 273-298.

이경아, 전봉희, 「1920년대 일본의 문화주택에 대한 고찰 - 1922년 평화기념동경박람회 문화촌과 문화주택의 사례를 중심으로」, 『대한건축학회논문집』 21, 8호 (2005): 97-106.

이태희, 「일제시대 가구 활용을 통해 본 주거실내공간의 변화- 경성도시 주거를 중심으로」, 『민속학연구』 10

호 (2002): 33-81.

장남원, 「고려청자에 대한 사회적 기억의 형성과정으로 본 조선 후기의 정황」, 『미술사논단』 29호(2009): 147-170.

조윤정, 「폐허 동인과 야나기 무네요시」, 『한국문화』 43 (2008): 347-73.

최경화, 「18, 19세기 일본 자기의 유입과 전개 양상」, 『미술사논단』 29호(2009): 197-222.

최공호, 「관립 공업전습소 연구」, 『한국근현대미술사학』 8 (2000): 153-188.

Anthony, Brother, 'Three Families in Dilkusha', *Transactions of Royal Asiatic Society Korea Branch* 84 (2009): 51-72.

Aston, William George, 'Hideyoshi's Invasion of Korea', *Transactions of the Asiatic Society of Japan* 6, no. 2(1878):227-45; 9 (1881):87-93, 213-22; 11 (1883): 117-25.

Auerbach, Jeffrey, 'Empire Under Glass: The British Empire and the Crystal Palace, 1851-1911', in *Exhibiting the Empire: Cultures of Display and the British Empire*, edited by John McAleer and John M. MacKenzie, 111-141, Manchester: Manchester University Press, 2015.

Barlow, Tani, 'Debates over Colonial Modernity in East Asia and Another Alternative', *Cultural Studies* 26, no. 5 (2012): 617-644.

Barringer, Tim, 'The South Kensington Museum and the Colonial Project', in *Colonialism and the Object: Empire, Material Culture and the Museum*, edited by Tim Barringer and Tom Flynn, 11-27, London: Routledge, 1998.

Bourdieu, Pierre, 'The Forms of Capital', in *Handbook of Theory and Research for the Sociology of Education*, edited by J.G. Richardson, 241-58, New York: Greenwood Press, 1986.

Brandt, Kim, 'Objects of Desire: Japanese Collectors and Colonial Korea', *Positions: East Asia Cultures Critique* 8, no. 3 (2000): 711-46.

Breward, Christopher, 'Unpacking the Wardrobe: the Grammar of Male Clothing', in *The Hidden Consumer: Masculinities, Fashion and City Life 1860-1914*, 24-53, Manchester: Manchester University Press, 1999.

Cheang, Sarah, 'Selling China: Class, Gender and Orientalism at the Department Store', *Journal of Design History* 20, no. 1 (2007): 1-16.

———, 'Dragons in the Drawing Room: Chinese Embroideries in British Homes, 1860-1949', *Textile History* 39, no. 2 (2008): 223-49.

Clunas, Craig, 'Oriental Antiquities/Far Eastern Art', *Positions: East Asia Cultures Critique* 2, no.2 (1994): 318-355.

Cohen, Erik, 'Who is a Tourist: A Conceptual Clarification', *Sociological Review* 22, no. 4 (1974): 527-55.

Gotlieb, Rachel, "Vitality' in British Art Pottery and Studio Pottery', *Apollo* 127 (1988): 163-67.

Gowland, William, 'Notes on the Dolmen and Other Antiquities of Korea', *The Journal of the Anthropological Institute of Great Britain and Ireland* 24 (1895): 316-330.

Griffis, William E., 'The Corean Origin of Japanese Art', *Century illustrated Magazine* XXV, no. 2 (Dec. 1882): 224-229.

Henderson, Gregory, 'A History of the Chŏng Dong Area and the American Embassy Residence

Compound', *Transactions of the Korea Branch of the Royal Asiatic Society* 35 (1959): 1-32.

Hennessy, John, 'Moving Up in the World: Japan's Manipulation of Colonial Imagery at the 1910 Japan-British Exhibition', *Museum History Journal* 11, no. 1 (2018): 24-41.

Hobson, Robert L., 'Corean Pottery - I. The Silla Period', *The Burlington Magazine for Connoisseurs* 56, no. 324 (1930): 154-164.

Horlyck, Charlotte, 'Desirable Commodities - Unearthing and Collecting Koryŏ Celadon Ceramics in the Late Nineteenth and Early Twentieth Centuries', *Bulletin of SOAS* 76, no. 3 (2013): 467-491.

_____, Yuko, 'Hybridity and the Oriental Orientalism of Mingei Theory', *Journal of Design History* 10, no. 4 (1997): 343-53.

_____, 'Yanagi Soetsu and Korean Crafts within the Mingei Movement', *Papers of the British Association for Korean Studies*, no. 5 (1994): 23-38.

Knott, Becky, 'Lucie Rie: A Secret Life of Buttons', *V&A Blog*, Last modified 24 April 2017. https://www.vam.ac.uk/blog/news/lucie-rie-a-secret-life-of-buttons

Koh, Grace, 'British Perception of Joseon Korea as reflected in Travel Literature of the Late Eighteenth and Early Nineteenth Century', *The Review of Korean Studies* 9, no. 4 (2006): 103-133.

Lee, Jung-Taek, 'The Birth of Modern Fashion in Korea : Sartorial Transition between Hanbok and Yangbok, and Colonial Modernity of Dress Culture', PhD thesis, SOAS University of London, 2015.

_____, 'Korean Artefacts donated to the British Museum by Ogita Etsuzo in 1910', *Orientations* 41, no. 8 (2010): 78-83.

Lee, Yongwoo, 'Taxidermy of Time: Tigers as the Chronotope of Continual Coloniality in Korea', Online publication for the exhibition '2 or 3 Tigers' at Haus der Kulturen der Welt, Berlin, 2017. https://hkw.de/tigers_publication.

McKillop, Beth, 'Collecting Korean Art at the V&A, 1940 to 1995', in *Arts of Korea: Histories, Challenges, and Perspectives*, edited by Jason Steuber and Allysa B. Peyton, 20-39, Gainesville, FL: University of Florida Press, 2017.

Morris, P. A. and M. J. Morris, 'Evidence of the Former Abundance of Tigers (*Panthera tigris*) and Leopards (*Panthera pardus*) from the Taxidermy Ledgers of Van Ingen & Van Ingen, Mysore', *Archives of Natural History* 36, no. 1 (2009): 53-61.

Odijie, Michael, 'The Fear of 'Yellow Peril' and the Emergence of European Federalist Movement', *The International History Review* 40, no. 2 (2017): 358-75.

Ogyu, Shinzo, translated by Victoria Oyama, 'The Beauty of Joseon Dynasty Crafts', *Ceramics Technical* 26 (2008): 107-109.

Olding, Simon, 'The Pot That Was Not There', in *Encompassing: Research*, edited by Lesley Millar and Simon Olding, 136-149, Farnham: University for the Creative Arts, 2019.

Pagani, Catherine, 'Chinese Material Culture and British Perception of China in the Mid-nineteenth Century', in *Colonialism and the Object: Empire, Material Culture and the Museum*, edited by Tim Barringer and Tom Flynn, 28-40, London: Routledge, 1998.

Pai, Hyung Il, 'The Politics of Korea's Past: The Legacy of Japanese Colonial Archaeology in the Korean

Peninsula', *East Asian History: Canberra*, no. 7 (1994): 25-48.

_____, 'The Colonial Origins of Korea's Collected Past', in *Nationalism and the Construction of Korean Identity*, edited by Hyung Il Pai and Timothy R. Tangherlini, 13-32, Berkeley, CA: Institute of East Asian Studies, University of California, 2001.

_____, 'The Creation of National Treasures and Monuments: The 1916 Japanese Laws on the Preservation of Korean Remains and Relics and Their Colonial Legacies', *Korean Studies* 25, no. 1 (2001): 72-95.

_____, 'Navigating Modern Keijo: The Typology of Reference Guides and City Landmarks', 『서울학연구』 44 (2011): 1-40.

Pearce, Nick, 'Collecting, connoisseurship and commerce: an examination of the life and career of Stephen Wootton Bushell (1844-1908)', *Transactions of the Oriental Ceramic Society* 70 (2005): 17-25.

Platt, John, 'Ancient Korean Tomb Ware', *The Burlington Magazine for Connoisseurs* 20, no. 106 (1912): 222-230.

Platt, John and Raphael Petrucci, 'Corean Pottery', *The Burlington Magazine for Connoisseurs* 22, no. 119 (1913): 298.

Portal, Jane, 'Korean Ceramics in the British Museum-A Century of Collecting', *Transactions of the Oriental Ceramic Society* 60 (1995-96): 47-60.

_____, 'A Korean Porcelain "Full-Moon" Jar : Bernard Leach, Lucie Rie and the Collecting of Oriental Ceramics', *Apollo* 453 (1999): 36-37.

Priewe, Sascha, 'Hahn Kwang-ho and the British Museum', *Orientation* 40, no. 8 (2010): 59-64.

Satow, Ernest, 'Korean Potters in Satsuma', *Transactions of the Asiatic Society of Japan* 6, no. 2 (1878): 193-203.

Seeley, Joseph and Aaron Skabelund, 'Tigers-Real and Imagined-in Korea's Physical and Cultural Landscape', *Environmental History* 20, no. 3 (2015): 475-503.

Sramek, Joseph, '"Face Him Like a Briton": Tiger Hunting, Imperialism, and British Masculinity in Colonial India, 1800-1875', *Victorian Studies* 48, no. 4 (2006): 659-680.

Storey, William K., 'Big Cats and Imperialism: Lion and Tiger Hunting in Kenya and Northern India, 1898-1930', *Journal of World History* 2, no. 2 (1991): 135-173.

Tornier, Etienne, 'True or False: Japanism and the Historiography of Modern Design', *Journal of Japanism* 2 (2017): 117-122.

Wade, Susan House, 'Representing Colonial Korea in Print and in Visual Imagery in England 1910-1939', PhD thesis, University of Brighton, 2009.

Wilkinson, Liz, 'Collecting Korean Art at the Victoria and Albert Museum 1888-1938', *Journal of the History of Collections* 15, no. 2 (2003): 241-255.

Wyatt, Daniel J., 'Creatures of Myth and Modernity: Meiji-Era Representations of Shōjō [Orangutans] as Exotic Animals', *New Voices in Japanese Studies* 9 (2017): 71-93.

Youngna Kim, 'Being Modern: Representing the 'New Woman' and 'Modern Girl' in Korean Art', *Zeitschrift für Deutschsprachige Kultur&Literaturen* 12 (2003): 216-243.

Younjung Oh, 'Oriental Taste in Imperial Japan: The Exhibition and Sale of Asian Art and Artifacts by Japanese Department Stores from the 1920s through the Early 1940s', *The Journal of Asian Studies* 78, no. 1 (2019): 45-74.

Ziomek, Kirsten L., 'The 1903 Human Pavilion: Colonial Realities and Subaltern Subjectivities in Twentieth Century Japan' *The Journal of Asian Studies* 73, no.2 (2014): 493-516.

藤田亮策,「歐米の博物館と朝鮮(下)」『朝鮮』, 164 (1929)

柳宗悦,「彼の朝鮮行」『改造』(1920. 10)

_____,「朝鮮民族美術展覽會に就て」『白樺』(1921.05)

_____,「李朝陶磁器の特質」『白樺』(1922.09)

전시 및 경매 도록

국립고궁박물관,『백자 달 항아리』, 서울: 눌와, 2005.

국립중앙박물관,『한국박물관 100년사』, 서울: 국립중앙박물관, 한국박물관협회, 2009.

국립중앙박물관,『한국 박물관 개관 100주년 기념집』, 서울: 국립중앙박물관, 2009.

『대한콜렉숀: 대한의 미래를 위한 컬렉션』, 서울: 간송미술문화재단, 2019.

『독일인 헤르만 산더의 여행: 1906-1907 한국, 만주, 사할린』, 서울: 국립민속박물관, 2006.

『동아시아 호랑이 미술』, 서울: 국립중앙박물관, 2018.

『딜쿠샤와 호박목걸이』, 서울: 서울역사박물관, 2018.

『미국 와이즈만 미술관 소장 한국문화재』, 서울: 국외소재문화재재단, 2014.

『영국박물관 소장 한국문화재』, 대전: 국립문화재연구소, 2016.

『영국 빅토리아 앤드 앨버트 박물관 소장 한국 문화재』, 대전: 국립문화재연구소, 2013.

『오구라 컬렉션: 일본에 있는 우리 문화재』, 서울: 국외소재문화재재단, 사회평론아카데미, 2014.

『오얏꽃, 황실생활유물』, 서울: 궁중유물전시관, 1997.

British Museum, *A Guide to the Pottery and Porcelain of the Fart East: in the department of Ceramics and Ethnography*, London: Trustees of the British Museum, 1924.

Catalogue of a Valuable Collection of Antique Korean and Japanese Works of Art, Days of sale: 25-26 April 1911, London: Messrs., Glendining and Co. Ltd.

Catalogue of an interesting collection of Chinese Porcelain, Pottery and work of art, Corean and Japanese wares, Fine old English furniture, etc. From. The property of Lt-Col. Kenneth Dingwall D.S.O, Day of Sale: 10 March 1933, London: Sotheby's.

Catalogue of Ancient Chinese & Korean Pottery and Japanese Pottery, Days of sale: 30 June- 1 July 1913, London: Messrs., Glendining and Co. Ltd.

Catalogue of Chinese and Japanese Porcelain, and Bronzes, Corean Ware, etc. Day of sale: 2 August 1883,

London: Messrs., Christie, Manson & Woods.

Catalogue of Franks Collection of Oriental Porcelain and Pottery, lent for exhibition by A. W. Franks, Esq., F.R.S., F.S.A., 2nd edition, London: Science and Art Department of the Committee of Council on Education, 1878.

Catalogue of Magnificent Ming Koro, from the Korean Loot of 1598 etc, Days of sale: 23-24 May 1912, London: Messrs., Glendining and Co. Ltd.

Catalogue of the Maltwood Collection, Victoria, BC: University of Victoria, Maltwood Art and Museum and Gallery, 1978.

Japan-British Exhibition, 1910: Shepherd's Bush, London: Official Catalogue, Derby: Bemrose and Sons, 1910.

Japan-British Exhibition, 1910 : Shepherd's Bush, London : Official Catalogue, 3rd edition, Derby: Bemrose and Sons, 1910.

Japan-British Exhibition, 1910 : Shepherd's Bush, London : Official Guide, Derby: Bemrose and Sons, 1910.

Japan-British Exhibition, 1910 : Shepherd's Bush, London : Official Guide, 2nd edition, London: The Japan-British Exhibition British Commission, 1910.

Japan-British Exhibition, 1910 : Shepherd's Bush, London : Official Guide, 3rd edition, Derby: Bemrose and Sons, 1910.

Japan-British Exhibition, 1910 : Shepherd's Bush, London ; Fine Arts Catalogue, 2nd edition, Derby: Bemrose & Sons, 1910.

Kiralfy, Imre, *Official Report of the Japan British Exhibition 1910 at the Great White City, Shepherd's Bush, London*, London, 1911.

Moon Jar: Contemporary Translations in Britain, 18 June -17 August 2013, London: Korean Cultural Centre UK, 2013.

Penny Guide to the Japan-British Exhibition, Shepherds Bush: containing illustrative description with plan map and useful information, London: Simpkin, Marshall, Hamilton, Kent, 1910.

Pictorial Chosen and Manchuria: Complied in Commemoration of Decennial of the Bank of Chosen, Seoul: Bank of Chosen, 1919.

Rackham, Bernard, *Catalogue of the Le Blond Collection of Corean Pottery*, London: V&A Ceramics Department, 1918.

Rie, Lucie, Museum of Oriental Ceramics (Osaka), Sogetsu Gallery (Tokyo), *Issey Miyake Meets Lucie Rie*, Tokyo: Miyake Design Studio, 1989.

The Art and Influence of Asia, Including the Janet Leach Collection. Wednesday 16 September 1998, Bonhams, Knightsbridge, London.

『朝鮮美術展覽會圖錄 第11回』, 京城: 朝鮮写真通信社 編, 1932.

『朝鮮美術展覽會圖錄 第12回』, 京城: 朝鮮写真通信社 編, 1933.

『朝鮮美術展覽會圖錄 第13回』, 京城: 朝鮮写真通信社 編, 1934.

『朝鮮美術展覽會圖錄 第14回』, 京城: 朝鮮写真通信社 編, 1935.

『李王家博物館所藏品寫眞帖』, 京城: 李王職, 1912; 1918; 1922; 1929; 1933.

『李王家美術館要覽』, 京城: 李王職, 1938.

『高麗燒』, 東京: 伊藤彌三郎, 西村庄太郎, 明治 43[1910].

『日英博覽會出品寫眞帖』, 京城 : 村上天眞寫. ---.

『日英博覽會事務局事務報告-上卷』, 東京: 農商務省, 明治45[1912].

『日英博覽會事務局事務報告-下卷』, 東京: 農商務省, 明治45[1912].

아카이브 자료 및 사료

서울역사박물관: 앨버트 테일러 컬렉션.

British Museum, Central Archive: Exhibition Records for the Korean Foundation Gallery 2000; Outletter Books Vol 2, 'A. W. Franks to H. B. Hulbert, Seoul, Korea 31. 7. 1887' Ref: f.95, British Museum Department of Medieval and Later Antiquities; The Department of Ceramics and Ethnography (1921-1933).

Brooklyn Museum Archive: 'Report on a Collecting Trip in Japan, Korea, China and India. Volume 1 of 2, 9/1913-3/1914', Culin Archival Collection.

City of Westminster Archives Centre: Liberty & Co. Collection.

Craft Study Centre: Bernard Leach Archive: Lucie Rie Archive.

Hammersmith and Fulham Archive: 'Japan-British Exhibition of 1910'.

The Fitzwilliam Museum, Archive.

Thomas Cook Archive: *Far Eastern Traveller's Gazette*, guidebooks for China/Korea (1910/1915/1917/1920/1924) and Japan (1935/1938) and a selection of brochures (1891-1929) featuring tours to China, Japan, Malaysia and Indo-China; *Spring Tour to Japan and China*, 1909; *The American Traveller's Gazette*, December 1920; *The Lure of the Far East, 1921 Spring Tours to Honolulu, Japan, Korea, Manchuria, North China, Hongkong and South China and The Philippines*, 1921.

V&A Archive: V&A Registry, 'Purchase by Officers on Visits Abroad, 1902-1954' (archive ref. MA/2/P7/5); V&A Registry, Nominal files, 'W. H. Emberley', 'W. M. Tapp', 'Mr and Mrs George Eumorfopoulos', 'John S. T. Audley', 'John Sparks', 'S. M. Franc k &Co' and 'Yamanaka & Co.'

Washington State History Society: John Kavanaugh Collection.

『권업신문』, 1913. 03. 16.

『대한뉴스』 119호. 1957. 06. 24.

『대한매일신보』, 1909. 12. 10.

『대한민보』, 1910. 02. 17-24.

『동아일보』, 1920. 04.12-18.; 1921. 06. 04.; 1927. 10. 04.; 1931. 03. 28.; 1940. 05. 01.

『신가정』, 1935. 05.

『조광』, 1937. 03.

『조선일보』 1928. 02. 07.

『현대문학』 1956. 05.

『황성신문』 1909. 06. 26.; 1909. 09. 11.; 1909. 11. 20.; 1909. 11. 24.; 1910. 02. 17-24.

Chats on Things Korea, W.W. Taylor & Co.'s, Ye Olde Curio Shoppe, Seoul Korea: n.d.

China Imperial Maritime Customs, Returns of Trade and Trade Reports, Shanghai: Imperial Maritime Customs Press, 1887; 1888; 1889; 1890; 1891; 1892; 1893.

Cook's Handbook for Tourists to Peking, Tientsin, Shan-Hai-Kwan, Mukden, Dalny, Port Arthur, and Seoul , London: T. Cook & Son, 1910.

Cook's Handbook for Tourists to Peking, Tientsin, Shan-Hai-Kwan, Mukden, Dairen Port Arthur and Keijyo (Seoul) , 2nd edition, London: Thos Cook & Son, 1913.

Cook's Handbook for Tourists: Peking and the Overland Route, 3rd edition, London: Thos Cook & Son, 1917.

Cook's Handbook for Peking, North China, South Manchuria and Korea, 4th edition, London: Thos Cook & Son, 1920.

Cook's Handbook for Peking, North China, South Manchuria and Korea, 5th edition, London; Peking: Thos Cook & Son, 1924.

Guide to Keijyo (Seoul), Chosen, April 1917, Seoul: Japan Tourist Bureau Chosen Branch, 1917.

Korea: Compliments of Kavanaugh & Co, Yokohama: Box of Curios Press, n.d.

Korea: Compliments of Ye Olde Curio Shop, Seoul: YMCA Seoul Press, 1921.

'Korean ware', *The Magazine of Art* (1887): 264-270.

Harper's Weekly, 1872. 09. 28.

Illustrated London News, 1898. 03. 19.

Punch, or the London Charivari, 1874. 05. 02.; 1875. 08.02.; 1889. 07. 20.

Sunday Times Magazine, 1989. 05.

The Graphics, 1909. 12. 04.

The Saturday Review, 1898. 05. 14.

『東京パック』1910. 10. 01.

이 책을 둘러싼 날들의 풍경

한 권의 책이 어디에서 비롯되고, 어떻게 만들어지며,

이후 어떻게 독자들과 이야기를 만들어가는가에 대한 편집자의 기록

2021년 9월 20일. 저자로부터 현재 영국에 거주하고 있으며, 일제강점기 영국의 컬렉터들이 모은 한국의 오브제에 관해 영문으로 쓴 박사학위 논문을 한국에서 출간하고 싶다는 요지의 메일을 받다. 아울러 미술사학자 김상엽 선생의 소개로 연락했음을 함께 밝혀오다. 편집자는 바로 몇 달 전인 2021년 4월 출간한 최지혜 선생의 책 『딜쿠샤, 경성 살던 서양인의 옛집』이 일제강점기 경성에서 살던 서양인의 이야기인데, 이 제안은 같은 시기 영국에서 조선의 물건들을 만난 이야기라는 점에서 우선 흥미와 관심을 갖게 되다. 공교롭게도 저자의 이름이 최지혜, 홍지혜라는 점을 재미있게 여기다. 예전에 함께 책을 만든 저자 중 한 분인 김상엽 선생의 소개라는 점에서 기본적인 신뢰를 품고, 제안의 내용을 살피기 시작하다.

2021년 9월 22일. 1900년대 주로 한국과 일본의 관계에만 주목하던 기존 연구에서 벗어나 영국에서의 이야기라는 점에 대한 호기심, 김상엽 선생에 대한 신뢰, 『딜쿠샤, 경성 살던 서양인의 옛집』에 이어 일제강점기 근대와의 접점이 일어나는 다양한 현상에 관한 책을 만들 수 있겠다는 기대 등이 복합적으로 작용하여 출간을 긍정적으로 검토하기로 마음 먹고, 이에 관한 답신을 보내다. 다만, 오랜 시간 한국을 떠나 있었으며 단행본 출간을 처음 하는 저자의 여러 상황에 대한 우려, 영문을 한글로 옮기는 과정에서의 어려움, 논문을 있는 그대로 번역 출간하는 것을 고려하는 것은 아닌지에 대한 확인, 1인 출판사로서 출간 시기 준수의 중요성, 홍보와 마케팅 측면의 한계 등을 함께 전달하다. 메일을 보낸 뒤 저자로부터 여러 우려와 상황에 대한 입장과 함께 논문의 한국어 초록 일부를 받다.

2021년 9월 27일. 저자로부터 받은 메일을 살핀 뒤 편집자는 출간을 결심하다. 그러나 선뜻 출간계약서를 보내지는 못하다. 혜화1117는 주로 이미 오랜 인연을 쌓아온 저자의 책을 출간해 왔고, 누군가로부터 소개를 받은 저자라면 몇 차례의 만남을 통해 서로의 가능성을 세심히 살핀 뒤 출간을 결정해 왔던 까닭에 이런 방식, 즉 저자의 얼굴을 한 번도 보지 못한 채, 한두 번의 메일을 주고 받은 것으로 출간을 결정하는 것에 대한 우려를 완전히 떨쳐내지 못하다. 편집자는 혹시 경솔한 결정은 아닌지, 과연 이 책이 어디로 어떻게 흘러갈 것인지, 저자와는 원활한 소통으로 무리없이 작업을 할 수 있을지, 잘 만들어나갈 수 있을지에 대한 우려를 마음 한쪽에 품으며, 이런 우려를 저자에게 있는 그대로 전하는 것으로 다시 한 번 출간에 대한 저자의 마음을 확인하다. 아울러 혜화1117 출간 계약의 주요 조건 및 내용에 대한 설명을 덧붙이다.

2021년 9월 28일. 저자로부터 모든 우려에 대한 이해, 여러 염려에도 불구하고 출간에 대한 강한 의지를 담은 메일을 받다. 편집자는 논문과 별개로 한국어로 된 단행본에 담고 싶은 기본 구성과 주요 내용의 정리를 요청하다.

2021년 10월 4일. 저자로부터 단행본을 위해 새롭게 정리한 목차 구성 및 주요 내용을 받다. 이 내용을 검토하면서 편집자는 우려를 떨치고, 출간을 최종적으로 결정할 용기를 갖게 되다.

2021년 10월 5일. 저자의 구성안에 더해 편집자가 더 알고 싶은 내용, 보완했으면 하는 부분 등에 관한 의견을 정리하고, 출간계약서 파일을 첨부하다. '흥미로운 원고로 출간을 제안해 주셔서 감사하다'는 인사와 함께 새로운 책을 향해 함께 길을 떠나는 첫 순간을 시작하다. 이로써 출간에 이르기까지 저자와 한 번도 직접 마주할 수 없다는

전제로 작업하는 최초의 사례가 만들어지다. 아무리 여러 번 두들긴 뒤 건넌 돌다리도 예측하지 못한 상황과 마주하기도 하니, 이런 방식으로 작업을 해보는 것도 나쁘지 않을 거라고 스스로를 격려하다. 이후로 원고의 구성 요소 및 방향에 관한 의견을 메일을 통해 나누다. 11월 말 또는 12월 초까지 1차 원고를 정리하여 공유하기로 하다.

2021년 12월 2일. 저자로부터 1차 원고를 받다. 원고를 검토한 뒤 온라인 줌(zoom)을 통한 미팅을 약속하다.

2021년 12월 10일. 한국 시간 오전 9시, 영국은 새벽 2시, 온라인 줌을 통해 저자와 첫 미팅을 하다. 소란스러운 인사 대신, 나지막하고 차분한 어조로 원고의 검토 의견과 이후의 작업 방향과 내용, 일정에 관한 전반적인 이야기를 나누다. 미팅을 마친 뒤 저자와 원고에 대한 믿음이 한결 단단해지는 것을 느끼다.

2022년 2월 10일. 어느덧 해가 바뀌고 초기 원고에서 대폭 보완이 이루어진 최종 원고와 함께 본문에 들어갈 이미지 파일을 받다.

2022년 2월 16일. 한국 시간 오후 2시, 영국 시간 오전 7시, 두 번째 온라인 줌 미팅을 하다. 원고 보완에 관한 전체적인 의견을 나누다. 추가했으면 하는 이미지 요소 등에 관해서도 고민을 더 해나가기로 하다.

2022년 3월 22일. 저자로부터 최종 원고를 받다. 바로 검토를 해서 회신을 보내야 했으나 이 무렵 만들고 있던 책의 일정이 지체되어 원고 검토 및 회신이 점점 늦어지다. 이때부터 저자에 대한 편집자의 미안한 마음이 쌓이기 시작하다. 어느덧 계절은 처음 메일을 받은 가을을 지나 겨울도 지나 봄에 이르다.

2022년 4월 5일. 원고에 대한 1차 의견을 보내다. 편집에 관한 주요 일정을 계획하다. 25일. 저자로부터 본문에 들어갈 이미지 파일을 보냈다는 메일을 받다. 그러나 진행 중인 다른 책의 일정이 예상보다 늦어지면서 이 책의 작업에 손을 대지 못하고 시간을 보내다. 결국 이미지 다운로드 허용 기한을 넘김으로써, 보내준 이미지를 받지 못하게되다. 저자에게 이미지를 다시 보내달라는 요청과 이런 상황에 대한 양해를 구하는 메일을 보내면서 혼자 일하는 방식에 대해 깊이 고민하다. 하나의 일을 하고 있는 동안 다른 일을 할 수 없다는, 예정된 일정에서 벗어나는 변수에 적절하게 대응하지 못하는 한계에 대해, 근본적인 업무 방식에 대해 돌아보게 되다. 그러나 상황은 이런 고민에 깊이 빠져 있을 만큼 시간이 있을 리 없었고, 우선 눈앞의 급한 불을 꺼나가며 새 책의 원고를 살피는 시간을 최대한 확보하려 노력하다.

2022년 5월. 원고의 전체적인 검토를 마치고, 디자이너 김명선에게 본문의 디자인 의뢰서를 보내다. 비슷한 시기를 다룬 『딜쿠샤, 경성 살던 서양인의 옛집』이 국내판이라면 이 책은 해외판인 셈이라며 디자인의 연계 부분을 고민해 달라고 요청하다. 디자인 시안을 받은 뒤 한두 군데 수정을 요청하고, 이를 반영한 시안으로 본문의 디자인 방향을 확정하다. 지연되던 책의 출간을 마무리하고 이 책의 작업에 박차를 가하기로 하다.

2022년 6월. 본문의 레이아웃 시안을 저자에게 보내다. 이후 약 2주에 걸쳐 집중적으로 앞장부터 화면 초교를 마친 파일을 저자에게 보내고, 저자의 검토를 받은 뒤 조판을 시작하다. 다행스럽게도 초고 상태에서 몇 차례 수정 및 개고, 점검을 거친 덕분에 원고의 수정 범위는 크지 않았으며, 원활한 소통으로 무리없이 작업을 진행하다. 저자는 저자대로, 편집자는 편집자대로 다양한 이미지를 수록하기 위해 노력하다. 시기적으로 오래전 일을 다루고 있는 터라 흑백의 저화질 이미지가 다수일 수밖에 없으나 가급적 고화질 이미지 확보를 위해 저자는 온갖 문헌과 사료를 뒤지고, 연락할 수 있는 국내외 미술관과 박물관을 비롯한 거의 모든 관계 기관의 문을 두드리다. 저자의 방한 일정이 7월 22일 입국, 9월 2일 출국으로 정해지다. 편집자는 저자의 입국에 맞춰 책이 출간되어야 한다는 것을 디자이너와 공유하고, 작업 일정을 앞당길 수 있도록 부탁하다. 함께 일하는 작업자들의 즐거운 노동을 위해 노력하겠다는 애초의 다짐과 달리 늘 더 빨리, 더 서둘러 일해달라는 요청을 반복하는 스스로에 대해 다시 또 돌아보며 개선의 방향을 진지하게 고민하기로 하다. 저자의 방한 일정에 맞춰 독자들과의 접점을 만들기 위해 관심을 가질 만한 기관과 책방에 독자와의 만남을 시작하다. 출간도 되기 전에 외부 행사를 제안하는 것이 여러모로 조심스러웠으나 부득이한 상황을 설명하며 방한 기간 중 성사될 수 있도록 검토를 요청하다. '혜화1117의 책이라면 믿고 간다'는 답과 함께 행사를 확정하다. 그 답신이 기쁘고 감사하면서도 동시에 과연 그 믿음을 감당할 수 있는가에 대해 다시 또 생각이 많아지다. 1차 조판을 마친 교정용 파일을 저자에게 전달하다. 27일. 『딜쿠샤, 경성 살던 서양인의 옛집』 최지혜 선생과 2023년 출간 예정으로 집필 중인 새 책의 원고에 관해 의논하는 자리에서 홍지혜 선생의 책 출간이 머지 않았다는 것, 곧 방한 예정이니 같이 한 번 만나는 자리를 가져도 좋겠다는 이야기를 나누다. 이미 홍지혜 선생의 영문 논문을 읽은 최지혜 선생 역시 깊은 관심을 피력하다. 계절은 봄을 지나 여름이 되다.

2022년 7월 6일. 한국 시간 오전 9시, 영국 시간 새벽 1시, 저자와 온라인 줌을 통해 미팅하다. 진행 현황, 전체적인 보완 및 해결해야 할 부분, 이후 작업 일정 등 전체적인 점검이 이루어지다. 이후 약속한 일정에 따라 저자로부터 책을 펴내며를 비롯한 앞뒤 부속 원고 등이 속속 도착하다. 저자가 보내오면 편집자가 의견을 보태 다시 보낸 뒤 저자의 확인을 거쳐 최종 마무리하는 방식으로 모든 원고 및 요소들의 점검이 한국과 영국의 랜선을 타고 시도때도 없이 오고 가다. 깊은 밤 편집자가 보낸 메일에 한낮의 저자가 즉각 보낸 회신을 받을 때면 시간과 공간, 밤과 낮의 경계를 넘어 하나의 골인 지점을 향해 함께 달려가는 듯한 충만한 연대감을 느끼곤 하다.

디자이너에게 제목 및 부제의 안을 건네고 표지 디자인 작업을 요청하다. 다만 아직 제목과 부제는 확정이 아님을 미리 공유하다. 19일. 한국 시간 오전 8시, 영국 시간 12시, 온라인 줌을 통한 최종 미팅을 갖다. 일본민예관에 진작 요청한 이미지 파일을 아직 받지 못하고 있는 상황, 일본 쪽 담당자의 휴가로 지체되고 있는 상황을 공유하고 꼭 받을 수 있기를 서로 염원하다. 책의 제목은 '영국이 사랑한 조선'으로 내내 염두에 뒀으나 당시 조선을 향한 영국의 감정이 '사랑'까지는 아니었다는 판단, 굳이 그렇게 감정을 극대화할 필요가 있을까 하는 마음에 사랑이라는 단어 대신 만남으로 방향을 수정하다. 그렇게 하여 책의 제목과 부제는 '백 년 전 영국, 조선을 만나다-영국으로 건너간 조선의 흔적'으로 정하다. 21일. 저자가 한국행 비행기를 타기 직전, 일본민예관으로부터 이미지 파일을 가까스로 전달 받다. 이로써 저자에게 받아야 할 모든 요소를 다 받은 뒤 본문에 들어갈 요소를 확정하다. 애초에 영국 출국 전 마지막 점검용 파일을 보내려 했으나 세부적인 수정이 추가되면서 우선 표지의 스케치 시안만을 보내다. 표지의 시안을 살펴보는 내내 편집자의 눈에 부제가 지나치게 평범해 보이다. 이런저런 궁리를 거듭한 뒤 "그들'의 세계에서 찾은 조선의 흔적'으로 수정하다. 23일. 주말임에도 불구하고 디자이너와 함께 본문의 최종 교정을 마무리하다. 24일. 한국에 도착한 저자가 출판사에 방문하여, 표지 및 본문의 최종 마무리 작업을 점검하다. 점검 후 최종 수정사항을 디자이너와 점검, 작업을 완료하다. 25일. 인쇄소 및 제본소, 유통업체의 휴가 기간을 고려하여 바로 인쇄 및 제작에 들어가다. 출간을 결정할 당시 한 번도 만나지 못한 저자와 온라인을 통해서만 소통하며 일을 해야 하는 상황, 처음 책을 내는 저자와 원활한 소통에 어려움은 없을까 했던 우려는 책을 진행하면서 거꾸로 편집자의 업무 과부하로 인한 진행의 지연을 걱정하는 상황으로 역전되다. 이 뜻밖의 상황을 안정적으로 이끌어준 것은 오히려 저자의 성실함이었으며 편집자는 이 부분에 대해 저자에게 말로 다 할 수 없는 미안함과 감사함을 내내 느꼈으나 제대로 된 인사를 전하지 못하다. 표지 및 본문 디자인은 김명선이, 제작 관리는 제이오에서(인쇄 : 민언 프린텍, 제본 : 다온바인텍, 용지 : 표지-스노우250그램, 백색, 본문-미색모조 95그램, 면지-화인페이퍼110그램), 기획 및 편집은 이현화가 맡다.

2022년 8월 5일. 혜화1117의 열여덟 번째 책, 『백 년 전 영국, 조선을 만나다-'그들'의 세계에서 찾은 조선의 흔적』이 출간되다. 이 책의 출간을 위해 주고 받은 메일은 약 130여 회에 이르며 저자와의 온라인 줌을 통한 비대면 미팅은 총 4차례, 대면 미팅은 한 차례 이루어지다. 출간 전 확정한, 출간 이후 예정된 행사는 미리 밝혀 두기로 하다.

2022년 8월 18일 오후 7시, 서울시청역 인근 '동수상회'에서 독자와의 만남을 예정하다. 25일 오후 7시, 서울 경복궁 인근 '역사책방'에서 독자와의 만남을 예정하다. 31일 오후 7시, 종로문화재단 주최의 독자와의 만남을 예정하다. 특히 종로문화재단 주최의 독자와의 만남은 8월 24일 오후 7시 『딜쿠샤, 경성 살던 서양인의 옛집』의 저자 최지혜 선생의 강연과 짝을 이루어 기획하다. 이후의 기록은 2쇄 이후 추가하기로 하다.

백 년 전 영국, 조선을 만나다

2022년 8월 5일 초판 1쇄 발행

지은이 홍지혜
펴낸이 이현화
펴낸곳 혜화1117 출판등록 2018년 4월 5일 제2018-000042호
주소 (03068)서울시 종로구 혜화로11가길 17(명륜1가)
전화 02 733 9276 팩스 02 6280 9276 전자우편 ehyehwa1117@gmail.com
블로그 blog.naver.com/hyehwa11-17 페이스북 /ehyehwa1117 인스타그램 /hyehwa1117

ⓒ 홍지혜

ISBN 979-11-91133-07-3 93900